beck'sche **reihe**

W0196391

bsr

Denkmäler sind Spuren der Geschichte in der Gegenwart; sperrig, unbarmherzig, scheinbar zeitlos ragen sie in sie hinein. Bisweilen versperren sie auch die Sicht auf die Geschichte, wie es eigentlich gewesen ist. Denkmäler konfrontieren mit einer fortlebenden Vergangenheit und erinnern daran, daß es keine Flucht aus der Geschichte gibt.

Die Ausprägung des politischen Denkmals in Deutschland folgt der Geschichte des Verhältnisses der Deutschen zu ihrer Nation. Die Denkmäler der Deutschen erzählen diese Geschichte, eine schwierige Geschichte: Sie handelt von Glanz und Größe, von Schuld und Niederlagen, von einem gespaltenen Land und dem mühevollen Weg zur nationalen Einheit, vom Auf und Ab des kurzen ersten deutschen Nationalstaats, dem »langen Schatten« Hitlers, der »Nation ohne Haus« in den Jahren der Teilung und der Wiedervereinigung. Immer geht es dabei um den Menschen in seiner Gegenwart, sein Handeln und seine sozialen Bezüge sowie die Erkenntnis, daß wir ohne die Fähigkeit des Erinnerns ins Leere stürzen. Auf diese Weise ist die Geschichte der Denkmäler der Deutschen auch eine kurze deutsche Geschichte geworden.

Ulrich Schlie, geb. 1965, ist Historiker und hat gegenwärtig als Gastprofessor den Alfred-Grosser-Lehrstuhl am Institut d' Etudes Politiques de Paris (Sciences Po) inne. Seine Schwerpunkte sind europäische Geschichte und internationale Politik. Außer zahlreichen Aufsätzen und Buchbeiträgen zur deutschen und europäischen Geschichte seit dem 18. Jahrhundert verfaßte er u. a. »Kein Friede mit Deutschland«, München 1994, und gab heraus »Albert Speer: Alles, was ich weiß«, München ²2000.

Ulrich Schlie

Die Nation erinnert sich

Die Denkmäler der Deutschen

Verlag C. H. Beck

Mit 36 Abbildungen im Text

Die Deutsche Bibliothek - CIP-Einheitsaufnahme

Ein Titeldatensatz für diese Publikation ist bei
Der Deutschen Bibliothek erhältlich

Originalausgabe

© Verlag C. H. Beck oHG, München 2002
Satz: Fotosatz Reinhard Amann, Aichstetten
Druck und Bindung: Druckerei C. H. Beck, Nördlingen
Umschlagabbildung: Siegessäule, Berlin
(Foto: Bildarchiv Preußischer Kulturbesitz, Berlin)
Umschlagentwurf: +malsy, Bremen
Printed in Germany
ISBN 3 406 47609 0

www.beck.de

Inhalt

Einleitung
Denkmäler: Die Nation erinnert sich

Denkmäler sind Spuren der Geschichte in der Gegenwart. Sie verkörpern Dauer im Wandel. Trotz genauer Jahresdatierung sind sie zeitlos. Sie trotzen den Zeiten, auch wenn der sprichwörtliche Zahn der Zeit bisweilen sichtbar an ihnen genagt hat. Sie sind sperrig; nicht selten versperren sie auch die Sicht auf die Geschichte, wie es eigentlich gewesen ist. Unzählige davon finden sich in unseren Städten, Dörfern und Landschaften: Standbilder, Brunnenfiguren, Kriegerdenkmäler, Bismarcktürme, Prachtbauten, Gedenksteine. Wir gehen an ihnen vorüber, immer wieder, bisweilen achtlos, gedankenversunken, geschäftig. Gewiß, hie und da nehmen wir eine tobende Schulklasse, eine beflissene Ausflüglerschar, einen uniformierten Soldatenzug wahr, die sich vor einem Denkmal versammeln, um es zu betrachten. Doch zumeist werden wir erst aufmerksam, wenn das Gewohnte Veränderungen unterworfen wird, wenn es verschwindet, wenn das unter Denkmalschutz stehende Palais vom Abriß bedroht ist, wenn städtebauliche Maßnahmen die Umsiedlung einer Statue von ihrem angestammten Platz erfordern oder wenn etwas völlig Neues entsteht. Der von Christo und Jeanne-Claude verpackte Reichstag war 1995 nicht nur anhaltender Gesprächsstoff, er hat auch zu einem neuen Verhältnis der Deutschen zum Reichstag beigetragen. Die 1993 auf Initiative eines Vereins errichtete Attrappe des Berliner Stadtschlosses – bemalte Zeltbahnen – hat den Blick auf den von Ulbricht 1950 verfügten Abriß des einstigen Hohenzollernsitzes freigelegt. Nur einem Hinweisschild ist zu entnehmen, daß auf dem freien, weiten Feld in Berlins Mitte, unweit des Potsdamer Platzes, demnächst ein überdimensioniertes Stelenfeld als Denkmal für die in nationalsozialistischer Zeit ermordeten Juden errichtet werden soll. Die Entscheidung darüber hatten sich die Deutschen nicht leichtgemacht. Politischer Streit um neu zu errichtende Denkmäler ist nichts Ungewöhnliches. Denn fast immer haben Denkmäler etwas mit unserem Geschichtsbild, mit unserem Staatsbewußtsein und mit unserem Selbstverständnis zu tun, damit, wie wir uns selbst sehen, unsere Ahnen und unsere Aufgaben.

Denkmäler sind somit sichtbarer Ausdruck unserer europäischen Kultur. Theodor Schieder hat in Anlehnung an Jacob Burckhardt in der Geschichte den Schlüssel zum europäischen Wesen erkannt und, den großen Basler Historiker zitierend, »das Sich-Aussprechen aller Kräfte in Denkmal, Bild und Wort, Institution und Partei bis zum Individuum, das Durchleben des Geistigen nach allen Seiten und Richtungen, das Streben des Geistes, von allem, was in ihm ist, Kunde zu hinterlassen«[1], als Signum des Europäischen bezeichnet. Denkmäler vergegenwärtigen unser Erbe, konfrontieren uns mit einer fortwirkenden Vergangenheit, die – beharrlich, unbarmherzig, bisweilen auch versöhnlich – in unsere Gegenwart hineinragt. Sie erinnern daran, daß es keine Flucht aus der Geschichte gibt und das Leben der Völker keine *tabula rasa* kennt. Denkmäler rufen ins Gedächtnis, daß Gegenwart die Schnittstelle von Vergangenheit und Zukunft ist und gegenwärtiges Geschehen von dem Moment an, in dem es sich ereignet, bereits Geschichte ist. Die Geschichte hingegen behandelt einen abgeschlossenen Zeitraum, die Vergangenheit, und beschreibt damit Ereignisse und Entwicklungen, die feststehen, also unabänderlich sind. Denn Gegenwart ist, um mit Hermann Heimpel zu sprechen, nichts anderes als »einwirkende Vergangenheit«, »die in dem prüfenden Sieb der Geschichte übrig geblieben ist.«[2]

In gewisser Hinsicht sind Denkmäler heute in Mode. Jubiläen werden mit Pomp und Pathos, mit Pauken und Trompeten gefeiert. Geschichtliche Erinnerung scheint von Staats wegen nur noch im Zusammenhang mit Jubiläumsfeierlichkeiten möglich zu sein: Die Geburtstage der Großen der Nation, ob krumm oder gerade, werden gefeiert wie noch nie – Adenauers 125., Goethes 250. –, und die Todestage sind Anlaß zu Symposien und einer flutartigen Erinnerungsliteratur: Nietzsches 100., Bismarcks 100., Bachs 250. Ganz zu schweigen von den offiziellen Daten der deutschen und europäischen Geschichte: Die Franzosen haben es 1989 mit dem *Bicentenaire* vorgemacht, was der Tribut einer großen Nation an die ewige Geschichte erfordert. Wir Deutschen haben es zwar zu keiner richtigen Revolution gebracht, auch sind die Anlässe zum Feiern in der deutschen Geschichte weniger zahlreich, runde Jahrestage lassen sich trotzdem zur Genüge finden: 150 Jahre Paulskirche, 350 Jahre

Westfälischer Frieden, 50 Jahre Grundgesetz und Bundesrepublik, 10 Jahre Wiedervereinigung – allein die letzten Jahren haben gewiß keinen Anlaß zur Geschichtsmüdigkeit gegeben.

In diese Jubiläumsbezogenheit fügt sich das Interesse an Denkmäler gut ein, das seit über zehn Jahren zu beobachten ist. Denkmäler werden errichtet, über sie wird lebhaft gestritten, sie sind beliebt als Ausflugsziele, und trotzdem gilt: Als Zeugnisse einer fortwirkenden Vergangenheit sind sie immer weniger nationaler Besitz, die Zeit scheint ungeachtet ihrer Popularität über sie wegzugehen. Die Selbstverständlichkeit, mit der frühere Generationen über historische Kenntnisse verfügten, mit der einst Zahlen und Fakten der Geschichte präsent waren, ist verschwunden. Geschichtsbewußtein, so Theodor Schieder, setzt »einen bis ins alltägliche Leben hineinreichenden Zusammenhang gegenwärtigen Lebens mit der Vergangenheit« voraus.[3] In der Welt von heute ist der sichtbare Zusammenhang zwischen Geschichte und Politik, zwischen Vergangenheit und Zukunft weithin verloren gegangen. Wir werden täglich von Bildern überflutet, die über Internet und CNN weltweit in unsere Wohnstuben transportiert werden. Dank der globalen Vernetzung verfügen wir über nie für möglich gehaltene Informationszugänge. Das Bewußtsein für die Endlichkeit des Gegenwärtigen und eine fortdauernde Vergangenheit hingegen haben gelitten. Ein postmodernes *anything goes* bestimmt unser Leben. Tradierte Lebensformen brechen auf. Die Zeit ändert ihren Rhythmus. Die Arbeitswelt folgt nicht mehr rigide der hergebrachten Einteilung in Werk- und Sonntage, selbst zwischen den Geschlechtern verwischen sich Grenzen. Bereits vor über dreißig Jahren war der britische Historiker Plumb zu dem Fazit gelangt: »Wohin wir auch blicken, in allen Bereichen sozialen und persönlichen Lebens wird der Einfluß der Vergangenheit schwächer. Rituale, Mythen, das Bedürfnis nach einer persönlichen Verwurzelung in der Zeit sind so viel weniger maßgeblich, als sie noch vor hundert oder gar fünfzig Jahren waren. In Erziehung und Wirtschaft hat die Vergangenheit aufgehört, ein Verständnis der Gegenwart zu ermöglichen, selbst wenn Spuren der Vergangenheit immer noch die Entwicklung beider verwirren und hemmen. In der Familie und in sexuellen Beziehungen bietet die Vergangenheit wenig Verständigungsmöglichkeiten und gar keinen Trost [...] Wenn die Vergangenheit nicht tot ist, so läßt sie doch das Röcheln der Agonie deutlich vernehmen.«[4]

Viele Menschen leben in einer Art permanenter Gegenwart. Der beschleunigte Wandel, den sie zu ihren Lebenszeiten erlebt haben, der sie in ihren Lebensformen und sozialen Bezügen betrifft, hat zur Abkehr von der Geschichte als Lehrmeisterin des Lebens geführt. Für frühere Generationen war es wesentlich leichter, Verläßliches über die Zukunft zu sagen. Sie konnten davon ausgehen, daß sich die Lebenswelten kaum verändern würden. Auch die Verständigung darauf, was zum unveräußerlichen Besitz der Nation gehört, fällt heute schwerer. Am Bedürfnis nach Orientierung hat sich indes nichts geändert, im Gegenteil. Skeptische Fragen nach dem Wohin werden gestellt. Gerade in Zeiten des Übergangs, die vom Verlust alter Gewißheiten und der Unsicherheit über den künftigen Weg geprägt sind, können wir auf die Einsicht in die Geschichte nicht verzichten. Auch wenn die geschichtlichen Elemente aus unserem Alltag weithin verschwunden sind, haben sie nicht ihre Wirkungsmacht an sich eingebüßt. Damit hängt zusammen, daß eine einvernehmliche Verständigung auf anschauliche Symbole des Politischen heute ungleich schwerer fällt als früher und politische Architektur, in Deutschland zumal, häufig und wesentlich mit Streit verbunden bleibt.

Dies ist der Ausgangspunkt der Reise zu den Denkmälern der Deutschen, der Suche nach den Spuren einer schwierigen Vergangenheit und ihren fortwirkenden Prägungen in der Gegenwart. Ohne diese Prägungen der eigenen nationalen Vergangenheit, bewußt oder unbewußt, ist unser geschichtliches Denken nicht verständlich. Die Aufgabe des Historikers besteht darin, auszuwählen, den gestaltlosen Stoff zu lebendiger Gestalt zu modellieren. Der Historiker, so hat einst L. B. Namier geschrieben, »muß entdecken und dartun, aussondern und betonen, was das Wesen des abgebildeten Gegenstandes ausmacht, nicht aber unterschiedslos alles wiedergeben, was ins Auge trifft.«[5] Ausgangspunkt ist das Hier und Heute. Der Zeitbezug lebendiger Geschichtsschreibung besteht darin, daß sie ihre Fragestellungen ihrer jeweiligen Gegenwart entnimmt.

Der Ausgangspunkt dieser Geschichte der Denkmäler der Deutschen ist die Wiederkehr des Nationalstaats durch die Wiederherstellung der staatlichen Einheit in Frieden und Freiheit anno 1990. Das Geschenk der Geschichte, die Wiedervereinigung, hat über vier Jahrzehnte künstlicher Trennung aufgehoben und einen unverstellten, auch einen gelasseneren Blick auf die deutsche Geschichte ermöglicht. Die Grundfragen – wer die Deutschen sind und was sie sein wollen – waren mit der Wiedervereinigung über Nacht auf die geistige Tagesordnung des Landes zurückgekehrt. Das Bewußtsein, Zeitzeuge eines tiefen historischen Einschnittes zu sein, hat unzweifelhaft das Interesse an der Geschichte, am Weg des deutschen Nationalstaats von 1871 und den Umständen seines Scheiterns wiederbelebt. Zwei methodische Fragen bedürfen dabei der Klärung. Zum einen: Taugt der Ansatz noch, von der Nation und den Prägungen einer nationalen Geschichte auszugehen, in einer Zeit, die vom zunehmenden Bedeutungsverlust des Nationalstaats und der Abgabe von Souveränität an supranationale Einheiten geprägt ist? Und zweitens: Worin besteht das Besondere, das die Denkmäler für die Geschichte der Nation so aufschlußreich macht?

Zunächst zur Frage nach der Berechtigung des nationalgeschichtlichen Ansatzes. Ist, so mag mancher mit Blick auf die politische Wirklichkeit unserer Zeit fragen, das Nationaldenkmal nicht eine überkommene Kategorie, nationalstaatliches Denken nicht in zunehmenden Maße anachronistisch? Taugt die Nation überhaupt deshalb noch als Kategorie, um am Anfang des 21. Jahrhunderts Geschichte zu schreiben? Zunächst gilt es festzuhalten, daß das Verhältnis von Nation und Europa auf Grund der voranschreitenden europäischen Integration und der damit verbundenen Verlagerung von Souveränität von der staatlichen auf die überstaatliche Ebene zwar auf eine neue Grundlage gestellt ist, die Nationen hingegen als Bezugsrahmen für politisches Handeln auch in der Staatenwelt des 21. Jahrhunderts nicht ausgedient haben. Sie haben ihre geschichtliche Wirkungsmacht, dies ist eine der wesentlichen Thesen der Beschäftigung mit den Denkmälern der Deutschen, nicht eingebüßt und sind deshalb gerade mit Blick auf eine mehr und mehr europäische Zukunft unverzichtbar. Theodor Schieder hat einst die Begründung politischer Herrschaft aus dem Prinzip der Nation oder Nationalität als das Europäische an Europa bezeichnet: Die Nationen vermitteln Zugehörigkeit, sind für den einzelnen erfahrbare politische Wirklichkeit.[6] Die Anfänge eines national organisierten Europa fallen ins späte Mittelalter. Nationen haben Europas Weg in der Geschichte begleitet und bestimmt. Europäische Geschichte war über Jahrhunderte hinweg die Geschichte der Kriege großer europäischer Mächte gegeneinander. Allianzen, auch engere Formen der staatsrechtlichen Vermählung – Konföderationen und Personalunionen –, Nachbarschaften, Austausch, gegenseitige Befruchtung gehören zur europäischen Geschichte der zurückliegenden Jahrhunderte. Die großen Strömungen und Ereignisse der europäischen Geschichte waren nie auf ein Land begrenzt. Gerade der Prozeß der Nationalstaatsbildung, aber auch die Selbstbehauptung der Nation im Zeitalter des Nationalstaats zeigt, wie sehr das Schicksal der Nation mit dem seiner Nachbarn verflochten ist. Feindschaften gehören ebenso wie Freundschaften zum Zusammenleben von Staaten und Nationen. Die Beschäftigung mit der eigenen nationalen Vergangenheit darf dabei nicht mit einer Verengung auf eine rein nationalgeschichtliche Perspektive, der Nationalstaat nicht mit seiner entarteten Form, der Übersteigerung des Nationalismus, verwechselt werden.

Denkmäler sind auf besondere Weise Spiegel der Geschichte der Nation. Sie sind nicht die einzigen Symbole der Nation. Die Geschichte der Nation ließe sich auch entlang ganz anderer Zeichen erzählen. Doch weisen Denkmäler eine Reihe von Vorzügen auf, die den Versuch, eine deutsche Geschichte im Spiegel der Denkmäler zu erzählen, lohnend erscheinen läßt. Die Ausprägung des politischen Denkmals in Deutschland folgt der Geschichte der deutschen Nation: Sie geht mit der Herausbildung des Nationalbewußtseins einher und findet im Nationaldenkmal seinen spezifischen Ausdruck. Erst im späten 18. Jahrhundert setzte auch in Deutschland die Politisierung des Denkmals ein, das nun Zeugnis ablegen will für eine bestimmte Vorstellung, für die das Leben des einzelnen beispielhaft steht, eine Entwicklung, die untrennbar mit der nationalen Frage verbunden ist. Die Voraussetzung für den Aufstieg der Nation ist in Deutschland, genauso wie in den anderen europäischen Staaten, dadurch geschaffen worden, daß der autonome Mensch in den Mittelpunkt der Geschichte gerückt und so die Verehrung des Helden möglich wurde. Zwar hat es zu allen Zeiten Denkmäler gegeben. Doch erst die Renaissance rief die vergessene Wahrheit ins Gedächtnis ihrer Zeitgenossen, daß das Monument der Antike der großen Persönlichkeit gegolten hatte. Jacob Burckhardt hat in »Die Kultur der Renaissance in Italien« auf diesen Individualismus der Renaissance hingewiesen: »Zu der Entdeckung der Welt fügt die Kultur der Renaissance eine noch größere Leistung, indem sie zuerst den ganzen Volksgehalt des Menschen entdeckt und zutage fördert.«[7] Antike Götter und Heroen sind aus der europäischen Kunst vom 15. bis zum frühen 19. Jahrhundert nicht mehr wegzudenken. Mit der Abkehr vom mittelalterlichen, heliozentrischen Weltbild stand nicht mehr der Gottesmensch, sondern der große Mensch im Mittelpunkt: der Divino sowohl in der geistlichen wie in der weltlichen Sphäre.[8]

Noch im 16. und 17. Jahrhundert wurden Denkmäler in erster Linie als Monumenta begriffen. Sie waren Gedächtnisstütze und Erinnerungszeichen zugleich. Aus dem Jahr 1752 ist eine noch recht allgemein gehaltene Begriffsbestimmung von Johann Martin Chladenius in dessen »Allgemeiner Geschichtswissenschaft« überliefert: »Denkmahl ist ein Ding, welches die Kinder veranlasset, ihre Eltern nach der Ursach und Bedeutung zu fragen.«[9] In den 50er Jahren des 19. Jahrhunderts bezeichnete J. G. Droysen in seinen Vorlesungen über »Enzyklopädie und Methodologie der Geschichte« bereits wesentlich präziser Denkmäler als »Überreste einer vergangenen Zeit, aus der sie für künftige Geschlechter Zeugnis über einen bestimmten Vorgang geben, die Vorstellungen über denselben fixieren wollen«[10], und ordnete sie als dritte Kategorie des historischen Materials zwischen Quellen und Überresten ein. Um die Wende zum 20. Jahrhundert prägte der Wiener Generalkonservator und Kunsthistoriker Alois Riegl in einem wegweisenden Aufsatz über »Der moderne Denkmalkultus«[11], vom Entwicklungsgedanken ausgehend, den bis heute maßgeblichen Denkmalbegriff, indem er die Vergangenheitswerte eines Denkmals – gewollter Erinnerungswert, historischer Wert, Alterswert – den Gegenwartswerten – Gebrauchswert und Kunstwert – gegenüberstellte.

Der »gewollte Erinnerungswert« eines Denkmals, das waren im anbrechenden nationalen Zeitalter Ereignisse und Persönlichkeiten, die Vorbildcharakter für die sich bildende Nation hatten. Kein Geringerer als Thomas von Aquin hat in seiner *Summa theologiae* mit der ersten mnemonischen Regel dafür die Grundlage formuliert. Es gehe darum, Symbole zu finden, die zu den Dingen passen, an die man sich erinnern wolle.[12] Das bleibende Symbol sollte vor allem die nationale Identität erfassen und ihr gerecht werden. Dies ist die zeitgenössische Idee des Nationaldenkmals. Sie bildet den Ausgangspunkt für diese Zeitreise durch die deutsche Geschichte.[13]

Die Schwierigkeit der begrifflichen Bezeichnung hat Reinhard Alings in Anlehnung an und in Fortentwicklung von Thomas Nipperdey mit einem pragmatischen Definitionsvorschlag zu umgehen versucht, dem hier bei aller Einsicht in seine Grenzen gefolgt werden soll: »Nationaldenkmal ist, was zu einem Nationaldenkmal gemacht worden ist.«[14] Walhalla, Kyffhäuserdenkmal, Siegessäule und Bismarcktürme – die Reihe der Nationaldenkmäler, die das 19. Jahrhundert hervorgebracht hat, ist lang. Dem Charakter des Suchenden entspricht, daß zur Geschichte der Nationaldenkmäler indes auch die nicht verwirklichten Projekte gehören, die nie realisierten Pläne für ein deutsches Westminster ebenso wie die nicht gebauten Freiheitsdenkmäler.

Erinnerung und die Suche nach Identität verbinden sich im Denkmal konstitutiv. Es entsprach der Lebenswirklichkeit jener Zeit, wenn vor allem der Tod auf dem Schlachtfeld für die werdende Nation Sinngebung erheischte und für lange Zeit das Kriegerdenkmal die Gestalt des nationalen Denkmals bestimmen sollte: »Das Kriegerdenkmal erinnert nicht nur an die Toten, es klagt auch das verlorene Leben ein, um das Überleben sinnvoll zu machen.«[15] Zwar gehören Totenmale seit jeher zur Menschheitsgeschichte, doch in der Zeit der Nationswerdung erhält der aus der Antike stammende Topos »*mortui viventes obligant*« eine zeitnahe Übersetzung, die für lange Zeit das nationale Gedenken bestimmen sollte: »Den Gefallenen zum Gedächtnis, den Lebenden zur Anerkennung, den künftigen Geschlechtern zur Nacheiferung«, so lautete 1819 die Übersetzung des Topos durch den Altphilologen Ernst August Böckh in die Sprache seiner Zeit. Sie findet sich erstmals in der Inschrift des Berliner Kreuzberg-Denkmals und danach, wiederkehrend, auf unzähligen Denkmälern in Deutschland. Die Totenmale für gefallene Krieger stehen in Kirchen, auf Friedhöfen, Marktplätzen und in der freien Natur. Es zählt zu ihren Charakteristika, daß die politische Sinnstiftung jeweils national gebrochen, die Signatur der Totenmale aber über die nationalen Grenzen hinweg die gleiche ist.[16]

Unser geschichtliches Denken ist wesentlich von den Prägungen unserer eigenen nationalen Vergangenheit beeinflußt, von den Rückschlägen auf dem langen Weg zum Nationalstaat, von den nationalen Empfindungen einer vornationalstaatlichen Zeit, von der kurzen, ereignisreichen Geschichte des deutschen Nationalstaats und den Umständen seines Scheiterns. Die Nation ist nichts Statisches, nichts, was nicht der Veränderung unterworfen wäre, auch nichts, was ohne eigenes Dazutun einmal in den Schoß gefallen ist. Sie verlangt, wie bei einem Bund fürs Leben, am Anfang ein Bekenntnis und, darauf aufbauend, den festen Willen zur Behauptung in der Gegenwart. Nichts anderes hat Ernest Renan gemeint, als er von der Nation als dem Tag für Tag stattfindenden Plebiszit sprach. Entscheidendes Merkmal der Nation ist der Wille seiner Bürger, des Staatsvolks, sich zur Nation zu bekennen, der Wunsch, ein gemeinsames Leben zu gestalten. Und dieser Wille ist in Deutschland über die Bitternisse aller Tiefen hinweg niemals erloschen. Bezugspunkt blieb über alle Brüche und Enttäuschungen hinweg das Jahr 1871. Richard von Weizsäcker hat 1972 im Deutschen Bundestag zu Recht auf die grundlegende Bedeutung der verspäteten Nationalstaatsbildung für den Inhalt der Nation hingewiesen: »Nation ist ein Inbegriff von gemeinsamer Vergangenheit und Zukunft, von Sprache und Kultur, von Bewußtsein und Wille, von Staat und Gebiet. Mit allen Fehlern, mit allen Irrtümern des Zeitgeistes, und doch mit dem gemeinsamen Willen und Bewußtsein hat diesen unseren Nationsbegriff das Jahr 1871 geprägt. Von daher – und nur von daher – wissen wir heute, daß wir uns als Deutsche fühlen.«[17]

In der Verspätung der Nationalstaatsbildung in Deutschland, in der Tatsache, daß anders als in Frankreich oder England vor der Staatsnation die Kulturnation existierte, liegt das Charakteristikum der deutschen Entwicklung. Von daher erklärt sich, daß den Symbolen des Nationalen in Deutschland eine besondere Bedeutung zukam und eine Einigung auf politische Symbole so schwer gelingen wollte. Hymne, nationale Flagge oder Nationalfeiertag haben in Deutschland nie die einheitsstiftende Kraft entfalten können, wie dies beispielsweise in Frankreich der Fall ist. Auch der Versuch, in einem einzigen Denkmal der Nation ein nationales Integrationssymbol zu schaffen, eine Art deutsches Westminster, mußte eine Utopie des 19. Jahrhunderts bleiben.[18]

Bis heute fällt die Verständigung darauf, was geistiger Besitzstand der Nation sei, in Deutschland schwerer als anderswo. Jeanne d'Arc, die Bartholomäusnacht 1598 oder die Erinnerung an das Goldene Zeitalter unter Ludwig XIV. gehören in Frankreich zum unbestrittenen nationalen Besitz, so wie in England die Bezwingung der spanischen Armada 1588, der Sieg über Napoleon, die *Glorious Revolution* oder – aus der jüngeren Vergangenheit – die *finest hour* im Widerstand gegen die nationalsozialistische Bedrohung 1940/41 zu den nationalen Taten gerechnet werden können, die jedes Schulkind aufzählen kann. Mit der deutschen Geschichte hingegen verhält es sich anders. Auch nach der Überwindung der Teilung bleibt Deutschland ein gespaltenes Land. Martin Luther wird für die einen als Held in der Geschichte der Freiheit, als Befreier im Kampf gegen Tradition und Autorität gefeiert, für die anderen ist er ein Schismatiker, mit dem die leidvolle konfessionelle und damit politische Spaltung des Landes seinen Anfang nahm. Friedrich der Große hat seine Parteigänger, und Maria Theresia auch. Bismarck wird von den kleindeutsch-protestantischen Historikern anders beurteilt als von den großdeutsch-katholischen. Auch die Verständigung auf ein einheitliches Zentrum war zu keiner Zeit einfach. In lebendiger Erinnerung sind noch die leidenschaftlichen Debatten in der Hauptstadtfrage 1990/91 zwischen Bonn- und Berlin-Befürwortern. Nicht besser war es um das Alte Reich bestellt: ein einheitliches Zentrum fehlte. Außer der späteren Hauptstadt des Deutschen Kaiserreiches, Berlin, neben der Residenz der preußischen Könige in Potsdam, konkurrierten Frankfurt, des Reiches Silber- und Goldloch, Nürnberg, des Reiches Schatzkästlein, und Regensburg, Sitz des Immerwährenden Reichstags. Über die Paulskirchenbewegung, die 1848er Revolution, die deutsche Revolution von 1918, selbst über die Präsidialkabinette am Ausgang der Weimarer Republik können sich die Deutschen bis heute nicht auf einvernehmliche Deutungen verständigen. Einigkeit fiel den Deutschen vor allem immer dann leicht, wenn es um negative Urteile, auch um die Ablehnung von Fremdherrschaft oder von außen Auferlegtem ging. Das kollektive Urteil über die Pariser Vorortverträge von 1919/20 als »Schmach von Versailles« zählt dazu ebenso wie nach 1945 das Einvernehmen darüber, daß Adolf Hitler als das personifizierte Böse in der deutschen Geschichte anzusehen sei.

Auffallendes Charakteristikum der deutschen Geschichte ist ihr Mangel an Kontinuität. Zahlreiche Brüche haben dazu geführt, daß das abrufbare Wissen über die eigene Geschichte in Deutschland geringer ist als in anderen Ländern. Die tiefste und nachhaltigste Zäsur bedeutet die nationalsozialistische Zeit; sie bildet einen Schlüssel zum Verständnis der deutschen Geschichte. Mit ihr hängt zusammen, daß die Einigung der Deutschen auf das, was als nationales Erbe gilt, schwerer fällt als anderswo. Mit der von Hitler verursachten deutschen Katastrophe des Jahres 1945 war bei vielen der Glaube an die Nation erschüttert. Viele standen nicht mehr selbstverständlich zu ihrer Nation. Das Bekenntnis fiel schwer, einige hatten sich ganz von ihrer Nation abgewandt. Andere fragten zweifelnd, ob mit der deutschen Großmacht auch die deutsche Nation gescheitert sei. Der Historiker Hermann Heimpel sprach kurz nach dem Zweiten Weltkrieg in seiner Antrittsrede als Rektor der Göttinger Universität aus, was dem tiefen Skeptizismus, der geistigen Situation seiner Zeit entsprach: »So stellt sich die bange Frage an den deutschen Historiker, ob denn die deutsche Geschichte nichts anderes sei als ein sinnloses Auf und Ab ohne gerade Linie, ohne die Hoffnung der Stetigkeit.«[19]

In den tiefen Brüchen ist auch der Grund zu suchen, weshalb jede Form von historischen Feierlichkeiten, geschweige denn nationalem Pathos auf Mißtrauen und Ablehnung stößt und weshalb sich die Deutschen mit einem aufgeklärten Patriotismus so schwer tun. Die Deutschen haben keinen *Quatorze Juillet* und keinen *Independence Day*. Der 17. Juni, in der alten Bundesrepublik in Erinnerung an den Arbeiteraufstand 1953, in der DDR zum Staatsfeiertag erhoben, gewann im öffentlichen Bewußtsein nie die Qualität eines nationalen Erinnerungstages. Wie kein anderes Datum verkörpert der 9. November im Zwiespalt der Erinnerungen an 1918, 1923, 1938 und 1989 die Höhen und Tiefen der deutschen Geschichte. In den Rang eines offiziellen Nationalfeiertages durfte er gleichwohl nie aufrücken. Auch der 20. Juli 1944, das Gedenken an die Männer und Frauen des Widerstands, die den Aufstand gegen den Diktator wagten, hat im öffentlichen Bewußtsein einer breiteren Bevölkerung lange Zeit nicht die Resonanz gefunden, die ihm aufgrund seiner Bedeutung für die moralische Legitimation der Bundesrepublik zukommen müßte. Noch in den 50er Jahren wurden in der Bundesrepublik leidenschaftliche Diskussionen darüber geführt, ob die Männer des 20. Juli als Verräter, Reaktionäre oder Patrioten anzusehen seien. Und über das Erbe der untergegangenen DDR wird im wiedervereinigten Deutschland seit nunmehr zehn Jahren heftig gestritten.

Quälende Fragen, von der Generation der Nazi-Söhne an die

Generation der Nazi-Väter gestellt, gehören seit dem Ende des Dritten Reiches ebenso zur deutschen Geschichte wie die Versuche, Abschied von der eigenen Geschichte zu nehmen, sich klammheimlich aus der Verantwortung davonzustehlen. Gelungen davon ist keiner. Das geschichtliche Erbe läßt sich nicht nach Gutdünken aufspalten, und es ist den Angehörigen einer Nation verwehrt, die weniger genehmen Teile auszuschlagen, die mit Weltanschauung oder *political correctness* nicht in Einklang zu bringen sind oder aus denen schwierige Verpflichtungen erwachsen. Es gibt keine Flucht vor der Geschichte, kein Verdrängen und kein Vergessen. Nur das Hinsehen macht frei. In der Kunst der richtigen Balance zwischen dem Blick in den Abgrund und dem Blick zum Horizont liegt das Geheimnis des richtig verstandenen Geschichts- und Nationalbewußtseins. Denn Geschichte hat mit der Vergewisserung von Identität, mit Identifikation zu tun, und Identität kann nicht nur in Ablehnung alles Vergangenen gründen. Wer sich nicht positiv identifizieren kann, wird vergebens nach Identität suchen. Thomas Nipperdey hat einst zu Recht darauf hingewiesen, daß einseitige Kontinuitätslinien dem tatsächlichen Verlauf unserer Geschichte nicht gerecht werden. »Alle deutsche Geschichte ist mittelbar zu Hitler, mittelbar auch zur Bundesrepublik. Aber unmittelbar ist sie noch etwas anderes, nämlich sie selbst. Beides gehört zu unserer Identität, zu unserem Erbe. Geschichte beunruhigt unsere Identität. Aber sie stabilisiert sie auch. Das ist der unmythologische Sinn des Ranke-Worts, jede Epoche sei unmittelbar zu Gott.«[20]

Die Denkmäler der Deutschen bezeugen diese Geschichte, die hier erzählt werden soll. Sie ist weder Geschichte der Denkmäler noch kunsthistorischer Abriß, weder Beitrag zur Denkmalpflege noch zum Denkmalschutz. Entstanden ist vielmehr eine politische Geschichte der Deutschen und ihres nationalen Bewußtseins, wie es sich ins Gedächtnis der Nation eingeprägt hat. Leitend war dabei der Gedanke, daß die ganze politische, wirtschaftliche und soziale Geschichte der Deutschen und ihrer Nation, ihre Hauptereignisse, Katastrophen und Sternstunden angesprochen werden sollten. Die engen Grenzen des zur Verfügung stehenden Platzes erfordern dabei die Kunst der Bescheidung und erklären den Zwang zum Weglassen. Die getroffene Auswahl ist durch diesen Rahmen bestimmt. Wer eine enzyklopädische Behandlung, einen

kunsthistorischen Überblick über die wesentlichen Erscheinungsformen der in Deutschland anzutreffenden Denkmäler erwartet
hätte, wird enttäuscht sein. Die Auswahl umfaßt zwar das gute Dutzend nationaler Denkmäler, auf die vielleicht noch am ehesten unter
den Deutschen Einigkeit hergestellt werden kann: Walhalla, Kölner
Dom, Wartburg, Siegessäule, Hermannsdenkmal, Kyffhäuser, Leipziger Völkerschlachtsdenkmal. Auch Bismarck und Wilhelm I. dürfen nicht fehlen. Was für das 19. Jahrhundert noch einigermaßen
einfach ist, bereitet im 20. Jahrhundert bereits größere Schwierigkeiten. Gewiß, Tessenows Neue Wache, Tannenberg, Reichstag,
Brandenburger Tor, auch, aus einer späteren Zeit, zentrale Gedenkstätte Neue Wache und Holocaust-Mahnmal können ihren Platz mit
Fug und Recht beanspruchen. Was aber aus den dunklen Jahren
der nationalsozialistischen Diktatur nehmen, warum Reichsparteitagsgelände und nicht die republikanische Architektur des Reichs-
kunstwarts, warum den Chemnitzer Karl-Marx-Kopf, nicht aber
Hubertus von Pilgrims Bonner Adenauerbüste?

Jede Auswahl macht sich für Kritik angreifbar. Aus der Überzeugung heraus, daß gerade auch die kleinen, unscheinbaren
Denkmäler wesentlich zum Verständnis der Geschichte der Deutschen und ihrer Nation beitragen können, werden auch einige der
weniger bekannten, nicht zuletzt der verschwundenen oder längst
wieder aus dem Gedächtnis der Nation getilgten Monumente in
die Betrachtung aufgenommen. Gewiß hätten sich prominentere
Denkmäler als der Bernhardsbrunnen in Lippstadt, das gesprengte
Düsseldorfer Schlageter-Denkmal, die Totenburg des Volksbundes in El-Alamein oder die Friedländer Gedächtnisstätte Wiedervereinigungsdenkmal finden lassen. Ihnen allen ist gemeinsam,
daß sie unter kunsthistorischen Gesichtspunkten nicht in die erste
Reihe der Denkmäler der Deutschen gehören. Doch auch und gerade sie erzählen zentrale Kapitel der deutschen Geschichte, Kapitel, die in besonderem Maße den Blick auf die Irrungen und Wir-
rungen der Nation lenken. Entstanden ist auf diese Weise eine etwas
andere kurze deutsche Geschichte. Der Essay als Gattungsform ist
für diese Aufgabe besonders geeignet. Vollständigkeit ist ohnehin
keine Kategorie, der sich die Geschichte in ihrem Gang unterwirft.

Denkmäler wurden von ihren Zeitgenossen *sub speciae aeterni-
tatis* geschaffen. Sie erlauben sowohl Aussagen über die historische
Persönlichkeit und das Ereignis, das sie vergegenwärtigen, als auch

Rückschlüsse auf das Geschichtsbewußtsein und das politische Identitätsverständnis ihrer jeweiligen Gegenwart. Sie erzählen vom langen Weg zum deutschen Nationalstaat, vom nationalen Überschwang und den Machtphantasien großdeutscher Patrioten, von den Tränen der Niederlage, dem Größenwahn des Diktators, von der Auslöschung des Individuums durch den Staat, vom Aufbegehren einer Handvoll Gerechter gegen Unterdrückung und Willkür, von den Scherben und der Asche des Reiches und den Schwierigkeiten des Neuanfangs. Sie erinnern an die Verführbarkeit des Individuums, an die Instrumentalisierung der Geschichte und daran, daß alle erfahrbare Wirklichkeit letztlich nur Hülle, Abglanz und Schatten ist. Der Mensch ist der Mittelpunkt der Geschichte. Den Menschen in seinem Handeln und in seinen sozialen Bezügen zu begreifen, ist Aufgabe der Geschichte. Als geschichtliches Wesen ist der Mensch in seiner Gegenwart auf die Fähigkeit angewiesen, sich erinnern zu können. Gedächtnisverlust führt zu Identitätsverlust, lehrt die moderne Psychologie.[21] Carl Jacob Burckhardt hat in einem seiner letzten Texte auf diesen Zusammenhang hingewiesen, als er schrieb, wir seien gezwungen, »Erinnerung als Gegengewicht zu dem schöpferischen Drang, dem nackten, vorwärtsstrebenden Willen, der unser Schicksal ist, zu bewahren«.[22]

Zwischen Wunsch und Wirklichkeit:
Der lange Weg zum deutschen Nationalstaat

Die nationale Bewegung entstand in Deutschland zu einem Zeitpunkt, als das Heilige Römische Reich seiner Auflösung entgegenstrebte. Der Wunsch nach Zusammenfassung der Deutschen in einem Staat, wie er schließlich 1871 mit der Gründung des Deutschen Kaiserreiches gelang, äußerte sich zuerst zu einer Zeit, als die Kleinstaaterei blühte und die napoleonische Fremdherrschaft sich des staatlichen Vakuums in Deutschland bemächtigte. Die Entstehung der nationalen Bewegung in Deutschland ist damit wesentlich durch zwei Gegensätze geprägt: den Gegensatz zum Partikularismus und zur napoleonischen Fremdherrschaft. Diese Entwicklung ist um so bemerkenswerter, als die Nationalstaatsbildung in Deutschland zu einem Zeitpunkt einsetzte, als die meisten unserer europäischen Nachbarn bereits auf eine jahrhundertealte nationale Tradition zurückblicken konnten. In Frankreich existierte ein nationaler Staat seit dem ausgehenden Mittelalter, in England seit dem Königtum der Tudors und in Spanien immerhin seit der Zeit der *Reconquista*. In Deutschland hingegen war um 1800 von einem staatlichen oder sozialen Gebilde wenig zu sehen.

Das Heilige Römische Reich war nur dem Namen nach deutscher Nation, vom Staatscharakter war das Territorium, das sich vom böhmischen Königreich im Osten bis zum burgundischen und langobardisch-italienischen Königreich im Westen erstreckte, weit entfernt. Zwar gab es mit der Goldbulle von 1356 so etwas wie ein Reichsgrundgesetz, doch damit begründet wurde lediglich die Selbständigkeit der Territorialgewalten. Kaiser und König wurden von den Kurfürsten gewählt. Noch Jahrhunderte später stand auf allen Münzen »Romanorum Imperator semper Augustus«. Das Alte Reich mit seinen 296 Souveränitäten und 1789 reichsunmittelbaren Herrschaften war monströs und festgefügt, seine Institutionen schwerfällig, Modernisierung so gut wie ausgeschlossen, der Ruf nach Reichsreform wurde zum unvollendeten Thema der deutschen Verfassungsgeschichte, das Spannungsverhältnis von

Föderalismus und Unitarismus, das für den späteren Verlauf der deutschen Geschichte charakteristisch wurde, war bereits im Alten Reich vorgezeichnet. Die Einheit des Landes beschränkte sich auf Sprache und Kultur. »Deutschland? Aber wo liegt es? Ich weiß das Land nicht zu finden, wo das gelehrte beginnt, hört das politische auf,« hatte seinerzeit schon Johann Wolfgang von Goethe geschrieben.

Erst als in der zweiten Hälfte des 18. Jahrhunderts, um 1760, mit dem Durchbruch zur Moderne die staatenlose Zeit der Nation zu Ende ging und sich die Nationalidee mit einem fest umrissenen Territorium verband, wurden Nation und Gesellschaft Ziel des politischen Handelns des Menschen in seiner Gegenwart. In jener Zeit wurde Geschichte zu einer öffentlichen Macht und erlangte eine politische Funktion. Geschichte wurde Ausdruck der aus der heilsgeschichtlichen Umklammerung herausgesprengten Welt;[1] sie diente nun der Rechtfertigung für territoriale Ansprüche und half, die Identität des Gemeinwesens zu begründen. Denkmäler wurden zum Gefäß und Gegenstand der nun in Deutschland entstehenden Geschichtsbilder. Es ist bezeichnend, daß die Geschichtsbilder erst jetzt, im Zusammenhang mit dem Drang nach Einheit und Freiheit, wesentlich auch als »Reflexe dieser nationalstaatlichen Kämpfe« entstanden.[2]

Noch am Anfang des 19. Jahrhunderts freilich war die Einheit der Nation kaum mehr als ein frommer Wunsch. Deutschland war kein politischer, allenfalls ein geographischer Begriff. Die politische Wirklichkeit in Deutschland war in jener Zeit vor allem von Napoleon geprägt. Fremdherrschaft und Kleinstaaterei hatten das Bewußtsein der Zugehörigkeit zu ein- und derselben Nation überhaupt erst entstehen lassen. Von der Nation im staatsrechtlichen Sinne konnte zu jener Zeit noch nicht die Rede sein; präzise Vorstellungen darüber fehlten. Es waren im wesentlichen Literaten und Schöngeister, die sich der Nation als Thema annahmen und auf diese Weise zu einem vorerst noch recht vagen Bewußtsein beitrugen. Von daher erklärt sich, daß die deutsche Nationalbewegung des 19. Jahrhunderts von der Kultur – vom gemeinsamen Verständnis von Sprache, Philosophie und Literatur – ausgegangen und die Kulturnation in Deutschland der Staatsnation vorausgegangen ist. Untrennbar sind diese Anfänge der nationalen Bewegung mit dem Aufstieg des Bürgers verbunden, der in jener Zeit zum ersten Mal als eigenständige Kategorie, als Subjekt der Geschichte wahrgenommen wird.

Beide Charakteristika, der Vorrang der Kulturnation und die Herausbildung der Bürgerwelt, haben mit Entwicklungen zu tun, die wenige Jahre zuvor von Frankreich ihren Ausgang genommen hatten: mit Napoleon und mit der Großen Revolution. Ganz unmittelbar haben sie mit Napoleon zu tun, weil der Haß gegen den französischen Besatzer, gegen die von Napoleons Gnaden gestärkten Fürsten der deutschen Kleinstaaten und, vor allem, gegen den als Instrument der Fremdherrschaft begriffenen Rheinbund einigend wirkte, ja das Bewußtsein für die Zugehörigkeit zu einer Schicksalsgemeinschaft erst geschaffen hat. Und mittelbar hängen sie mit der Französischen Revolution zusammen, weil erst die französischen Revolutionsheere die Ideen der Großen Revolution nach ganz Europa getragen und ihnen damit auch in Deutschland zum Durchbruch verholfen haben. »Das Wort Nation«, hat der Historiker Franz Schnabel treffend geschrieben, »ist eine Erfindung der französischen Revolution.«[3] Erst mit Napoleon begann auch in Deutschland politisch die Moderne; erst jetzt wurde der endgültige Abschied vom Ancien Régime vollzogen. Zwar wurde auf dem Wiener Kongreß nochmals, ganz im Stil Alteuropas, versucht, mit den Methoden der Geheimdiplomatie und den Rezepten der Konvenienz, im pentarchischen Konzert der Mächte die alten Verhältnisse zu restaurieren, den nachrevolutionären Bestrebungen konnte man damit jedoch mehr schlecht als recht beikommen. Erschütterungen war das System der Restauration im Zeitalter Metternichs von Anfang an ausgesetzt; 1848 ist es endgültig eingestürzt. Das dynastische Verständnis von Politik gehörte von da an der Vergangenheit an.

Bis zum Beginn des 19. Jahrhunderts war Politik Prärogative des Adels gewesen. Ein neues Zeitalter kündigte sich jedoch bereits an. Ein Massenmarkt entstand, Politik gehörte nicht mehr allein dem Establishment. Der Mensch wurde sich seiner Zentrumsfunktion bewußt, er wird – so der Leitbegriff des anbrechenden Zeitalters – autonom: Das Individuum betritt die Bühne der Politik. Die Forderung nach Verwirklichung des Selbstbestimmungsrechts nach innen und außen, Erbe und Auftrag der Französischen Revolution, läßt den *citoyen* als neuen Typus die politische Bühne betreten. Aus dem Bürger ist der Staatsbürger geworden. Politische Herrschaft wurde von da an aus dem Prinzip der nationalen Souveränität begründet. Die Demographie hat diese Entwicklung entscheidend beeinflußt. Menschen sind seit dem 19. Jahrhundert fortwährend in Bewegung. Um 1800 lebten circa 185 Millionen Menschen in Europa. Hundert Jahre später waren es bereits 401 Millionen. 1815 hatte Deutschland 20 Millionen Einwohner, 1914 schon 67 Millionen. Telegraphie, Eisenbahn und Telefon veränderten die Lebenswirklichkeit dramatisch; die Dimensionen von Zeit und Raum wurden gesprengt. Zeitlich versetzt kam es überall in Europa zu den gleichen gesellschaftlichen, sozialen, wirtschaftlichen und politischen Verwerfungen. Zu den folgenreichsten Antworten auf die Umbrüche gehörte die Entstehung der politischen Parteien modernen Typs. Ideen, darin liegt die große Errungenschaft von 1789 und das vielleicht wichtigste Charakteristikum des 19. Jahrhunderts, blieben von da an nicht mehr auf die Studierstuben der Dichter und Denker beschränkt, sie fingen an, politische Wirkungsmacht zu entfalten und die Welt zu verändern.

Erst allmählich begannen die Menschen in Europa die tiefe Wahrheit und die weitreichenden Konsequenzen dieser Erkenntnis zu begreifen. Die künftige Gestalt von Staat und Gesellschaft erschien auf einmal nicht mehr als unabänderliche, gottgegebene Wirklichkeit, sie fand sich vielmehr als strittige Frage auf der Tagesordnung, um deren Beantwortung gerungen wurde. Die Bindung des Individuums an die Nation verdrängte in einer hierarchischen Werteskala alle anderen Loyalitäten auf die nachgeordneten Plätze, sie bestimmte – vor Stand, Klasse und auch Konfession – die Zugehörigkeit zu einer überpersonalen Gemeinschaft. Die Nation existierte vorerst vor allem in der Welt der Ideen. Auch wenn sie nun immer häufiger im Diskurs als Ziel und Begründung des politischen Handelns bemüht wurde, blieb sie im Bereich der geistigen Vorstellung. Diese Hinwendung zum Imaginären wurde vor allem dadurch begünstigt, daß nach dem Untergang des Alten Reiches in Deutschland überhaupt keine staatliche Organisationsform mehr vorhanden war. Das Bekenntnis zur Nation konnte auf diese Weise zur neuen innerweltlichen Heilslehre aufsteigen. In dem Maße, in dem sich traditionelle Bindungen – etwa auf Grund von Wanderungsbewegungen und als Folge der industriellen Revolution – lockerten, erhöhte sich der Wert der Nation für das Individuum, das nun sein Schicksal selbst in die Hand nehmen konnte. Diskussion, und damit Sprache und Kultur, erhielten im entstehenden Gefüge eine neue, wesentlich gestärkte Funktion. Es war deshalb kein Zufall, daß bei den besonders mobilen Gruppen – bei Professoren, Studenten und Publizisten – das Bekenntnis zur Nation am deutlichsten ausgefallen ist. Doch zunächst, daran sei erinnert, war die nationale Bewegung in ihren politischen Umrissen diffus, eher durch Gegnerschaft als durch klare Bekenntnisse geprägt, in ihren Zielen heillos utopisch und noch vorrangig auf die nicht wirklich politisch handelnde Schicht der Intellektuellen begrenzt.

Es zählt zu den Charakteristika der Nationalbewegung im 19. Jahrhundert, daß den zunächst politisch wenig greifbaren Zielen zum Trotz und ungeachtet der disparaten Erscheinungsformen die nationale Bewegung ihre Anziehungskraft nicht eingebüßt hat, im Gegenteil. Vielleicht war es gerade ihr gänzlich utopischer Charakter, der so sichtbare Gegensatz ihres Anliegens zur Wirklichkeit, der dazu beitrug, daß sich die Nationalbewegung in widriger Zeit behauptete und sich, allein durch den Glauben, auch von schmerzlichen Niederlagen nicht erschüttern ließ. Dem Heiligen Römischen Reich, einem vornationalen Gebilde aus längst vergangenen Zeiten, hatte bei seinem Ende im Jahr 1806 kaum jemand eine Träne nachgeweint. Und auch der politischen Erscheinungsform des 1815 gegründeten Deutschen Bundes, eines freien Zusammenschlusses souveräner Staaten, in seiner Gesamtanlage durchaus zukunftsweisend, war keine Dauer beschert. Zahlreiche Geburtsfehler verdammten ihn politisch zur Ohnmacht. Er hatte kaum machtpolitische Bedeutung und diente häufig als Zielscheibe für Spott. Mit den Niederlanden – für die Bundesfestung Luxemburg – und Dänemark – der dänische König regierte in Personalunion auch Schleswig-Holstein – gehörten ihm auch nichtdeutsche Mächte an. Österreich hingegen war lediglich mit seinem deutschen Teil, also gut einem Drittel seines Gebiets, Mitglied des Bundes und nicht nur deshalb in einer eigenartigen Zwitterstellung: Der österreichische Gesandte war ex officio Präsident des Bundestags; bis 1848 führte der Bund das Siegel Österreichs; genauso wie Preußen verfügte Österreich indes im Deutschen Bund nur über eine von siebzehn Stimmen, konnte also theoretisch jederzeit überstimmt werden. Dazu kam es freilich in der Praxis nicht, da die Interessen Österreichs mit denen der Kleinstaaten fast immer identisch waren. Metternich hatte ein ausgeklügeltes System des äußeren ebenso wie des inneren Gleichgewichts geschaffen, dessen übergeordnetes Ziel Erhaltung der Ruhe und damit des Status quo lautete. Es waren vor allem die Fürsten in den kleinen und mittleren Staaten selbst, die in den Karlsbader Beschlüssen von 1819 dafür gesorgt hatten, daß sie als Inbegriff dafür galten, daß die nationale Bewegung als Oppositionsbewegung begann und im Laufe des Jahrhunderts Nationalismus und Liberalismus eine folgenreiche Allianz begründeten, weil ihre Ziele deckungsgleich geworden waren.

Die öffentlichen Feste und Feiern, die nun immer häufiger der Idee der Nation gewidmet waren – das Völkerschlachtfest 1815, das Wartburgfest 1817, das Hambacher Fest 1832 – folgten einem strengen, an die katholische Liturgie angelehnten Ritual, sie vermittelten Gemeinschaft und verhießen Zukunft. Wiederholt ist auf den pseudoreligiösen Charakter der nationalen Bewegung hingewiesen worden. Die Nation ist der große Mythos des 19. Jahrhunderts, die Nationalbewegung in Deutschland auch und vor allem eine Glaubensbewegung.[4] Der Glaube aber war auf Symbole, auch auf die Verständigung auf eine gemeinsame Lehre angewiesen, und es versteht sich, daß gerade Menschen eines Gebietes, das nach dem Untergang des Alten Reiches bar jeglicher staatlicher Hülle war und in der Gegenwart soeben die demütigende Form politischer Fremdherrschaft überwunden hatte, einen verklärenden Blick zurückrichteten und Selbstbewußtsein aus Vergangenem zu beziehen trachteten: aus tatsächlichem und vermeintlichem Ruhm, von dem die Taten der Vorväter Zeugnis ablegten.

Dies ist der Hintergrund dafür, daß Gegenwart, Vergangenheit und Zukunft am Anfang des 19. Jahrhunderts in ein neues Verhältnis eintreten konnten. Es ist kein Zufall, daß sich das Geschichtsdenken der Völker in jener Zeit ausgebildet hat. Voraussetzung dafür war die Fähigkeit, sich in frühere Epochen hineinzuversetzen. Die Folge war, daß das Studium der Geschichte eine bis dahin nicht gekannte Anziehungskraft entfalten konnte und die Politisierung der Geschichte eine entscheidende Wendung erfuhr. Geschichtsbilder wurden nun mit Bedacht zur Gegenwart in Beziehung gesetzt, um politische Wirklichkeit zu prägen. Geschichte übernahm damit erstmalig eine politische, eine legitimationsstiftende Funktion. Aus der Vergangenheit wurden Vorstellungen, Maßstäbe und Ziele entnommen, und zugleich geriet die Vergangenheit selbst, genauer gesagt, die Anschauung darüber, zum Politikum: »Die Entwürfe von Zukunft sind Bilder der Vergangenheit und Deutungen der Gegenwart zugleich.«⁵ Es verwundert wenig, daß sich der Blick bei der Suche nach vermeintlich besseren Zeiten zunächst auf eine weiter entfernte Vergangenheit gerichtet hat: auf Mittelalter und Antike.

Das 19. Jahrhundert ist in Deutschland das Jahrhundert der Denkmäler, die vorrangig den absichtsvollen Anfängen einer germanischen und mittelalterlichen Frühzeit gewidmet sind. In besonders klarer Form zeigt sich der enge Zusammenhang zwischen Geschichtsbezogenheit und entstehendem Nationalbewußtsein beim Bau der 1842 eingeweihten Walhalla bei Regensburg, eines auf einer Anhöhe bei Donaustauf oberhalb der Donau im Stil eines dorischen Tempels errichteten Stromdenkmals. Die Walhalla – in der nordischen Mythologie wird mit diesem Wort die himmlische Halle bezeichnet, in der Odin die Gefallenen empfängt und bewirtet – wollte bewußt an germanisch-christliche wie klassisch-hellenistische Ursprünge anknüpfen. Das Pantheon auf der Akropolis von Athen mit den Propyläen als normgebende Schöpfung der attischen Hochklassik hatte beim Bau der Walhalla Pate gestanden. Ludwig I. von Bayern, ihr geistiger Vater und Bauherr, wollte sie als Pantheon der Nation verstanden wissen und betrachtete sie als Geschenk an die deutsche Nation. Die architektonische Form folgte dem Typus des dorischen Ringtempels. Die Idee zum Bau war dem damaligen bayrischen Kronprinzen, wie er selbst in »Walhalla's Genossen« schrieb, während der Befreiungskriege gekommen: »Es waren die Tage von Teutschlands tiefster Schmach, … da entstand im Beginne des 1807ten Jahres in dem Kronprinzen Ludwig von Bayern der Gedanke, der fünfzig rühmlichst ausgezeichneten Teutschen Bildnisse in Marmor verfertigen zu lassen.«⁶ Dieser Entschluß ist um so bemerkenswerter, als Bayern in den Freiheitskriegen gegen Preußen an der Seite Napoleons gekämpft hatte und der bayrische König seine Krone erst dem Korsen verdankte. Doch den Kronprinzen, einen eingefleischten Franzosenhasser, schien dies wenig zu kümmern. Als Führer der antifranzösischen Partei arbeitete er am Sturz des Grafen Montgelas, wetterte gegen den »Ungeist des Welschen« und rief zum Sturz Napoleons auf. In Rom trug er die altdeutsche Tracht, und Griechenland pries er als wahres Vaterland.

Die 1842 eingeweihte Walhalla befindet sich auf einer Anhöhe bei
Donaustauf oberhalb der Donau. Das Stromdenkmal im Stil eines dorischen
Tempels knüpft an germanisch-christliche sowie klassisch-hellenistische
Ursprünge an. Ludwig I. von Bayern, ihr Bauherr, wollte sein Geschenk
an die Nation als Pantheon verstanden wissen.

Es folgte dieser Vorliebe, wenn Ludwig für die Walhalla »rein-
sten antiken Geschmack« forderte. Edle Einfalt und stille Größe,
die Ideale Winckelmanns, erschienen Ludwig für sein zu schaffen-
des Werk als angemessen. Der Kontrast zwischen dem idealisierten
Vorbild und der als erniedrigend empfundenen Wirklichkeit hätte
nicht größer sein können. Unter den herangezogen Architekten

schien Leo von Klenze die besten Voraussetzungen für die Erfüllung dieser Vorstellungen zu bieten. 1821 nahm Ludwig dessen Entwurf an. Zwischen 1830 und 1842 entstand nach Klenzes Plänen ein dreistufiger Tempelbau. Im südlichen Tympanon ist der Sieg über Napoleon, im nördlichen die Schlacht im Teutoburger Wald dargestellt. Im Inneren erinnert ein ein Meter hoher Fries an Ereignisse aus der germanisch-christlichen Frühzeit. Seine eigentliche Bedeutung erhält die vom Pantheongedanken inspirierte Ruhmeshalle indes durch die Ansammlung von Büsten berühmter Männer und Frauen, Walhallas Genossen, die der Monarch eigenhändig ausgewählt hatte, um sie als Ahnengalerie der entstehenden deutschen Nation auszustellen. Die Auswahl, bei der sich Ludwig vom eidgenössischen Historiker Johannes von Müller beraten ließ, war eigenwillig. Sie verrät vieles über den nationalen Geist der Zeit und die Vorlieben des Stifters von Walhalla, der sich gerne vom Prinzip »das ganze Deutschland soll es sein« leiten ließ. Neben den Helden aus der grauen Vorzeit – Hengist und Horsa, Albuin und Egbert – fanden unter anderen so unterschiedliche Persönlichkeiten wie Erasmus von Rotterdam und Katharina II. von Rußland Aufnahme. Besonderer Beliebtheit erfreuten sich die Befreiungskämpfer, vor allem dann, wenn sie katholisch waren oder sich den ausgesprochenen Zorn Napoleons zugezogen hatten. Luther hingegen schaffte es erst im zweiten Anlauf. Denn erst nachdem er sich einem Sturm öffentlicher Proteste ausgesetzt gesehen hatte, war der bayrische Monarch dazu zu bewegen, auch den Reformator in die Ruhmeshalle der Nation aufzunehmen. Bei der Besichtigung der Köpfe, die in Ludwigs Olymp ihren Platz erhielten, wird deutlich, daß eine einvernehmliche Verständigung darauf, was zum nationalen Erbe gehörte, im frühen 19. Jahrhundert noch nicht gelingen konnte. Auch zeugt die stilistische Nacheiferung der Griechen und, damit einhergehend, der Verzicht auf einen nationalen Baustil von einem Mangel an Sicherheit in der Gestaltung, und damit auch an Identität. Dies vermittelt eine Vorstellung davon, daß der Weg zur nationalen Selbstbehauptung für die werdende Nation mit zahlreichen Schwierigkeiten verbunden war.

Der Einsatz des bayrischen Monarchen, dem die Walhalla ihre Entstehung verdankte, weist indes auf eine bezeichnende Veränderung hin: Monarchie und Nationalbewegung näherten sich einander an, die entstehende nationale Bewegung wurde auch bei der Legitimation von Herrschaft herangezogen, das dynastische Verständnis allein schien zur Herrschaftsbegründung nicht mehr zu genügen. Die Anliegen der Nationalbewegung waren hoffähig geworden, eine wesentliche Voraussetzung dafür, daß nationale Denkmäler gebaut werden konnten und ihrerseits dazu beitrugen, daß die sichtbaren Zeichen nationalen Empfindens zu einer weiteren Stärkung der nationalen Bewegung geführt haben. Damit verdanken auch die Denkmäler des 19. Jahrhunderts, die wie kaum etwas anderes die nationalen Empfindungen ihrer Zeit verkörpern, ihre Entstehung einer Entscheidung der Herrschenden, und dies sind im 19. Jahrhundert in Deutschland immer noch durchweg die gekrönten Häupter und die Spitzen der regierenden Häuser. Und so entbehrte es nicht einer inneren Logik, daß Ludwig auch den Baumeister des Kölner Doms seiner Galerie von Walhallas Genossen einverleibte, sich finanziell an der Restauration der Dome in Speyer und Regensburg beteiligte und auch das nationale Großprojekt seiner Zeit schlechthin, die Vollendung des Kölner Doms, nach Kräften unterstützt hat.

Aus der Sicht des 19. Jahrhunderts galt das Mittelalter als Blütezeit der deutschen Geschichte. Die Goldene Bulle wurde als Reichsgrundgesetz verehrt, das in ihr enthaltene Bekenntnis zur Eintracht im Reich und gegen die Zwietracht der Kurfürsten wurde als Ermutigung für die Gegenwart begriffen. Sogar der 1805 abgetragene Königstuhl auf einer Obstwiese bei Rhens am Rhein, wo sich die sieben Kurfürsten 1338 als Kurverein konstituiert hatten, um einen der ihren zum König zu wählen, wurde 1843 neu errichtet. Größe, Macht und Einheit, alles was man in der Gegenwart suchte und so schmerzlich entbehrte, fand man in der mittelalterlichen Kaiserzeit. Es war ein romantisches Geschichtsbild, daß die in der Gegenwart empfundenen Wünsche in einer älteren Vergangenheit als verwirklicht entdeckten. Kaiser und Reich galten als Ziel der deutschen Geschichte schlechthin. Insbesondere die Stauferzeit wurde als Blüte von Einigkeit und Stärkte verklärt. Zwischen territorialer Einheit und politischer Machtentfaltung wurde ein Wesenszusammenhang hergestellt, der als Ermutigung für die Gegenwart begriffen werden muß.

Wenn Kaiser und Reich in der Mitte des 19. Jahrhunderts so deutlich ins Bewußtsein der Deutschen traten, so hat dies wesentlich auch mit der Mittelalterfixierung des damaligen Geschichtsbildes zu tun. Analogien waren beliebt. Die methodische Notwendigkeit, Bedingungen und Begriffe einer anderen Zeit zu hinterfragen, um ihre Übertragbarkeit zu überprüfen, fand hingegen wenig Anhänger. Was eine »Geschichte der deutschen Kaiserzeit« beanspruchte und welche Epoche damit gemeint war, dies konnte Wilhelm von Giesebrecht 1855 bei der Mehrheit seiner Leser voraussetzen. Seine Vorrede zu dem vielgelesenen, mehrbändigen Werk war auch politisches Programm und damit Handlungsanweisung zur Neugestaltung einer als unbefriedigend empfundenen Gegenwart ebenso wie Ermunterung, Rat bei der Geschichte einzuholen: »So groß und allgemein anerkannt die Wichtigkeit dieser Zeit für die weltgeschichtliche Entwicklung ist, hat sie doch für unser Volk noch eine ganz besondere, klar hervorstechende Bedeutung. Denn nicht allein, daß jene Kaiser aus dem Volk hervorgingen und Deutschland der Hauptsitz ihrer Macht war, es verschmolzen auch erst innerhalb dieser Zeit die deutschen Stämme, wie sie damals zum ersten Mal staatlich in sich geeinigt und gegen die umwohnenden Völker abgegrenzt waren, zu einem einzigen Volke, das dann in Kirche und Staat, in Kunst und Wissenschaft seine besondere und eigenthümliche Entwicklung gewinnen konnte.«[7] Mittelalterliche Geschichtsforschung war nationale Angelegenheit geworden. Nicht zuletzt deshalb stand sie hoch im Kurs. Der Streit über die Italienzüge der Kaiserzeit, der zwischen den Historikern Ficker und Sybel entbrannte, war mehr als eine Akademikerkontroverse: Er stellte ein Politikum ersten Ranges dar, das Anhänger und Gegner entlang der Linie »großdeutsch *versus* kleindeutsch« spaltete.

Wie kaum ein zweites Bauwerk erzählt die Geschichte der Fertigstellung des Kölner Doms von der Mittelalterzuwendung in politischer Absicht. Denn der Dom zu Köln wurde im 19. Jahrhundert zum Symbol für das kommende Reich, für die Einheit der Christenheit und die Nähe des Mittelalters zu Gott. Lange Zeit war das unvollendete Bauwerk unbeachtet, wenn nicht vergessen geblieben. 1797 hatte es österreichischen Kriegsgefangenen als Quartier gedient, und ein Aachener Bischof hatte mit der Forderung von sich reden gemacht, das Bauwerk ganz abtragen zu lassen. Mit den Befreiungskriegen änderte sich der Blick auf den Dom. Nun mehrten sich Stimmen, die dafür plädierten, den Kölner Torso als nationales Symbol zu begreifen und zu Ende zu bauen. Zu den prominentesten und am deutlichsten vernehmbaren Stimmen gehörte die von Joseph Görres, der im Rheinischen Merkur vom 20. November 1814 geschrieben hatte, die Nation sei noch nicht reif für den Bau eines eigenen Nationaldenkmals, und der statt dessen empfahl, den Kölner Dom als Symbol des »neuen Reiches« und »Dankesopfer von der Befreiung der französischen Knechtschaft« zu vollenden. In seinem unfertigen Zustand sei das Bauwerk dauernde Mahnung, »ein Bild von Teutschland in seiner Sprach- und Gedankenverwirrung, seinem inneren Hader und seiner Eigensucht, seinem Niedergang und seiner Zerrissenheit.«[8]

Der Kölner Dombau wurde zu einer nationalen Sammlungsbewegung. Die Spendenbereitschaft der Deutschen war schon damals ausgeprägt. Im ganzen Land fanden sich Förderer, die sich oft auch mit nur kleinen, symbolischen Geldbeträgen beteiligten. Die vielfältigen Aufrufe aus Anlaß der 600-Jahr-Feier 1848 taten das ihre, und es ist deshalb nicht verkehrt, den Dom als »Denkmal der Massen und Volksdom«[9] zu bezeichnen, genauso wie die Dombaufeste von 1842 und 1880 unzweifelhaft den Charakter von Volksfesten trugen. Die Gotik wurde als dem deutschen Wesen gemäße Bauform begriffen (gotisch und deutsch galten in der Anschauung der Zeit als identisch), und dies blieb selbst dann so, nachdem die französischen Ursprünge der Gotik entdeckt worden waren. In Predigten wurde das Mittelalter als eine Zeit »der Verherrlichung Gottes und seiner Kirche« gerühmt und der Dombau als Deutschlands Sühneopfer begriffen. Religiöse und nationale Motive verschmolzen beim Bau des Kölner Doms zu einer Einheit. Gott und die Geschichte waren mit den Gerechten: Die Niederlage der Franzosen 1813 wurde als ein von Gott gesandtes Strafgericht gesehen.

Fast schien es so, als hätten die Deutschen im Kölner Dom das Symbol ihres erträumten Reiches gefunden: ein unvollendeter Kirchenbau als Sinnbild eines millenarischen Reiches. Seine Fertigstellung wurde jetzt als nationale Aufgabe begriffen, an der sich sowohl Katholiken als auch Protestanten beteiligten: die Nation als Wille und Vorstellung, eine höhere Aufgabe, zu deren Nutzen sogar die seit der Reformation dauernde und im Dreißigjährigen Krieg bestätigte konfessionelle Spaltung vorübergehend hintangestellt wurde. Noch bevor die politische Einigung der Nation er-

Der Dom zu Köln war lange Zeit vergessener Torso.
Nach den Befreiungskriegen wurde er zum Symbol für das kommende Reich,
für die Einheit der Christenheit und Nähe des Mittelalters zu Gott.
Joseph Görres rief dazu auf, den Dom als »Dankesopfer von der Befreiung
der französischen Knechtschaft« zu vollenden.

reicht war, hatte sie sich im Dom zu Köln eine Kirche der Nation geschaffen. Die Verschmelzung mit religiösen Elementen zählt zu den Charakteristika der deutschen Nationalbewegung. So wie einst die Erfolge auf den Schlachtfeldern der Befreiungskriege als göttliche Fügung und Zeichen der Erwählung interpretiert wurden, so galt die Vollendung des Dombaus als Bestätigung der für identisch gehaltenen Ziele von nationaler Einigungsbewegung und christlicher Mission. Gottesdienst und nationale Kundgebung waren nicht selten kaum voneinander zu unterscheiden: Wo das eine aufhörte, hatte das andere längst begonnen. Überhaupt kehrt das Leitmotiv der Vollendung, ursprünglich dem religiösen Bereich entlehnt, in der neueren deutschen Geschichte seit 1800 häufig wieder. Der Dombau in seiner Verbindung aus nationalen Sehnsüchten und religiösen Antrieben ist dafür nur ein Ausdruck, wenn auch ein ausgesprochen markanter.

Es spricht für das politische Gespür des Hohenzollerngeschlechts, daß es am nationalen Überschwang des Dombaus teilhaben wollte.

Die Dombaufeste jedenfalls fanden mit reger Beteiligung des Hauses Hohenzollern statt. Auf dem Weg zur Reichsgründung erwies sich das einvernehmliche Ziel als Kitt, der Katholiken und Protestanten gemeinsame Sache machen ließ. Der kleindeutsch-protestantische Charakter des Kaiserreichs von 1871 war durchaus nicht in dieser Form von der Geschichte vorgezeichnet. Ohne die Beteiligung der Katholiken, ohne ihren Freiheitspathos und ohne ihren Reichsmystizismus wäre die Entscheidung von 1871 vermutlich in dieser Form gar nicht zustande gekommen. Es war im Grunde das Geburtsdilemma der Reichsgründung mit seiner einseitigen Option zugunsten von »kleindeutsch-protestantisch«, daß nach 1871 zwei Kaiserreiche in Europas Mitte nebeneinander her existierten und sich behinderten, verbündet und miteinander konkurrierend zugleich: das protestantische Deutsche Reich und das katholische Habsburgerreich.

Bei aller Unterschiedlichkeit der politischen Entwicklung in Deutschland nach 1806 lassen sich in Verfassungsleben und politischer Kultur doch eine Reihe von Gemeinsamkeiten identifizieren, die den Weg zum Nationalstaat geprägt haben. Zunächst ist in diesem Zusammenhang – auch in nachrevolutionärer Zeit – die Verbindung des Nationalgedankens mit einem dynastischen Politikverständnis auffällig. Überall war der Staat in seinen territorialen Grenzen Bezugspunkt des politischen Handelns der Monarchen. Ob es sich dabei – wie im Falle der Königreiche Preußen oder Bayern – um in Jahrhunderten gewachsene, festgefügte Territorialstaaten handelte oder um Gebilde, die – wie etwa die thüringischen Kleinstaaten – sichtbare und seit dessen Untergang im Jahr 1806 kaum veränderte Produkte des Heiligen Römischen Reiches waren, ist dabei von nachrangiger Bedeutung. Partikularismus und nationales Bewußtsein sind im Vormärz keine Gegensätze, sie tragen nur den besonderen Bedingungen der werdenden staatlichen Existenz in Deutschland Rechnung.

So betrachtet ist es auch kein Gegensatz, wenn mit der Wartburg in der Mitte des 19. Jahrhunderts ein nationales Symbol entstand, dessen Erhebung zum Nationaldenkmal vor allem auf fürstliche Obrigkeiten zurückgeht. Die Wartburg ist in mancher Hinsicht das mitteldeutsche Gegenstück zum Kölner Dom. Zusammen mußten beide Bauwerke in der Vergangenheit häufig dafür herhalten, deutsches Wesen zu erklären. Auch die Wartburg blickt auf

*Die Wartburg ist mitteldeutsches Gegenstück zum Kölner Dom.
Mitte des 19. Jahrhunderts stieg sie zur nationalen Weihestätte auf.
Einst hatte Martin Luther hier das Neue Testament ins Deutsche
übertragen und die Burschenschaftler 1817 auf dem Wartburgfest
der verlorenen Reichsherrlichkeit nachgetrauert.*

eine abwechslungsreiche, jahrhundertealte Geschichte zurück, bevor sie Mitte des 19. Jahrhunderts zur nationalen Weihestätte aufstieg. Unter Landgraf Hermann I. von Thüringen (1190–1217), dem Förderer Walthers von der Vogelweide und Wolframs von Eschenbach, war die Burg Ort eines reichen literarisch-künstlerischen Lebens. Kurz darauf wurde sie von der mildtätigen Elisabeth von Thüringen ins erste und prominenteste Hospiz des Reiches verwandelt. Martin Luther diente sie als Versteck und Zufluchtsort, in dem er in aller Herrgottsruhe das Neue Testament in die deutsche Sprache übertragen konnte – kraftvoll, bildreich und bis heute unser Bibelverständnis prägend. Nirgendwo, so argumentierten die Zeitgenossen am beginnenden 19. Jahrhundert, sei die Sehnsucht nach dem Reich spürbarer als in jener steil und einsam aus dem Thüringerwald herausragenden mittelalterlichen Burg. 1817 hatten sich dort die Burschenschaftler zum später berühmt gewordenen Wartburgfest versammelt, um in patriotischen Reden der verlorenen Reichsherrlichkeit nachzutrauern und des erfolgreichen Ausgangs der Leipziger Völkerschlacht feiernd zu gedenken.

Die Wiederherstellung des zeitgenössisch als »feierliche Gralsburg holdseligen Thüringerlandes« gepriesenen Bauwerkes wurde seit den 1840er Jahren zum nationalen Programm, das der Großherzog von Thüringen zu seiner eigenen Sache erkor.[10] Der Geist der Weimarer Klassik wurde bemüht, nach keltischen Waffen gegraben. Im Inneren der Burg sollte der von Moritz von Schwind in den 1840er Jahren fertiggestellte Freskenzyklus an glanzvolle Episoden der mittelalterlichen Vergangenheit erinnern. Botschaften wie »Treue Mannen sind die besten Mannen«, als Unterschriften unter einzelne Fresken gesetzt, waren dabei durchaus als Ermutigung für die Gegenwart zu begreifen. Richard Wagner hat in seinem »Tannhäuser« den Sängerkrieg auf der Wartburg in romantisierender Mittelalterverklärung als einen bis heute im Bewußtsein fortlebenden Mythos geschaffen, der sich wenig um die historische Vorlage scherte. Wunsch und Wirklichkeit hatten häufig nichts miteinander zu tun.

Wegen ihres pseudohistorischen Mittelalterbilds, ihrer überladenen Innenarchitektur und der Verbindung zu fürstlichem Mäzenatentum ist die Wartburg in der Literatur gelegentlich kritisiert worden. Ihr Wert als Nationaldenkmal wird dadurch freilich nicht geschmälert. Neben Walhalla, Kölner Dom und Wartburg stehen die Denkmäler und Entwürfe für die Befreiungskriege und die Völkerschlacht sowie, jetzt mit steigender Tendenz, Standbilder für auf Grund besonderer Taten herausragende Einzelpersonen. Auch hier zeichnet sich im späten Vormärz ein Bewußtseinswandel ab, der Beachtung verdient. Waren es in den ersten Jahrzehnten des Jahrhunderts vor allem Monarchen und militärische Führer, die als denkmalsfähig erachtet wurden – Friedrich der Große, Blücher, auch Scharnhorst und Gneisenau – so rückten nun auch Zivilisten, Künstler und Schriftsteller in den Kreis derjenigen auf, die der Verewigung im Denkmal für würdig erachtet wurden: Schadows Luther-Denkmal in Wittenberg (1821) machte den Anfang, Rauchs Nürnberger Dürer-Standbild (1837), Thorwaldsens Schiller in Stuttgart (1839), Schwanthalers Frankfurter Goethe (1844) folgten nach.

Die Öffnung zu Kunst und Literatur im Denkmal war dabei für den Verlauf der nationalen Einigungsbewegung in Deutschland durchaus bezeichnend. Denn der Reichsgedanke nahm in Deutschland über Literatur und Wissenschaft seinen Weg in die Politik. Nation, Vaterland, Staat – in der politischen Publizistik und der Literatur des 19. Jahrhunderts begegnet man diesen Begriffen fortwährend.[11] Begünstigt wurde diese Entwicklung vor allem dadurch, daß mit Friedrich Wilhelm IV. seit 1840 ein Schwärmer und Schöngeist auf dem preußischen Thron saß, der sich für die Reichsromantik begeisterte und sich seit seiner Jugend mit mittelalterlicher Kunst und Geschichte befaßt hatte. Es ist kein Zufall, daß in den nun folgenden 40er Jahren der Bau von Nationaldenkmälern richtig populär geworden ist: 1842 wurde mit großem Aufwand die Fortsetzung des Dombau in Köln zelebriert, im gleichen Jahr die Walhalla fertiggestellt, ein Jahr zuvor war bereits die Grundsteinlegung für das Hermannsdenkmal im Teutoburger Wald erfolgt, um nur die bekanntesten zu nennen. Wie ernst es die Deutschen mit dem Reich meinten, wird auch daraus ersichtlich, daß die Bezeichnung »Reich« für das zu schaffende staatliche Gebilde über alle politischen Wechselfälle hinweg erhalten geblieben ist. Weder die Revolutionäre von 1848 noch Bismarck, der die politischen Voraussetzungen für die kleindeutsche Lösung von 1871 schuf, mochten daran etwas ändern. Und im gesamten Denkmalskult des 19. Jahrhunderts gehörte der Rekurs auf das mittelalterliche Kaiserreich zu den wiederkehrenden Elementen. Immer wieder wurde seine Wiedergeburt beschworen: ein nationaler Mythos war entstanden.

Der lange Weg vom Wunsch zur Wirklichkeit der Reichsgründung, die Bitternisse und Rückschläge, die die Einigungsbewegung dabei erlitt, haben ganz entscheidend dazu beigetragen, daß sich die nationalen Erwartungen ins Unwirkliche steigerten. Mystizismus und Chiliasmus der Reichsrhetorik legen selbstredendes Zeugnis davon ab, daß der Traum vom Reich den deutschen Michel um seinen nüchternen Verstand gebracht hatte. Erlösung war indes zu keiner Zeit eine erfolgversprechende Kategorie der Politik. Bisweilen bedarf es eines kleines Schritts, um von der Heilsgeschichte zum Unheil zu gelangen. Insbesondere die Rückschläge der gescheiterten Revolution von 1848 haben in Deutschland die ohnehin schon ausgeprägten inneren Gegensätze vertieft. Der kurze Frühling der Reichsgründungseuphorie hat dies nicht dauerhaft vergessen gemacht. Auch Bismarck ist letztlich in seiner unverstandenen Allianz mit dem Liberalismus, im virtuosen Gegeneinanderausspielen von Fortschritt und Reaktion wenn nicht gescheitert, so doch deutlich an die Grenzen seiner Möglichkeiten gestoßen. Alles, was sich in der Geschichte des deutschen Nationalstaats von 1871 als Last und Leid erweisen sollte, ist bereits auf dem langen Weg zur Reichsgründung angelegt gewesen.

»Heil Dir im Siegerkranz«:
Kaiserreich 1871–1918

Anfang und Ende des Deutschen Reiches sind wesentlich mit Kriegen verbunden. Das 1871 gegründete Kaiserreich begann als Kriegsreich, und am Ausgang des Ersten Weltkriegs war mit dem Ende der Monarchie als Staatsform auch das zweite Kaiserreich an sein Ende gelangt; allein der Nationalstaat, schwer angeschlagen, existierte fort. Es blieb Adolf Hitler mit dem von ihm entfesselten Zweiten Weltkrieg vorbehalten, dem Deutschen Reich den Todesstoß zu versetzen. Unter den Trümmern des Zweiten Weltkriegs wurde auch die relativ kurze Phase des deutschen Nationalstaats begraben. Von den besonderen Bedingungen seiner Entstehung konnte sich das unter dem »Gewehranschlag Europas« (Ludwig Dehio) gegründete Kaiserreich nie lösen. Die Belastungen, die mit seiner mühsamen Geburt verbunden waren, politische und psychologische, das Mißtrauen der Nachbarn, begleiteten es auf seinem Weg in der Geschichte. Sie erklären etwas vom eigentümlichen Lebensgefühl, vom Wunsch nach Anerkennung und vom Bedürfnis, die eigene Saturiertheit zu bekennen. Das deutsche Kaiserreich sollte die Züge des Parvenus – Unsicherheit, Mangel an Stil, Prestigedenken, auch Auftrumpfen am falschen Ort – nie ganz ablegen. Es wurde von seinen europäischen Nachbarn nicht geliebt, allenfalls widerstrebend geduldet. Der Weg zur Reichsgründung war lang und entbehrungsreich; er war mit schmerzvollen Niederlagen gepflastert.

1848 war der erste Anlauf gescheitert. Die Verwirklichung des nationalen Ziels bedurfte schon des Genies Bismarck, der Politik als die Kunst des Möglichen begriff und sich durch den Verzicht auf die großdeutsche Lösung zu begnügen verstand. Gegen die politische Großwetterlage, dies war die Lehre von 1848, waren die nationalstaatlichen Ziele nicht zu verwirklichen. Möglich geworden war diese günstige Konstellation in einem »Wellental der Weltpolitik« (Ludwig Dehio) in den 1860er Jahren durch die wohlwollende Neutralität der Flügelmächte Rußland und Britannien. Die russische Gewogenheit hatte Bismarck durch Entgegenkommen in der orientalischen Frage erreicht und damit die Interessen des durch den Ausgang des Krimkriegs von 1856 stark geschwächten zaristischen Rußlands richtig kalkuliert. Die liberale britische Regierung Gladstone war eher an sozialpolitischen Reformen als an ungewissen Interventionen auf dem Kontinent interessiert. Erst drei duellartig geführte Kriege hatten die Voraussetzungen für die Geburt des deutschen Nationalstaats geschaffen: 1864 mit Österreich gegen das Königreich Dänemark, 1866 im »deutschen Krieg« gegen Österreich und 1870/71 gegen Frankreich.

Der Verzicht auf Österreich wog am schwersten. Kaum sechs Wochen dauerte der Krieg, den Preußen 1866 gegen Österreich und beinahe alle größeren Bundesstaaten geführt hatte: Bayern, Württemberg, Baden, Sachsen, Hannover, Kurhessen und Hessen-Darmstadt standen in der schleswig-holsteinischen Frage an Habsburgs Seite. Kühl kalkulierend hatte Bismarck den Konflikt geschürt, bis aus ihm eine militärische Auseinandersetzung wurde. Der deutsch-deutsche Krieg 1866 wurde eine der letzten Auseinandersetzungen vor dem Zeitalter des Massenkriegs. Noch einmal erschienen die Monarchen auf dem Schlachtfeld, um vom Feldherrnhügel aus die Kampfhandlungen zu verfolgen und in den Gefechtspausen Huldigungen entgegenzunehmen. Eine einzige militärische Schlacht in Nordböhmen, im Dorf Sadowa nahe der Festung Königgrätz, gab den Ausschlag. Moltkes Strategie, die Entscheidung in einer Umfassungsschlacht zu suchen, war aufgegangen. Die österreichische Artillerie und Kavallerie war dem nicht gewachsen, eine vernichtende militärische Niederlage war es gleichwohl nicht. Der geordnete Rückzug des geschlagenen österreichischen Heeres gehörte zu Bismarcks Kalkül, der Vorfriede von Nikolsburg war ein »weißer Friede«, bewußte Demütigungen sollten dem Gegner erspart bleiben. Dies änderte freilich nichts daran, daß Königgrätz den Dualismus in seiner bisherigen Form zwischen Habsburg und Preußen beendete. Königgrätz setzte die »erste deutsche Teilung« (Golo Mann) ins Werk und besiegelte den Ausschluß Österreichs aus der deutschen Geschichte. Der Aufstieg Preußens war auf dem nordböhmischen Schlachtfeld zu seinem Abschluß gekommen. Preußen war von da an endgültig Militärmonarchie geworden. Hätte die Agonie der Habsburgermonarchie 1918 bei einer anderen Entscheidung 1866 verhindert werden können? Der Historiker tut bisweilen gut daran, »Was-wäre-gewesen-wenn-Fragen« zu stellen, um sich Klarheit über den tatsächlichen Gang der Geschichte zu verschaffen. In jedem Falle wäre der Zweibund und mit ihm einer der spezifischen Umstände der Vorgeschichte des Ersten Weltkriegs bei einem anderen Verlauf erspart geblieben. Alles andere fällt ins Reich der Spekulation.

Die scheinbare Kapitulation der Großdeutschen vor der kleindeutsch-preußischen Nationalstaatslösung, das Schweigen Wiens vor der preußischen Okkupation der deutschen Kaiserwürde zählt vordergründig zum Überraschendsten der historischen Situation von 1870/71. Doch die Ereignisse der Jahre 1933 und 1938 lehren, daß die großdeutschen Empfindungen und Ziele allenfalls in täuschende Ruhe getaucht waren. Die Besiegten von 1866 arrangierten sich zwar mit der neuen Vormacht im Reich, ein Herzensbündnis war es gleichwohl nicht. Franz Grillparzer sprach für einen beträchtlichen Teil der Deutschösterreicher, die in den Jubel des Jahres 1871 nicht einstimmen wollten, als er den Preußen mahnende Worte ins Stammbuch schrieb: »Ihr meint, ihr habt ein Reich gegründet und habt doch nur ein Volk zerstört.«[1] Auch für die unterlegenen süddeutschen Staaten blieb ein bitterer Nachgeschmack. Der Frankfurter Bürgermeister Fellner nahm sich nach der preußischen Annexion von 1866 wegen der Höhe der preußischen Kriegskontributionsforderungen das Leben. Dem »dritten Deutschland« war nur ein kurzer Frühling beschert. Die Verfassungswirklichkeit wurde von Bismarcks Preußen bestimmt. Bismarcks Allianz mit der Nationalbewegung von 1866 war lediglich taktischer Natur. Am deutlichsten wurde dies, als nach 1867 Baden den Anschluß an den Norddeutschen Bund begehrte und von Bismarck brüsk zurückgewiesen wurde. Ein badischer Beitritt hätte die zeitlichen Abläufe gestört. Es war allein Bismarck, der das Skript der Reichsgründung bestimmen wollte.

Wo die politischen Voraussetzungen mit Waffengewalt und diplomatischer Finesse geschaffen werden mußten, bedurfte es, mit Bismarck zu sprechen, eines »werbende[n] Element[s] für Einheit und Zentralisation«[2]: dies war die Aufgabe der Kaiserwürde von 1871. Der Gedanke an das 1806 verlorengegangene Kaisertum war indes zu jener Zeit bereits verblaßt. Kaiser und Reich waren Begriffe aus längst vergangenen Zeiten. Noch am ehesten wurden sie mit der habsburgischen Universalmonarchie verbunden. Konnte es aber, so wurde gefragt, ein preußisches Kaisertum geben? Der 1871 geschaffene deutsche Nationalstaat nahm bewußt den Universalismus des mittelalterlichen Reiches wieder auf und knüpfte an den nationalen Messianismus des Heiligen Römischen Reiches an. Die chiliastischen Elemente verschmolzen mit der Hoffnung auf eine noch zu gestaltende Neuordnung. Reich nannten die Deutschen ihren Staat, und der Ort, an dem am 18. Januar 1871 die Proklamation des zweiten Kaiserreiches vollzogen wurde, verhieß den Nachbarn wenig Beruhigendes. Noch bevor das verfassunggebende Organ, der Deutsche Reichstag, zu seiner konstituierenden Sitzung zusammengetreten war, hatte die Kaiserproklamation stattgefunden, ausgerechnet im Spiegelsaal des *Roi-soleil*, in dem seit den Zeiten des Bürgerkönigs ein Museum »A toutes les gloires de la France« eingerichtet worden war. Die Titelfrage bei der Proklamation war bis zuletzt strittig. Wilhelm, König in Preußen, verlangte die Anrede »Kaiser von Deutschland«, und Bismarck, der sich letztlich durchsetzte, beharrte auf »Deutscher Kaiser«. Der badische Großherzog löste in Versailles die Kontroverse auf elegante Art mit einem Hoch auf »Seine Kaiserliche und Königliche Majestät, Kaiser Wilhelm«. Verfassungsrechtlich war das künftige Reich ein ewiger Bund, gestiftet von den Fürsten und den Senaten der Freien Städte. Die äußere Form der Reichsgründung war mehr als ein Schönheitsfehler. Nicht gewählte Vertreter der deutschen Nation, sondern fürstliche Obrigkeiten hatten einen Staat ausgerufen, dessen Sicherheit und Stärke vor allem auf preußischen Bajonetten beruhte. Unitarier und Partikularisten, jeder mit anderer Lesart, hingen dem Kaisergedanken an, weil sie sich davon die Stärkung der eigenen Position versprachen: die einen die Einheit der Nation, die anderen die Garantie der territorialen Libertäten.

Das deutsche Kaiserreich war weder einheitlich in seinem politischen Willen noch homogen in seiner Struktur. Der neue Staat war eine konstitutionelle Monarchie mit verfassungsmäßigen Rechten für die Volksvertretung, über deren Zusammensetzung alle deutschen Männer über fünfundzwanzig Jahre in geheimer und freier Wahl befanden. Und doch lebten im Körper des Deutschen Reiches so höchst unterschiedliche Gebilde wie das fortschrittliche, liberale Großherzogtum Baden und die archaischen beiden mecklenburgischen Herzogtümer, in denen bis 1918 noch die landständische Verfassung galt. Gegenüber allen Deutschländern, die seit 1848 von großdeutschen Patrioten gedacht und geplant wurden, war die 1871 gefundene Lösung die bescheidenste. Preußen hatte sich einen nationalen Staat zugelegt, der von der Größe war, daß ihn die europäischen Mächte gerade noch akzeptieren konnten. Im Grunde hatte Bismarck ein um das dritte Deutschland erweitertes Groß-Preußen geschaffen, nicht aus altpreußischer Anhänglichkeit – für politische Sentimentalitäten hatte der ostelbische Junker, der Bismarck war, nichts übrig, dies ist ihm von weniger wohlmeinenden Interpreten als Opportunismus ausgelegt worden –, sondern aus der Einsicht in das politisch Machbare. Das von Bismarck unablässig vorgetragene Bekenntnis, das Deutsche Reich sei saturiert, hat darin seine Wurzeln. Bismarck war Konservativer und Revolutionär zugleich. Die Bezeichnung »weißer Revolutionär« (L. Bamberger) läßt etwas von der jede Kategorisierung sprengenden Kraft dieser außergewöhnlichen Persönlichkeit erahnen.

Auch Kaisergedanke und monarchisches Prinzip, charakteristische Elemente der Verfassungswirklichkeit von 1871 und prägende Größen der politischen Kultur des Deutschen Reiches, waren bei Bismarck funktional. Bismarck wußte darum, daß das heterogene Gebilde, das der gerade gegründete Nationalstaat war, einer tragenden Klammer bedurfte. Der Rückgriff auf Kaiser und Reich sollte dieses Bedürfnis erfüllen. Die Hohenzollern hatten die Kaiserwürde indes nur widerwillig angenommen. Der preußische König Wilhelm I. hielt den Kaisertitel für einen »Charaktermajor« in Anspielung darauf, daß der Major kein Bataillon befehligt, und erklärte bei den Krönungsfeierlichkeiten, er übernehme ein Scheinkaisertum, das den Glanz der preußischen Königskrone verdunkle.

Im Gegensatz zu der zerbrechlichen Verfassungskonstruktion, zu den Problemen und Geburtsfehlern der Reichsgründung bestand unter den gerade zu Reichsbürgern Aufgestiegenen vor allem Anlaß zu feiern. Zwar waren die Mühen auf dem Weg zur Reichsgründung unvergessen, doch hatten sie nicht gerade das Bedürfnis, das Ereignis gebührend zu feiern, noch eher vergrößert? Im Überschwang des nationalen Taumels wurden die zweischneidigen Bedingungen des Erfolgs übersehen. Das Mißtrauen der europäischen Nachbarn sollte auch nach der Reichsgründung nie ganz verschwinden. Zudem war Bismarck, ansonsten Virtuose der öffentlichen Meinung, ein verhängnisvoller Fehler unterlaufen.

Mit der Annexion Elsaß-Lothringens hatte er Frankreich zu einer Irredenta verholfen, die die *grande nation* laut vernehmlich und einmütig nach Revanche schreien ließ. Zu dem Fehler war es gekommen, weil Bismarck bei Kriegsende 1871 Opfer seiner eigenen Pressepolitik geworden war. Die Annexion Elsaß-Lothringens, eine der Hauptforderungen der nationalen Rechten und militärstrategische Glaciserwägung der Militärs, die ein künftiges Aufmarschgebiet für einen Angriff auf Süddeutschland fürchteten, hatte Frankreich von Anfang an zum unversöhnlichen Gegner gemacht. Elsaß-Lothringen wurde Reichsland, eine verfassungsrechtliche Sonderkonstruktion, und blieb den Franzosen ein Stachel im Fleisch. Konnte man aber, um ein Wort Bismarcks abzuwandeln, Schach spielen, wenn 16 von 64 Felder von vornherein nicht besetzt werden durften?

Spätestens 1875, bei der »Krieg-in-Sicht-Krise«, erkannte der Eiserne Kanzler die Grenzen der Möglichkeiten, die sich aus Deutschlands prekärer geostrategischer Lage ergaben: zu klein für die Hegemonie, zu groß fürs Gleichgewicht. Als Antwort auf ein französisches Kadergesetz, das im Kern eine Heeresvermehrung vorsah, drohte Bismarck mit Krieg und mußte dann erfahren, daß die Mächte – so sehr sie sich in anderen zentralen Fragen uneins sein mochten – in einem Punkt Übereinstimmung erzielten: in der Überzeugung, Deutschland, dem Parvenü im Staatensystem, keinen weiteren Machtzuwachs zu erlauben. Ähnliche Gedankenspiele lagen den Zeitgenossen fern, die Freude über die unerhörte Begebenheit der Reichsgründung hatte *second thoughts* in die tieferen Schichten des Unterbewußtseins gedrängt. Die überschäumenden nationalen Empfindungen waren keine Frage von Alter und Stand, auch die gebildetsten Vertreter des Volkes, Universitätsprofessoren und Geistliche, erwiesen sich bisweilen als nationale Heißsporne. »Wodurch hat man die Gnade Gottes verdient, so große und mächtige Dinge erleben zu dürfen? Und wie wird man nachher leben? Was zwanzig Jahre der Inhalt allen Wünschens und Strebens gewesen ist, das ist nun in so unendlich herrlicher Weise erfüllt! Woher soll man in meinen Lebensjahren noch einen neuen Inhalt für das weitere Leben nehmen«,[3] schrieb Heinrich von Sybel, Geschichtsprofessor in München und in späteren Jahren von Bismarck mit der mehrbändigen, offiziellen Geschichte der »Begründung des Deutschen Reiches durch Wilhelm I.« betraut.[4]

Die Reichsgründung wurde als Abschluß einer Epoche empfunden. Die alte Lebensweisheit, daß wer siegt, besser die Kunst der Bescheidung üben und auf den Triumph verzichten möge, war nach 1871 bei den Deutschen in Vergessenheit geraten. Die in den Jahren 1864–1873 errichtete Berliner Siegessäule ist Ausdruck dieses heute nur schwer nachvollziehbaren, überströmenden Glücksgefühls: »Das dankbare Vaterland dem siegreichen Heere« lautet die Inschrift des von Johann Heinrich Strack entworfenen, vierfach gegliederten Monuments. Auf einem quadratischen Sockel aus rotem schwedischen Granit, der sich auf einer runden, abgestuften Granitterrasse befindet, erhebt sich eine monopterusartige Rundhalle, die von 16 monolithischen Granitsäulen mit Bronzekapitellen getragen wird; aus der Rundhalle steigt die sich nach oben verjüngende, dreigliedrige, kannelierte Säule empor, die mit einer über acht Meter hohen, vierzig Tonnen schweren, vergoldeten Bronze-Victoria bekrönt wird. Die Sockelreliefs zeigen Szenen des siegreichen Heeres aus dem deutsch-dänischen Krieg von 1864, aus dem preußisch-österreichischen von 1866 und dem deutsch-französischen von 1870/71. Die drei Trommeln der kannelierten Säule symbolisieren die drei siegreich beendeten Kriege, sie sind ein Tribut an die Entstehung des Kaiserreiches und eine Last der deutschen Geschichte zugleich.

Die Entstehung der Siegessäule verlief parallel zu den Einigungskriegen und offenbarte Mühen, im Denkmal mit der politischen Entwicklung mitzuhalten. Bereits im Dezember 1864, zwei Monate nach der siegreichen Erstürmung der Düppeler Schanzen, hatte König Wilhelm I. die Errichtung eines Siegesdenkmals auf dem Berliner Königsplatz angeordnet. Die Schlacht von Königgrätz, 1866, verging, und das Siegesdenkmal harrte noch immer seiner Fertigstellung. 1871 wurde die letzte Grundsteinlegungsurkunde nach der siegreichen Beendigung des deutsch-französischen Krieges beigefügt. Überwältigt von der Geschwindigkeit, mit der die deutschen Soldaten Wunsch und Wirklichkeit in Einklang gebracht hatten, ließ der preußische Monarch, nunmehr auch Deutscher Kaiser, seinen Überschwang in Worte meißeln: »Es war Uns vorbehalten, das Werk der Deutschen Wiedergeburt [...] gegen den alten Feind Deutscher Einheit und Macht zu vollenden und als Wahrzeichen der wiedererrungenen Einigung das Deutsche Kaisertum zu erneuern.«[5] Am 15. April 1876 konnte das Denkmal

»Das dankbare Vaterland dem siegreichen Heere«, so lautet die Inschrift der 1864–1873 errichteten Berliner Siegessäule. Sie war eine Idee des preußischen Königs und ließ keinen Zweifel daran, wer der wirkliche Sieger der Reichsgründung war.

endlich der Öffentlichkeit übergeben werden. Der Bezug zum militärischen Hintergrund der Reichsgründung, für den das Denkmal steht, wurde durch die nächtliche Bewachung durch einen Militärposten und, tagsüber, durch zwei sich gegenseitig ablösende Militärinvaliden unterstrichen. Der Erlös aus dem Verkauf der Eintrittskarten für die Säulenhalle kam diesen Kriegsinvaliden zugute. Im Zuge der Umgestaltung des Königsplatzes zum »Forum des Großdeutschen Reiches« nach den Plänen Albert Speers wurde 1938/39 die Siegessäule an den Großen Stern, die Ost-West-Achse, versetzt. Zu den drei Trommeln, die ursprünglich für die drei »Reichseinigungskriege« standen, kam eine vierte hinzu. Die Langlebigkeit der Siegessäule blieb davon unberührt. Sie überstand zwei Weltkriege ebenso wie zwei Attentatsversuche (1921 und 1991). 1946 forderte die französische Besatzungsmacht ihren Abriß als nazistisches Symbol und ließ, als dies nicht durchzusetzen war, drei der vier Sockelreliefs abtragen. Erst Mitte der 80er Jahre gab die französische Regierung sie zurück. Wenn heute alljährlich Bilder der von schrillen und barbusigen Loveparadern umtanzten, blattvergoldeten Victoria – im Berliner Volksmund »Goldelse« genannt – um die Welt gehen oder die Siegessäule Volksmarathonläufen als Start- und Zielpunkt dient, so symbolisiert dieser Kontrast den Wandel der Zeiten, ebenso wie er für den wechselvollen Verlauf der deutschen Geschichte steht. Die Berliner Siegessäule präsentiert eine vereinfachende, weil einseitige Sicht der Reichsgründung und faßt zugleich in dieser Verkürzung das Belastende des 1871 geschaffenen deutschen Nationalstaats prägnant zusammen. So wie die Siegessäule in Berlin eine Idee des preußischen Königs war, so war das Kaiserreich eine preußische Schöpfung. Daß es zu den Entscheidungen von 1866 und 1870/71 auch Alternativen gegeben hätte, daran wollten nach 1871 die wenigsten erinnert werden. Geschichte, dies lehrt ein Blick auf die Reichsgründungszeit, wird vorwiegend von den Siegern geschrieben, und der Sieger von 1871, daran besteht kein Zweifel, hieß Preußen.

Die Hegemonie Preußens im deutschen Kaiserreich zeigte sich am deutlichsten im Bundesrat, wo es mit seinen 17 Stimmen jedes Gesetz blockieren konnte. Der Reichskanzler war zugleich preußischer Ministerpräsident, und der König von Preußen verfügte als Deutscher Kaiser über die gesamte Exekutive im Reich. Das

deutsche Kaiserreich von 1871 war ein unvollendeter Nationalstaat. Ihm gehörten weder die Deutschen aus der Donaumonarchie
noch jene in den östlichen Nachbarländern an. Mit der dänischen
Minderheit im Norden, mit der polnischen im Osten und mit den
Elsässern im Westen hatte sich das Kaiserreich gleich drei ganz un-
terschiedlich geartete Nationalitätenprobleme geschaffen. Zu der
seltsamen Allianz der abseitsstehenden »Reichsfeinde« kamen
noch Katholiken und Welfen hinzu, und der bayrische König Ludwig II. hatte sich seine Zustimmung zur Reichsgründung mit Re-
servatrechten und Kontributionen aus Bismarcks Reptilienfonds
teuer bezahlen lassen. Kaiser und Reich waren die in der Verfassung verankerten Begriffe, die auch helfen sollten, die Autorität des
Königs von Preußen gegenüber den süddeutschen Staaten zu stär-
ken, ohne den Anspruch einer Gebietshoheit zu erheben. Sie blieben indes ein Zugeständnis an den großdeutschen Universalismus
und sorgten dafür, daß sich ein staatsrechtlich nur schwer faßbarer
Reichsmystizismus zum Schaden Deutschlands entfalten konnte.

Ein mystizistischer Reichsbegriff verlangte einen weit in die Vergangenheit zurückreichenden Gründungsmythos. Die Geschichte
des Hermannsdenkmals im Teutoburger Wald ist im Zusammenhang mit diesen Bemühungen zu sehen. Sie erstreckt sich ähnlich
wie diejenige des Kölner Dombaus beinahe über das ganze Jahrhundert und ist in ihren von hoffnungsvollen Aufbrüchen, patrioti-
schem Überschwang, aber auch von Rückschritten geprägten Pha-
sen ein Spiegelbild der nationalen Bewegung. Die Idee, dem in der
Varusschlacht im Jahre 9 nach Christus siegreichen germanischen
Heerführer Arminius ein Denkmal zu setzen, reicht ins ausgehende
18. Jahrhundert zurück. Sie findet eine auffällige Parallele in den
zeitgleichen französischen Bemühungen, Vercingetorix der *grande
nation* als Gründungsvater einzuverleiben.[6] 1836 hatte man die Go-
tenburg auf einer Bergkuppe bei Detmold, an dem sich mutmaßlich
die römisch-germanische Schlacht zugetragen hatte, als den Ort
identifiziert, an dem das Denkmal aufgestellt werden sollte.

Der Weg zum Denkmal war auch in diesem Fall lang und win-
dungsreich. Trotz emsiger Aktivitäten des »Vereins für das Hermannsdenkmal« konnten, ähnlich wie beim Kölner Dombau, wirkliche Fortschritte erst erreicht werden, nachdem ein Hohenzoller,
in diesem Fall der Preußenkönig Wilhelm I., die Errichtung des
Monuments zu seiner eigenen Sache gemacht und den Bau tatkräf-

Die Idee, dem in der Varusschlacht 9 n. Chr. siegreichen germanischen Heerführer Arminius ein Denkmal zu setzen, reicht ins 18. Jahrhundert zurück. Auf der 1875 eingeweihten Kuppel erhebt sich eine 26 Meter hohe Kriegerfigur. Deren Schwert, zum Himmel gestreckt, trägt die Inschrift »Deutschlands Einigkeit meine Stärke, Deutschlands Stärke meine Macht«.

tig finanziell unterstützt hatte. Denkmäler wurden Wegbereiter der nationalen Einheit. Seit den 40er Jahren setzte eine wahre »Denkmalswut« in deutschen Landen ein.[7] In jeder Kleinstadt wurden verdienten Söhnen in patriotischer Absicht Monumente errichtet. Wandbilder und Fresken schmückten Rathäuser, und immer wieder war es die Spendierfreudigkeit der Bürger, die erst den deutschen Denkmalsboom möglich gemacht hat. Es war jenes Bedürfnis nach Sichtbarkeit, nach Ausdruck der nationalen Empfindung, die im Falle des Hermannsdenkmals, gepaart mit Hartnäckigkeit, dazu führte, daß schließlich im August 1875 das von Ernst von Bandel entworfene Monument eingeweiht werden konnte. 10 Säulen tragen den Kuppelunterbau aus Sandstein, auf dem sich eine über 26 Meter hohe Kriegerfigur mit einem zum Himmel ausgestreckten Schwert in der Rechten und einem Schild in der Linken erhebt. Das Schwert ziert die Inschrift »Deutschlands Einigkeit meine Stärke, meine Stärke Deutschlands Macht«, und auf dem Schild steht in goldenen Lettern »treufest«. In einigen der Nischen des Kuppelgewölbes, das durch sich vereinigende gotische Spitzbögen getragen wird, erinnern markante Daten an den Glanz der deutschen Geschichte.

Arminius wurde damit nicht nur als Vorläufer der mittelalterlichen Kaiser vereinnahmt, sondern auch als Ahnherr der nationalen Bewegung von den Befreiungskriegen bis zur Reichsgründung gefeiert. Der zur Zeit der Einweihung des Denkmals tobende Kulturkampf verlieh dem gegen Rom erhobenen Schwert von Arminius eine zusätzliche Note. Er provozierte zweifelhafte Parallelen zum Investiturstreit, freilich mit dem Unterschied, daß dieses Mal kein Gang nach Canossa erfolgen würde. Ein protestantischer Geistlicher erklärte bei der Einweihung des Hermannsdenkmals, daß der Kampf zwischen Staat und Kirche die Verlängerung des deutsch-französischen Krieges in der Gegenwart sei: »Siegt Rom, so siegt das Druidentum mit dem Krummstab und der Tiara, und also das Wälschthum, und mit diesem Frankreich.«[8]

Nicht nur, daß nationale Empfindungen selbstbewußter, aggressiver, übersteigerter ausgedrückt wurden, die Reichsgründung und die Reaktion der europäischen Mächte hatte ein klares Freund-Feind-Denken verfestigt. Anti-deutsche *Sentiments* von Franzosen nach dem 1870/71er Krieg, die sich mit der Niederlage und dem Verlust Elsaß-Lothringens nicht abfinden wollten, wurden ihrerseits mit antifranzösischen Empfindungen der Deutschen beantwortet, die sich gerade im Nationalstaat zusammengefunden hatten. Hermanns Schwert, so lautete die offizielle Sprachregelung, war jetzt gegen Frankreich gerichtet. Einigkeit macht stark, und Stärke kann zu Aggression verleiten. Die Geschichte des Hermannsdenkmals lehrt auch, wie Nationalismus, die übersteigerte Form des Nationalbewußtseins, entstehen kann.

Denkmäler und öffentliche Festkultur sind im deutschen Kaiserreich untrennbar miteinander verbunden. Die Einweihung eines nationalen Denkmals wurde als Volksfest mit strengem Zeremoniell begangen. Dies zeigt ein Blick auf die Feierlichkeiten aus Anlaß der »Übergabe des Hermannsdenkmals an das deutsche Volk« im August 1875. Der Kaiser als erster Repräsentant der Nation ließ es sich nicht nehmen, sich zur Einweihung in die kleine Residenzstadt Detmold zu begeben. Bis in die Details des Festablaufes hatte sich der Zeremonienmeister seiner Majestät in die Vorbereitungen eingemischt und erwirkt, daß der vom Kaiser vermißte geistliche Segen nicht zu kurz komme. Für Schwierigkeiten sorgte bei der Übergabe die Bezeichnung des Denkmals, also die Frage, wer künftiger Eigentümer sei. Weder Reich noch Nation, auch nicht dem ganzen deutschen Volk, sondern dem »gesamten deutschen Vaterlande« wurde das Denkmal übergeben.[9]

Untersuchungen über Denkmalskunst und Festkultur im kaiserlichen Deutschland bestätigten, daß mit der zeitlichen Entfernung zum Jahr der Reichsgründung das bürgerliche Selbstbewußtsein wuchs. Noch 1875, bei der Einweihung des Hermannsdenkmals, schmetterten die Jungen zur Begrüßung des Kaisers das Hurra mit ganzer Kraft, und weißgekleidete Jungfrauen, die Sittsamkeit der bürgerlichen Familien verkörpernd, empfingen bei ähnlichen Anlässen den Ankömmling, doch im Laufe der Zeit verschob sich der Festcharakter merklich. Bei den 1900-Jahr-Feierlichkeiten der Wiederkehr der Schlacht im Teutoburger Wald, im Jahr 1909, war von der monarchischen-dynastischen Reichssymbolik wenig, dafür aber um so mehr vom alldeutsch-völkischen Charakter des Festes zu verspüren. Zu den Notabeln von einst waren neue Schichten hinzugestoßen, die in ihrem nationalen Bekenntnis nicht hintanstehen wollten. Dieser Nationalismus der Massen weist über seine Zeit hinaus und kündigt ein neues Zeitalter, das Zeitalter der Massen des zwanzigsten Jahrhunderts an.

Der politische und gesellschaftliche Wandel, der das deutsche Kaiserreich von 1871 erfaßte, hatte vielfältige Ursachen. Wie so oft in der Geschichte läßt er sich nicht mit einer einzigen Jahreszahl datieren. Das Dreikaiserjahr, 1888, auch Bismarcks Abgang, 1890, sind häufig genannte Einschnitte. Doch der Gang der Geschichte hält sich in seinem Wandel selten an die scheinbar einleuchtenden Daten von Regierungswechseln, wo nicht einmal Jahrhunderte in ihrem Lauf sich in das zahlenmäßige Prokrustesbett von hundert Jahren spannen lassen wollen. Auch die Frage, wann sich Bismarcks System überlebt hatte, läßt sich nicht ohne weiteres beantworten. Nicht wenige argumentieren, daß es schon zu Lebzeiten des Eisernen Kanzlers überholt war, Bismarck am Ende dem Zauberlehrling glich und das Spiel mit den fünf Kugeln, Synonym für die Gleichgewichtspolitik, seinem virtuosen Erfinder schließlich selbst zu kompliziert geworden sei. Ein Blick auf die Außenpolitik des kaiserlichen Deutschlands lehrt jedenfalls, daß die Lektionen der Geschichte, die den Aufstieg Preußen-Deutschlands, der kleinsten unter den europäischen Mächten, zum deutschen Nationalstaat erst möglich gemacht hatten, mit größer werdendem Abstand zur Reichsgründung verblaßten. Noch zwei Jahre vor seinem Sturz hatte Bismarck einen Kolonialschwärmer, der ihm den Erwerb weiterer Kolonien nahelegte, abgekanzelt: »Ihre Karte von Afrika ist ja sehr schön, aber meine Karte von Afrika liegt in Europa. Hier liegt Rußland und hier [...] liegt Frankreich, und wir sind in der Mitte; das ist meine Karte von Afrika.«[10] Ein knappes Jahrzehnt später, 1896, forderte Wilhelm II. in einem Trinkspruch aus Anlaß des 25jährigen Jubiläums der Reichsgründung, daß das Deutsche Reich nun Weltreich werden müsse. Der Soziologe Max Weber hat 1895 in seiner Freiburger Antrittsvorlesung dieses Lebensgefühl auf den Punkt gebracht, als er unter Beifall forderte: »Wir müssen begreifen, daß die Einigung Deutschlands ein Jugendstreich war, den die Nation auf ihre alten Tage beging und seiner Kostspieligkeit halber besser unterlassen hätte, wenn sie der Abschluß und nicht der Ausgangspunkt einer deutschen Weltmachtpolitik sein sollte.«[11] Weltmacht oder Niedergang[12] – *tertium non datur*. Fast schien es so, als ob die friderizianische Alternative des »Alles oder Nichts« in die deutsche Politik zurückgekehrt sei.

»Weltpolitik und kein Krieg«[13] – um den Titel eines vor dem Ersten Weltkrieges populären Buches aufzugreifen – wurde zur programmatischen Formel einer Politik des wilhelminischen Deutschlands, die alle gut gemeinten Ratschlägen in den Wind schlug und sich statt dessen lieber »Mit Volldampf voraus« zum inoffiziellen Motto gewählt hatte. »Sechs Monate will ich den Alten verschnaufen lassen, dann regiere ich selbst«, hatte Wilhelm im Vorgriff auf die Zeit seines persönlichen Regiments den Sturz Bismarcks angekündigt. Die nicht selten unverantwortlichen Reden Wilhelms II., seit 1888 Deutscher Kaiser, wurden zum Inbegriff des Lebensgefühls einer Epoche, die im Soldatisch-Schneidigen ihr Idealbild fand, sich an ihrer eigenen vollmundigen Rhetorik berauschte, hinter der Fassade von Arroganz jedoch vor allem Unsicherheit und Zerrissenheit verbarg: »Wilhelm war ein Mann für alle Jahreszeiten, mit vielen Gesichtern, aber ohne Dienstethos und Arbeitswillen, neun Monate des Jahres auf Reisen, ohne die Einsicht in die eigenen Begrenzungen, in der öffentlichen Bewunderung tänzelnd wie ein Rokoko-Kavalier in einem Spiegelkabinett.«[14] Die Kunst der Diplomatie, die auf leise Töne und Einfühlungsvermögen angewiesen ist, wurde im wilhelminischen Deutschland nicht gepflegt. Mit der Krüger-Depesche beglückwünschte 1896 der auf allen Feldern dilettierende Monarch den Führer des Burenstaates zur Niederschlagung des Jamson Raid, und im berühmt-berüchtigten Daily-Telegraph-Interview, 1908, erklärte Wilhelm II. den Briten, sie seien verrückt wie Märzhasen, wenn sie die wahren, friedfertigen Absichten Deutschlands verkennen würden. Als verhängnisvollster Fehler erwies sich der Rüstungswettlauf zur See, denn mit der Entscheidung zum Schlachtflottenbau forderte das Deutsche Reich mit Großbritannien ausgerechnet die Nation heraus, der das Bündniswerben hätte gelten müssen.

Längst hatten sich die Deutschen daran gewöhnt, daß sich ihr Kaiser von Zeit zu Zeit um Kopf und Kragen redete. Doch waren die kaiserlichen Entgleisungen in der Innenpolitik berechenbare Größen, so war das außenpolitische Porzellan, das der erste Repräsentant von Zeit zu Zeit zerbrach, kaum zu kitten. Die Verfassung, so rühmte sich Wilhelm II., habe er nie gelesen. Von Parlamentariern und Diplomaten hielt er wenig, den Reichstag diffamierte er als Reichsaffenhaus und überhaupt machte er selten aus seinem Herzen eine Mördergrube. In seinem Inneren war der geltungssüchtige, künstlerisch begabte Monarch zutiefst verunsichert; er brauchte den Beifall auf öffentlicher Bühne, doch unter vier Augen war er gutem Ratschlag durchaus zugetan. Wilhelm verkörperte in seiner Person die Ambivalenz des kaiserlichen Deutschlands: ruheloses Vorwärtsstreben, geschichtslose, weil rein museale Vergangenheitsbezogenheit, verwundbare Kraftfülle. Die Denkmäler der wilhelminischen Ära erzählen von diesen scheinbaren Widersprüchen. Einerseits sind sie geprägt vom unverkennbaren Streben, die Kontinuitätslinie zu einer mythischen Vergangenheit aufrechtzuerhalten. Wilhelm orientierte sich im Verständnis seines Kaisertums an den vermeintlich ruhmreichen Zeiten der Salier und Hohenstaufen. Vor allem seinen Großvater, Wilhelm I., den spartanischen, einfallslosen ersten Kaiser, ließ er aufs Denkmal heben, um ihn seinen Untertanen dauerhaft ins Gedächtnis einzuprägen. Zum anderen weisen die Denkmäler jener Zeit in ihrer kraftvollen Monstrosität und ihren ungewohnten Formen, von Technik und Fortschritt geprägt, in eine ungewisse Zukunft. Wilhelm II. war trotz seines körperlichen Gebrechens, die linke Hand war von Geburt an verkrüppelt, ein leidenschaftlicher Reiter. Knabenhaft konnte er sich am Schlachtflottenbau der Kriegsmarine begeistern, die Entourage seiner alljährlichen Nordlandfahrten examinierte er mit Daten der Ozeankreuzer. Der erste Repräsentant des wilhelminischen Deutschlands war auch ihr sprechendster.

Ins Zentrum der öffentlichen Denkmäler jener Zeit rückten zwei Persönlichkeiten, die mit dem Gang der deutschen Geschichte eng verflochten sind, in ihrer Gegensätzlichkeit auf einander angewiesen blieben und im verklärenden Rückblick die ruhmvollen Zeiten der preußisch-deutschen Geschichte verkörperten, an die anzuknüpfen ausgesprochenes Ziel des wilhelminischen Deutschlands blieb: Wilhelm I. und Otto von Bismarck. Zu seinen Lebzeiten hatte sich Wilhelm I. erfolgreich dagegen gewehrt, Objekt der Denkmalssucht zu werden. In den 1890er Jahren, nach seinem Tod, besiedelte er, zumeist zu Pferde sitzend, Podeste auf prominenten Plätzen des Deutschen Reiches. Wilhelm der Große wurde er von seinem Enkel genannt, eine Bezeichnung freilich, die sich nicht durchsetzte. Seine Anhänger waren dennoch zahlreich. Überall gründeten sie Vereine, deren Daseinszweck darin bestand, dem Hohenzollernkaiser ein Denkmal zu errichten. »Von seinem dankbaren Volke« lautete eine häufig wiederkehrende Widmung. Das Reiterstandbild auf der Kölner Eisenbahnbrücke, das Hamburger (1903), auch das Nürnberger Kaiser-Wilhelm-

Denkmal (1905), die Monumentalstandbilder auf dem Kyffhäuser, an der Porta Westphalica, am Deutschen Eck, auf der Hohensyburg, das im Krieg zerstörte Kaiser-Wilhelm-Nationaldenkmal vor dem Berliner Schloß – sie alle zeigen einen Vertrauen erweckenden, für seine Untertanen sorgenden Monarchen, dessen geschichtliche Schöpfung, das Deutsche Reich, das politische Handeln in der Gegenwart bestimmte. Die Kaiser-Wilhelm-Denkmäler sollten die Verbundenheit der Deutschen mit dem Hohenzollerngeschlecht vertiefen und damit dem herrschenden Monarchen helfen, seine Machtgrundlage zu festigen. Wilhelm- und in abgestufter Weise auch Bismarck-Denkmäler dienten vor allem dazu, der Nation im nachhinein jene Legitimität zu verleihen, die in der Gegenwart immer noch nicht hinreichend vorhanden war. Beide Denkmalstypen waren auch politisches Programm des werdenden Nationalstaats.

Das Kyffhäuser-Denkmal ist unter den Kaiser-Wilhelm-Denkmälern nicht das prominenteste. In seiner Verbindung – Rückgriff auf eine ältere, mystische Geschichte einerseits und deren Indienstnahme für die politische Gegenwart andererseits – ist es jedoch typisch und dokumentiert den Geist der wilhelminischen Zeit. Nach dem Entwurf von Bruno Schmitz wurde zwischen 1892 und 1896 auf der seit dem späten Mittelalter in Trümmern liegenden Ruine der Reichsburg Kyffhäuser ein Denkmal für den Hohenzollernkaiser Wilhelm I. errichtet. Der Kyffhäuser war sagenumwobenes Terrain der älteren deutschen Geschichte. Die ersten urkundlichen Erwähnungen reichen in die Zeit Heinrichs IV. (1056–1106) zurück. Friedrich I. Barbarossa ließ um die Mitte des 12. Jahrhunderts die 1115 zerstörte Burg wiederaufbauen. Unter ihren Lehensherren und späteren Besitzern, den Grafen von Schwarzburg, verfiel dann die einst mächtige Befestigungsanlage. Im Laufe der Jahrhunderte wurde sie zum Symbol des imaginären, mystischen Reichs der Deutschen. Die Sage will es, daß im »wüsten Schloß« der Geist Friedrich Barbarossas hause, der auf die Vollendung des Reiches warte und dessen roter Bart in den Jahrhunderten seit seinem Hinschied durch eine steinerne Tischplatte gewachsen sei.

Jene Reichsmystik war es, an die das geschichtsbewußte 19. Jahrhundert anknüpfte, als es den Kyffhäuser zum Symbol des unerlösten Reiches erhob, dessen geschichtlicher Auftrag es war, die Einigung der deutschen Stämme zustandezubringen. Von daher

Der Kyffhäuser war sagenumwobenes Terrain der älteren deutschen Geschichte, Symbol eines imaginären mystischen Reiches. In den Jahren 1892–1896 wurde auf der seit dem Mittelalter in Trümmern liegenden Reichsburg dem Hohenzollernkaiser Wilhelm I. ein Denkmal errichtet.

lag es nahe, daß nach der Reichsgründung der einst zerrissenen Nation aus Dankbarkeit auf dem Kyffhäuser ein Denkmal errichtet werden sollte. Dies war bei der Grundsteinlegung 1888 im Text der Urkunde festgehalten: »Auf dem Kyffhäuser, in welchem nach der Sage Kaiser Friedrich der Rotbart der Erneuerung des Reiches harrte, soll Kaiser Wilhelm der Weißbart erstehen, der die Sage erfüllt hat.«[15] Auf den entlegenen thüringischen Berghöhen war ein neuer nationaler Wallfahrtsort entstanden. Bei der Einweihung des Kyffhäuserdenkmals seines Großvaters durfte Wilhelm II. nicht fehlen. Der Architekt, Bruno Schmitz, hatte bei der Einweihung das politische Programm, das dem Kyffhäuser-Denkmal zugrundelag, prägnant formuliert: »Erinnerung und Siegesmal der Nation, die Bestätigung des Dankes für den Gründer der deutschen Einheit – der Ausdruck der Wahrhaftigkeit und Größe des neuen deutschen Kaiserreiches.«[16]

Das auf quadratischem Grundriß errichtete Turmdenkmal in den Maßen 96 Meter mal 131 Meter mal 81 Meter enthält im Sockelgeschoß die Figur des gerade erwachenden Barbarossa, über dem ein Reiterdenkmal Wilhelms I. errichtet ist. Zwei Germanen zu Füßen des reitenden Wilhelms sollen die siegreich beendeten Kriege und die Erwählung durch die Geschichte verkörpern. Der Reichsadler sowie die imaginäre Krone des neuen Reiches schließen das Turmdenkmal ab. Die Regieführung des Architekten sorgt dafür, das Monument in die richtigen historischen Bezüge einordnen zu können. Die Besucher müssen über eine Ringterrasse, die geschickt in die Landschaft eingefügt ist, zum Denkmal aufsteigen. Über eine Freitreppe erreichen sie den Barbarossahof auf einer begehbaren Plattform. Von dort läßt sich der Turm umwandern. Zugleich führen zwei weitere Treppen zu einem nochmals höher gelegenen Umgang oberhalb der Barbarossafigur. Die stufenweise Abfolge der Geschichte, die das Kyffhäuserdenkmal bietet, hat eine mehrfache Funktion. Sie zeigt den inneren Zusammenhalt der deutschen Geschichte, setzt Späteres mit Früherem in Beziehung und lehrt zugleich, daß das Streben des Reiches nach Einheit nicht vergeblich gewesen war. Schließlich, und dies ist die eigentliche politische Kernaussage, stellt sie auch den herrschenden Monarchen und Nachfahren Wilhelms I. in die Kontinuität der älteren deutschen Reichsgeschichte.

Auch im Inneren hatte sich Deutschland im letzten Viertel des

19. Jahrhunderts deutlich verändert. Das wilhelminische Deutschland war ein anderer Staat geworden als derjenige, der mit der Reichsgründung 1871 aus dem Norddeutschen Bund hervorgegangen war. Das Deutsche Reich war um die Wende zum 20. Jahrhundert von tiefer Doppelgesichtigkeit geprägt: Fortschrittsoptimismus, Technikgläubigkeit, zur Schau gestellter Nationalstolz einerseits, Selbstzweifel, *fin de siècle*-Stimmung, Brüchigkeit der Welt von gestern andererseits. Neben Wilhelm I. war es vor allem Otto von Bismarck, der in der langen Regentschaft Wilhelms II. aufs Denkmalpodest gehoben wurde. Als Reichskanzler hatte Wilhelm den Eisernen Kanzler nicht behalten wollen. 1890 trennte er sich von ihm, um in der Folge eine lange Reihe erfahrener Politiker zu verschleißen. Mit keinem von ihnen war er richtig zufrieden. Mit dem Gentleman-General Leopold von Caprivi nicht, einem Mann ohne »Ar und Halm«, dem Bismarck das Leben schwer machte, mit dem greisen Grandseigneur Chlodwig von Hohenlohe-Schillingsfürst auch nicht, und mit Bernhard von Bülow, den er einst zu seinem Bismarck machen wollte, entzweite er sich nach der *Daily Telegraph*-Affäre. Theobald von Bethmann Hollweg, der Philosoph von Hohenfinow, war von seinem ganzen Naturell das Gegenteil dessen, was sich Wilhelm von einem Reichskanzler erwartete. Das Format Bismarcks hatte keiner von ihnen. Zehn Jahre nach seinem unfreiwilligen Abgang hatten gereicht, um das Bismarckbild zu verklären. Bismarck gehörte einer anderen Zeit an. Es war nicht nur der Gegensatz zu dem jugendlichen Monarchen. Im eigentlichen Sinne war Bismarck nicht mehr Zeitgenosse, weil die Zeit, in der er lebte, über ihn hinweggegangen war. Beim Besuch des Hamburger Freihafens, 1895, hatte Bismarck dies selbst so empfunden: »Es ist eine veränderte Welt, ein neues Zeitalter«.[17]

Für die Bismarck-Legende hatte vor allem Wilhelm II. selbst gesorgt. Seit 1895 wurden im ganzen Land Bismarck-Türme gebaut, die dessen Bild in der Geschichte nachhaltig beeinflußt, bisweilen auch eine freie und unvoreingenommene Sicht darauf versperrt haben: Wilhelm verordnete seinen Untertanen Bismarck als Beruhigungspille und Orientierungshilfe in einem. Der erste Reichskanzler sollte Kontinuität verkörpern, die Fragen nach der nationalen Identität beantworten, in der Verehrung seiner Person als »Reichsgründer« über den Tod, über Klassen-, Konfessions- und Parteigrenzen hinweg Burgfrieden herstellen. In Wirklichkeit war der

Bismarck-Kult auch »Abwehrfront gegen den Industriestaat«[18], Projektion von Wunschvorstellungen und Weigerung, die wirkliche Lage des Deutschen Reiches zur Kenntnis zu nehmen. Mochte bei den Bismarck-Denkmälern am Anfang der Anstoß vom Hohenzollernmonarch ausgegangen sein, schon kurz danach verselbständigte sich der Gedanke und wurde zu einer wahren Volksbewegung: Nach Bismarcks Tod, 1898, wurden 300 Bismarck-Vereine gegründet und mehr als 700 Bismarck-Denkmäler errichtet. Die Bismarck-Verehrung war nicht auf Akademiker und Militärs begrenzt. Vor allem das Kleinbürgertum zählte zu den Trägern des Bismarck-Kultes. Besonders populär war der als »Reichsgründer« Verehrte bei den kleinen Handwerkern, bei den Einzelhändlern, bei den mittleren Beamten und Angestellten. Bismarck-Denkmäler wurden nicht nur in den protestantischen Teilen Deutschlands errichtet, sie finden sich gerade auch im katholischen Bayern oder sogar außerhalb der Reichsgrenzen, etwa im Sudetenland. Die Bismarck-Denkmäler waren das eigentliche Nationaldenkmal, da sie am ehesten im Bewußtsein der Deutschen dessen Funktion ausgefüllt haben.[19] Dabei waren sie, so widersprüchlich dies klingt, zum Teil auch Protest gegen ihren Initiator, Widerspruch gegen den Geist der wilhelminischen Zeit. Mit dem Abstand zu seiner Begründung wurde das preußisch-deutsche Kaiserreich immer mehr zum Bismarckreich, obwohl Bismarck selbst sich zu Lebzeiten gerne als »kurbrandenburgischer Vasall« bezeichnete und die Grabinschrift »ein treuer Diener Kaiser Wilhelms I.« wählte. Die Tatsache, daß nicht der Monarch, sondern der erste Reichskanzler, im Laufe der Zeit die Erinnerung an die Reichsgründung bestimmte, spiegelte einen Bewußtseinswandel wider. Das Unbehagen an dem schillernden und unreifen, an dem theatralischen und unernsten Monarchen Wilhelm II. kam darin zum Ausdruck. Es entsprach der Ambivalenz der Epoche, daß in den Bismarck-Denkmälern Reichwärtsgewandtes und Modernes zugleich vereinigt waren.

Der Turm war zunächst die dominierende Erscheinungsform des Bismarck-Denkmals. Im Todesjahr des Eisernen Kanzlers, 1898, kam die Bismarck-Säule hinzu. Entscheidend bestimmt war auch dieser Denkmalstypus durch die verfaßte Studentenschaft, deren Vertreter am 3. Dezember 1898 zur Errichtung von Bismarck-Säulen im ganzen Land aufgerufen hatten: »Wie vor Zeiten die alten Sachsen und Normannen über den Leibern ihrer gefallenen Recken

Bismarckturm, Starnberger See, 1899.
Gegen Ende des 19. Jahrhunderts wurden dem »Eisernen Kanzler« überall
im Deutschen Reich Türme und Säulen errichtet. Sie verraten etwas von der
Sehnsucht des wilhelminischen Deutschlands nach Glanz und Größe, nach
Sicherheit und Dauerhaftigkeit der Reichsgründung.

schmucklose Felsensäulen auftürmten, deren Spitzen Feuerfanale
trugen, so wollen wir unserem Bismarck zu Ehren auf allen Höhen
unserer Heimat, von wo der Blick über die herrlichen deutschen
Lande schweift, gewaltige granitene Feuerträger errichten. Überall
soll ein Sinnbild der Einheit Deutschlands, das gleiche Zeichen
erstehen, in ragender Größe, aber einfach und prunklos, auf mas-
sivem Unterbau eine schlichte Säule, nur mit dem Wappen oder
Wahlspruch des Eisernen Kanzlers geschmückt, keinen Namen
soll der gewaltige Stein tragen, aber jedes Kind wird ihn dem Fremden deuten können: eine Bismarck-Säule.«[20]

Häufig waren Bismarck-Säulen und Bismarck-Türme Aus-
sichtspunkte, sie fügten sich ein in die Landschaft und erfüllten
patriotische Zwecke. Ihre Plattform war zumeist begehbar; in
den allermeisten Fällen fehlte auch die Feuerschalen nicht. Jeweils am 1. April, dem Geburtstag Bismarcks, und am 21. Juni,
dem Tag der Sonnwendfeier, wurden sie entzündet. Bismarck-
Türme und Bismarck-Säulen verrieten etwas von der Sehnsucht
des wilhelminischen Deutschlands nach Glanz und Größe, nach

Sicherheit und Dauerhaftigkeit der Reichsgründung. Die Vorstellung, daß das von Bismarck Geschaffene einst zerbrechen könnte, war den Zeitgenossen lange Zeit abwegig. Auch 1918, beim Ende der Monarchie, wurde der dauerhafte Fortbestand des Bismarckreiches nicht in Frage gestellt. Wer in der deutschen Politik etwas auf sich hielt, mußte sich auf Bismarck berufen. Darin machte auch Adolf Hitler keine Ausnahme, als er 1938 die Einweihung des Schlachtschiffes »Bismarck« zu einer Lobrede auf den Eisernen Reichskanzler nutzte und ihn damit der nationalsozialistischen Ideologie einzuverleiben suchte.

Jede nachwachsende Generation formte sich ihr eigenes Bismarckbild. Dasjenige der wilhelminischen Ära war vorwiegend in politischer Absicht modelliert. Es galt dem Staatsmann der Reichsgründung, dem Virtuosen der Gleichgewichtspolitik, dem Erzjunker und cäsaristischen *pater familias*. Selten erwähnt wurde, daß derselbe Bismarck auch andere Seiten hatte, eigensinnig und empfindsam war, ein leidenschaftlich Liebender und abgründig Hassender, Verfasser einer der hinreißendsten Prosa der deutschen Sprache, zeit seines Lebens auf der Suche nach Gott und dem Glück. Der Gegensatz zwischen seiner kraftvollen Statur und der relativ hohen Stimme irritierte. Bismarck sprengte jeden Rahmen. Und daß dies so war, hatte mit seinem Format, seinem Genie, auch mit der Dämonie der Macht und seinen Widersprüchen zu tun. Innere Freiheit, das Wissen um die Endlichkeit allen irdischen Strebens war das eigentliche Geheimnis seiner Größe. *Unda fert nec regitur.* Er wußte um die Grenzen der Politik: »Was sind unsere Staaten und ihre Macht und Ehre vor Gott anderes als Ameisenhaufen und Bienenstöcke, die der Huf eines Ochsen zertritt oder das Geschick in Gestalt eines Honigbauern ereilt.«[21]

Vom modernen Staat, vom Massenmarkt, auch von der Kriegführung im beginnenden Zeitalter des technifizierten Massensterbens hatte Bismarck keine rechte Vorstellung. Die aufstrebende sozialistische Bewegung blieb ihm im Grunde fremd, für die Kolonialschwärmerei und Flottenbegeisterung seiner Zeitgenossen hatte er wenig übrig. Der ganze Bismarck war näher bei 1848 als bei 1914. Sein Staat war der monarchische Obrigkeitsstaat, die preußische Militärmonarchie, die Dynastie der Hohenzollern der Bezugspunkt seines politischen Denkens. Überzeugungen galten ihm wenig, Auffassungen und Bündnisse waren auswechselbar –

die vorübergehende Allianz mit dem Liberalismus ist dafür beredtes Beispiel –, darin war Bismarck ganz undoktrinärer Schüler des Absolutismus. Die ideologischen Bewegungen des 20. Jahrhunderts, die in der Welt vor 1914 ihren Ausgang nahmen, hätten von ihm nicht gedacht werden können. Der Blick auf diese tieferen Schichten von Persönlichkeit und Geschichtsdenken Bismarcks wurden durch das vordergründige Bekenntnis zum nationalen Staat verstellt, und in diesem Bekenntnis war Bismarck ganz Kind seiner Zeit. Überhaupt war es die Selbstbehauptung im Zeitalter des Nationalismus, die die Kräfte des wilhelminischen Deutschlands beanspruchte und auch den Denkmalkultus am Ausgang des 19. Jahrhunderts prägte. Dahinter verbargen sich indes oftmals, wie das Beispiel Bismarcks zeigt, vielschichtigere Strukturen einer zutiefst doppelgesichtigen Ära, der Wilhelm II. seinen Namen gab.

Neben den Bismarck-Säulen und Bismarck-Türmen kamen auch Monumentalstandbilder des Reichsgründers nicht zu kurz. Zu einem der eindrucksvollsten zählt das 1906 von Hugo Lederer und Emil Schaudt entworfene, fast 15 Meter hohe Denkmal in Hamburg, weithin sichtbar, das in seiner in Stein gemeißelten Monumentalität Geschmack und Lebensnerv seiner Zeit traf. »Die Darstellung Bismarcks als reckenhafter Rolandriese auf wuchtigem, wirkungsvoll abgestuftem Unterbau [...] verkörpert in treffender Weise nicht nur die sich im Volksbewußtsein allmählich vollziehende Steigerung der Gestalt Bismarcks ins Heldenhafte, sondern entspricht auch am besten dem Aufstellungsorte, der ein weither, womöglich auch vom Hafen aus sichtbares Standbild erwünscht erscheinen läßt«,[22] lautete die Begründung der Juroren. Wappenträger schmücken als Sockelfiguren das Relief, sie sollten die Zustimmung der deutschen Stämme zu Bismarcks Reichsgründung symbolisieren. Das Hamburger Monument zeigt einen ins Heroenhafte gekehrten Bismarck, der nicht nur durch die Größe der Darstellung und die Erhabenheit der Züge seiner Gegenwart entrückt erscheint.

Daß ausgerechnet die Freie und Hansestadt Hamburg dem Eisernen Kanzler das erhabenste Denkmal setzte, ist nicht ohne eine pikante Note, hatten sich doch die Hansestädte bei der Reichsgründung Sonderrechte ausbedungen und waren erst 1888 der Zollunion beigetreten. In ihrem Bismarck-Enthusiasmus jedoch wollten sich die Hamburger nicht überbieten lassen. Selbst die Be-

Das Hamburger Bismarck-Monumentalstandbild (1906) ist mit fünfzehn Metern Höhe nicht nur das größte Bismarck-Monument, es war seinerzeit auch das teuerste. Mit seiner in Stein gemeißelten Monumentalität traf es den Geschmack seiner Zeit und prägt die Silhouette der Hansestadt bis heute.

gründung der Nähe zu Bismarcks Alterssitz Friedrichsruh mußte als Rechtfertigung für die neu entdeckte Begeisterung der Hamburger für den Reichsgründer herhalten. Die Zollanschlußfeier markiert den eigentlichen Bruch in der hanseatischen Tradition. Den Verlust Althamburger Lebensverhältnisse sollte von nun an das um so markigere Bekenntnis zu Kaiser und Reich ausgleichen, das von da an als Garant von Wohlstand und Ansehen galt. Wilhelm II. bedankte sich für die herzlichen Treueschwüre der neu dazugekommenen Reichspatrioten artig auf seine Weise mit dem Trinkspruch, der beifällig aufgenommen wurde: »Ich hoffe, daß Gottes Segen auf diesem Werk ruhen, und daß Hamburg einen Aufschwung nehmen wird wie noch nie. Sie haben zu allen Zeiten unseren Handel, aber auch unsere Gedanken und Ideen fernen Ländern vermittelt.«[23] Den Zollanschluß feierte er als erste bedeutende Leistung seiner Innenpolitik. Stärkung der Wirtschaftskraft und militärische Expansion gingen in der wilhelminischen Auffassung nebeneinander her.

Mit dem Zollanschluß wandelte sich das hanseatische Selbstverständnis. Die Feierlichkeiten zu Kaisers Geburtstag, am 27. Januar, als es für Jungen und Mädchen im ganzen Land schulfrei gab, hatten im Hamburger Festkalender fortan ihren festen Platz. Allenfalls schimmerten hier und da noch Versatzstücke hanseatischer Tradition bei den wilhelminischen Feierlichkeiten durch, sie können jedoch eher der Folklore zugerechnet werden, eine politische Bedeutung hatten sie nicht. Zur Militarisierung der Gesellschaft, dem Verlust älterer, freiheitlicher Traditionen zugunsten eines wilhelminischen Monumentalismus kam es gerade dort, wo man es eigentlich auf den ersten Blick nicht erwartet hätte. Das Bismarck-Monumentalstandbild in Hamburg legt davon beredtes Zeugnis ab. Möglich wurde diese Wandlung erst dadurch, daß der einzelne an die Zeit mit Blick auf wirtschaftliches Wohlergehen und äußere Machtentfaltung konkrete Erwartungen knüpfte.

Als Maßstab für Größe und Bedeutung erschien den Zeitgenossen allein die New Yorker Freiheitsstatue als würdig. Aufwand und Kosten hatten die Hamburger bei der Errichtung des Monuments jedenfalls nicht gescheut. Die Gesamtkosten von 535000 Mark wurden in voller Höhe von Spenden getragen. Lediglich der Bau der geplanten Freitreppe kam dann nicht mehr zustande. Dem Jubel der Zeitgenossen tat dies keinen Abbruch. Das weithin sichtbare, die Silhouette der Hansestadt prägende Denkmal wurde zeitgenössisch als »Erlösung von schwächlicher Alltags- und Dutzendkunst« und als »Triumph der Kulturarbeit eines Jahrhunderts« gefeiert.[24] Anders als Bismarcks Schöpfung, der 1871 gegründete Nationalstaat, hat das Hamburger Bismarck-Denkmal die Erschütterungen des 20. Jahrhunderts, ausgelöst durch die verhängnisvolle Politik seiner Nachfolger, überdauert. Denkmäler sind es heute, die am langlebigsten und zuverlässigsten von der Anwesenheit Bismarcks in unserer Gegenwart künden.

Im Hamburger Monumentalstandbild soll die Kontinuitätslinie vom Eisernen Kanzler in der wilhelminischen Gegenwart gezogen werden, und doch betont dieses Denkmal des Jahres 1906 gerade den Kontrast zwischen der Bismarckzeit und der wilhelminischen Ära. Die Allianz, die Bismarck mit der Nationalbewegung eingegangen war, wurde in ihren zeitbedingten taktischen Motiven von dessen Nachfolgern nicht begriffen. Es war aber auch eine neue Zeit, in der der Nationalismus der Politik seine eigenen Gesetze auferlegte. Über die Geschicke des Staates entschieden auf einmal nicht mehr allein gottgewollte Obrigkeiten; Politik war zur Domäne des Volkes geworden: im wortwörtlichen Sinn durch die Volkswahl zum Reichstag – einem vorerst freilich noch Männern vorbehaltenen Privileg –, aber auch darüber hinaus, indem ein wahrer Volkspatriotismus entstand, der zur Gründung zahlreicher »Patriotenvereine« führte und sich auch auf die politische Tagesordnung auswirkte. Die Bewegung der Alldeutschen ist vor diesem Hintergrund zu sehen. Hinzu kam, daß die seit 1894 anhaltende Hochkonjunktur die materielle Situation des Bürgertums und damit auch ihr Selbstbewußtsein stärkte. Schließlich hatten Patriotismus und Nationalismus eine religiöse Komponente. Die enge Verbindung von preußischem Staat und Protestantismus wurde nach der Reichsgründung auf das ganze Kaiserreich übertragen. Die Sakralisierung der Nation kam dem weitverbreiteten Verlangen nach Orientierung in bewegten Umbruchzeiten entgegen, und es entsprach dem Bedürfnis nach dauerhafter Begründung des staatlichen Herrschaftsanspruchs durch den Hinweis auf göttlichen Ursprung und Erwählung. Sein sakraler Charakter hebt das Nationaldenkmal aus dem Getriebe der Stadt heraus.

Was für das Hamburger Bismarck-Monumentalstandbild, Walhalla, Niederwald- oder Kyffhäuser-Denkmal zutrifft, gilt auch für das Leipziger Völkerschlachtdenkmal von 1913. Alle Entwürfe des Völkerschlachtdenkmals – und davon gab es in der einhundert-jährigen Vorgeschichte des Baus wahrlich viele – variieren den nationalen Weihegedanken, der dieses Monument genauso wie sein Bezug zu den Befreiungskriegen politisch in die Nachbarschaft zur Kelheimer Befreiungshalle stellt. Architekturgeschichtlich läßt sich mit Blick auf die Monumentalität der Figuren in Schmitz' Leipziger Völkerschlachtdenkmal eine Linie zum Hamburger Bismarck-Monumentalstandbild und zum Kyffhäuserdenkmal ziehen. Der 91 Meter hohe, pyramidenartige Denkmalbau galt zum Zeitpunkt seiner Entstehung als größter in Europa. Er steht am Rande einer streng symmetrischen, weitflächigen 42 000 Quadratmeter großen Anlage und gliedert sich in Sockel, Mittelbau und Kuppel. Auf dem vierstufigen Pyramidensockel erhebt sich als Mittelbau ein leicht geböschter Kubus, der der runden Kuppel mit glatter Oberfläche den eigentlichen Halt zu geben scheint. Aus dem oberen, kaum gewölbten Kuppelteil springt ein Ring von zwölf Meter hohen Figuren hervor, die als Wächter des Denkmals gedacht sind. Im Inneren des Denkmals befindet sich eine deckenlose Krypta, die von acht Säulen getragen wird. Acht trauernde Kriegerfiguren halten dort ihre Totenwache. Die von einer Figur zur nächsten mehr und mehr gesenkten Augenlider versinnbildlichen den Todeskampf. Vier kolossale Figurengruppen in dem sich an die nach oben offene Krypta anschließenden, als »Ruhmeshalle des deutschen Volkes« gedachten Mittelbau sollen Opferfreudigkeit, Tapferkeit, Glaubensstärke und Volkskraft symbolisieren, die zeitgenössisch als deutsche Volkstugenden identifiziert wurden. 324 Reiterfiguren im Kuppelinneren, die in elf konzentrische Kreise gefaßt sind, sollen als »Siegeszug des heimkehrenden Heeres« verstanden werden.

An die Befreiungskriege hatten zum Zeitpunkt der Vollendung des Völkerschlachtdenkmals auch sehr alte Menschen keine Erinnerung mehr. Konstitutiv für das politische Bewußtsein des Kaiserreiches war die Reichsgründung 1871 und der ihr vorangegangene deutsch-französische Krieg. Nicht ohne Grund war der Sedanstag, der 2. September, zum Nationalfeiertag erhoben worden. Der Bezug auf 1813 muß mit Blick auf das in der Zwischenzeit vollendete Werk der Reichseinigung geradezu als trotzige Reminiszenz bewertet werden. Thomas Nipperdey hat in seiner Typologie des

Der pyramidenartige Denkmalbau des Leipziger Völkerschlachtdenkmals (1913) versteht sich als Monument der nationalen Sammlung. Nicht der König, sondern die Gefallenen des Volkes, die die nationale Erhebung zur Befreiung von Napoleons Fremdherrschaft trugen, sind sein Gegenstand.

Nationaldenkmals im Leipziger Völkerschlachtdenkmal den Typus des »Denkmals, in dem sich die Nation als geschlossene Volksgemeinschaft und als Macht versteht...«, als Denkmal der nationalen Sammlung, der nationalen Konzentration« erkannt.[25] Sein Gegenstand ist nicht mehr das Individuum oder der Monarch, vielmehr sind es die Gefallenen des Volkes, eine nationale Erhebung, die im Gedächtnis der Nation zur Befreiung von Napoleons Fremdherrschaft geführt hat und in deren Folge die rheinbündischen Truppen aus ihrer Allianz mit Bonaparte zum Gegner überliefen. Daß sich seinerzeit das Blatt vor allem auf Grund des österreichischen Kriegseintritts zugunsten Preußens gewendet hatte, zählte im Rückblick im Vergleich zur Volkserhebung wenig. Mythen bevorzugen einseitige Deutungen. Der 1894 in Leipzig gegründete »deutsche Patriotenbund zur Errichtung des Völkerschlachtdenkmals bei Leipzig« wollte ein »Denkmal des deutschen Volkes für das deutsche Volk« errichten. Es wäre ein Mißverständnis, diesen Anspruch als Indiz für eine demokratische Denkmalsauffassung zu bewerten. Mit der Demokratie hatten die Leipziger Patrioten wenig im Sinn. Das eigentlich Neue ihres Ansatzes lag indes darin, daß auch die Wünsche des Kaisers im Vergleich zum Volkswillen wenig zählten. Wilhelm II. konnte dies wenig behagen. Er scheint den hinter der Leipziger Konzeption stehenden Machtanspruch durchaus erkannt zu haben. Jedenfalls ist sein Verhalten bei den Einweihungsfeiern 1913, sein Verzicht auf eine Ansprache und die vorzeitige Abreise – auch die Auszeichnung von Denkmalsinitiator und Architekt mit der rangniedersten Ordensstufe – als deutliche Mißbilligung interpretiert worden. Das feste patriotische Bekenntnis konnte die innere Brüchigkeit des wilhelminischen Deutschlands, jedenfalls nach außen hin, noch eine Zeitlang überdecken. Der Sprung ins Dunkle, zu dem das deutsche Kaiserreich im Juli 1914 ansetzte, hatte auch etwas mit seinem morosen inneren Zustand, mit Todessehnsucht ebenso wie dem Vertrauen in die eigene Erwählung zu tun. Zum Hurrapatriotismus sollte es beim Kriegsausbruch anno 1914 noch hinreichend Gelegenheit geben, doch lange währte der Jubel nicht. Falsch verstandene, auch mißbrauchte Vaterlandsliebe zählen in der deutschen Geschichte der ersten Hälfte des 20. Jahrhunderts zu den wiederkehrenden Motiven.

Immer deutlicher sollten sich die Belastungen seiner Entstehung, die Begrenzungen, Widersprüche und verfassungsrechtlichen Hemmnisse, auch das Manko der verpaßten Parlamentarisierung des deutschen Nationalstaats von 1871 zeigen: Seine Geschichte ist nicht losgelöst von der deutschen Katastrophe des Jahres 1945 zu sehen, und doch greift die Betrachtung zu kurz, wenn der Weg in den Abgrund als Einbahnstraße von Bismarck über Bethmann Hollweg zu Hitler geschildert wird.

»Republik ohne Republikaner«:
Weimar 1918–1933

Am Anfang stand eine militärische Niederlage. Mehr als jedes andere Ereignis prägten die Schatten dieser Niederlage die vierzehn Jahre der Weimarer Republik. Und auch diese Zeitangabe erweist sich bei näherem Hinsehen als zu großzügig bemessen. Denn als 1933 in Deutschland die Nationalsozialisten die Macht ergriffen, war Weimar-Deutschland längst keine Republik mehr. Seit 1930 regierten die Präsidialkabinette Brüning, Papen und Schleicher mit dem von der Verfassung gedeckten Ausnahmezustand und ohne parlamentarische Mehrheit. Die Reichstagswahlen vom November 1932 hatten den beiden antidemokratischen, extremistischen Parteien, Kommunisten und Nationalsozialisten, zusammen eine negative Mehrheit gebracht, mit der sie jederzeit die demokratischen Parteien im Parlament überstimmen konnten. Links- und Rechtsradikale hatten sich gegenseitig hochgeschaukelt, und die Mitte war am Ende Niemandsland. Man hat sich angewöhnt, die ganze kurze Geschichte der Weimarer Republik von ihrem Ende her zu betrachten – von der Perspektive der nationalsozialistischen Machtergreifung. Das Scheitern der ersten deutschen Demokratie wurde den Politologen und Historikern zur klassischen Fallstudie über Machtverfall, Machtvakuum und Machtergreifung.[1]

Hatte Weimar überhaupt eine Chance? Als halbwegs intaktes demokratisches Gemeinwesen hatte die Weimarer Republik *grosso modo* nur die Jahre zwischen 1920 und 1930 bestanden, und dies unter Bedingungen, die auch älteren, gefestigteren Demokratien zu schaffen gemacht hätten: Reparationen, Ruhrkampf, Inflation und Währungsreform, Weltwirtschaftskrise und vor allem die moralische Hypothek der im Versailler Vertrag festgeschriebenen Kriegsschuld. Eine eigene politische Kultur konnte Weimar nur in Ansätzen entwickeln, geschweige denn eine dauerhafte demokratische Tradition begründen. Es gibt in der Geschichte der Weimarer Republik vieles, was auf die spätere Diktatur hinweist: die Erosion der Staatsautorität, das ungeklärte Verhältnis der politischen

Parteien zur Staatsform der parlamentarischen Demokratie, der andauernde politische Ausnahmezustand, der Klassenkampf und schließlich der auffallende Mangel der Republik an Republikanern. Und doch wird man der Geschichte der Weimarer Republik nicht gerecht, wenn man sie aus rückwärts gewandter Perspektive allein als Vorgeschichte des Dritten Reiches betrachtet.

Denn jede Epoche ist neben dem Hinweis auf Späteres zunächst und ganz unmittelbar sie selbst. Und diese Geschichte erzählen die Denkmäler der Weimarer Republik: Sie erzählen von den Schwierigkeiten des Umgangs mit dem nationalen Erbe, von der Frage nach den Anknüpfungspunkten und dem unvollendeten Versuch, eine eigene Tradition zu begründen und, vor allem, vom verlorenen Krieg. Unbestrittener Bezugspunkt war dabei – und dies unterscheidet die Situation nach der Niederlage von 1918 von derjenigen nach der Niederlage von 1945 – das ungeteilte Bekenntnis zur Nation. Auch nach dem Großen Krieg hatte die Idee der Nation ihre Bindekraft nicht eingebüßt. Vielmehr konnte sie unter den widrigen Bedingungen in neuer, verdichteter Form prägende Kräfte entfalten. Und doch gelang es Weimar nie, jene Identität von nationalem Empfinden und der Bejahung der Staatsform zu schaffen, die ein demokratisches Gemeinwesen braucht, wenn es dauerhaft stabil bleiben will. Dieses Grundproblem, der nie überwundene Widerspruch zwischen Wunsch und Wirklichkeit, die mangelnde Balance zwischen nationalen Empfindungen und der Selbstvergewisserung der Nation spiegelt sich wider in den politischen Denkmälern, in der Staatsbaukunst, sie findet sich in der ganzen politischen Kultur der Weimarer Republik. Die tiefere Ursache dafür ist in den besonderen Bedingungen zu suchen, unter denen die Republik von Weimar entstand.

Für die meisten Deutschen war 1918 die Niederlage überraschend gekommen. Die Kampfhandlungen hatten sich jenseits der Reichsgrenzen abgespielt, und so konnte sich der Mythos festsetzen, daß das deutsche Heer im Felde unbesiegt gewesen und durch den Dolchstoß in den Rücken um die Früchte seines Wirkens gebracht worden war. Die Kapitulation folgte unmittelbar auf die Abdankung der deutschen Monarchen, allen voran des Königs von Preußen und deutschen Kaisers Wilhelm II. Wo die Einsicht in den Thronverzicht nicht freiwillig entstand, halfen um das Wohl des Landes besorgte Demokraten nach. Wilhelm erfuhr von seiner

Abdankung durch eine Pressemitteilung seines letzten Reichskanzlers, Prinz Max von Baden, und der letzte Kaiser von Österreich, Karl von Habsburg, mußte als Vertriebener sein Land verlassen. Innerhalb von vierzehn Tagen war im gesamten Deutschen Reich die politische Ordnung eingestürzt, das geschlagene Heer trat erhobenen Hauptes in geschlossenen Formationen den Rückzug an.

Doch noch im Niedergang erwiesen sich die Deutschen als diszipliniert und obrigkeitstreu. Zur großen nationalen Erhebung jedenfalls kam es 1918/19 nicht. Die sogenannte deutsche Revolution war allenfalls ein Revolutiönchen. Ausgegangen war sie von der Meuterei der Marinesoldaten, die sich am 29. Oktober 1918 geweigert hatten, zu einer als letztes Gefecht mühsam kamouflierten Todesfahrt aufzubrechen. Was als deutsche Revolution in die Geschichte einging, war in Wirklichkeit der Aufstand der Verzweifelten, der tastende Versuch, sich im Einklang mit den Gesetzen von der vertrauten Obrigkeit zu lösen, ohne eine genaue Vorstellung davon zu haben, was an ihre Stelle treten sollte.

Selbst in den Momenten des größten Chaos schimmerte der Wunsch nach geordneten Verhältnissen durch, waren die Bemühungen um Kontinuität stärker als der Wille zu radikalem Neuanfang. Die Deutschen erwiesen sich 1918/19 als steckengebliebene Revolutionäre, die von ihrer eigenen Angst vor der Anarchie übermannt wurden. Die *translatio imperii* war zu keinem Zeitpunkt außer Kraft gesetzt. Bereits im Oktober 1918 hatte sich Reichspräsident Friedrich Ebert mit dem letzten Chef der Obersten Heeresleitung, General Groener, auf die Grundlagen staatlicher Ordnung geeinigt und im Dezember 1918 die heimkehrenden Soldaten mit ebenso denkwürdigen wie folgenschweren Worten begrüßt: »Kein Feind hat euch je überwunden!«[2]

Trotzdem hatte der Umbruch Spuren hinterlassen, die sich in den Denkmälern finden und deren Kenntnis zu einem tieferen Verständnis von Deutschlands politischem und gesellschaftlichem Weg unerläßlich ist. Die revolutionären Wirren in Deutschland dauerten kaum einen Winter. Der Berliner Vollzugsrat des Arbeiter- und Soldatenrates, der sich am 10. November 1918 im Circus Busch gegründet hatte, konnte nie seinen Anspruch einlösen, oberster Träger der politischen Macht in Deutschland zu sein – zu chaotisch war die Handhabung der Herrschaftsinstrumente, politisch zu unerfahren die Revolutionäre, vor allem aber fehlte es an Konsequenz und Durchsetzungsvermögen. Mehrheits- und Unabhängige Sozialdemokraten waren im Clinch über den künftigen Weg. Spartakistische Tendenzen sorgten dafür, daß im Dezember 1918 die Hauptstadt immer mehr im Tohuwabohu blutiger Straßenkämpfe versank. Besonders unrühmlich tat sich dabei eine Volksmarinedivision hervor, angeblich zum Schutz des Reichskanzlers bestellt, die sich bei näherem Hinsehen als marodierender Söldnertrupp entpuppte. Am 13. Januar 1919 war das blutige Schauspiel beendet. Der Sozialdemokrat Gustav Noske, im Rat der Volksbeauftragten für Militärfragen zuständig, nahm es auf sich (»Einer muß den Bluthund machen«), unter Rückgriff auf die Armee den spartakistischen Aufstand mit Bajonetten und Gewehrkugeln niederzukartätschen. Die Erinnerung an den Blutzoll der Linkssozialisten und Kommunisten wurde in der DDR als legitimationsstiftender Mythos bewahrt; sie hat auch den Untergang des real existierenden Sozialismus auf deutschem Boden überdauert. Bis heute erinnert Jahr für Jahr im Januar ein Häuflein selbsternannter Nachfolger an die Ermordung Karl Liebknechts und Rosa Luxemburgs durch Angehörige der Garde-Kavallerie-Schützendivision.

Das Gespenst des Bürgerkriegs sollte die Republik von Weimar zeit ihres Bestehens nie wirklich verlassen. In der Krise des Parteienstaats 1930/31 kehrte es wieder: als real wahrgenommene Gefahr ebenso wie als Instrument zur Durchsetzung der Vorstellung vom autoritären Staat. Burgfrieden war kein Begriff aus Weimarer Zeiten. Eher schon trifft das Bild von der »belagerten Civitas« (Michael Stürmer) die politische und gesellschaftliche Realität jener Jahre. Es überrascht deshalb wenig, daß das Erbe der Revolution im Gedenken der offiziellen Republik von Weimar keine nennenswerte Rolle gespielt hat. Doch war der republikanische Freiraum groß genug, um der Kommunistischen Partei Deutschlands die Gelegenheit zu eröffnen, den toten Helden der Revolution auf dem Berliner Friedhof Friedrichsfelde bei ihren letzten Ruhestätten ein Denkmal zu errichten. Das mittlerweile zerstörte Liebknecht-Luxemburg-Monument war aus Hartbrandklinkern aus Abbruchbeständen gefertigt, da anderes damals nicht bezahlbar war, und von Ludwig Mies van der Rohe als zwölf Meter lange, sechs Meter hohe und vier Meter breite Architekturplastik gestal-

Das mittlerweile zerstörte Liebknecht-Luxemburg-Monument von Ludwig Mies van der Rohe in Berlin-Friedrichsfelde (1926) wollte den Spartakusaufstand zum Urerlebnis der ersten deutschen Demokratie erheben.

tet. Sie bestand aus übereinander liegenden und gegeneinander verschobenen Kuben. Architektonisch wies Mies van der Rohes Entwurf weit in die Zukunft. Damit vermittelt er im Grunde einen falschen Eindruck. Denn die Konzeption war moderner, als dies der Kommunistischen Partei Deutschlands zu jener Zeit gemäß war. Dies änderte jedoch nichts an ihrer politischen Bedeutung und ihrem bleibenden Vermächtnis. Mies van der Rohes Plastik schuf der Arbeiterbewegung einen Wallfahrtsort und hob die in den nachrevolutionären Wirren Gefallenen in den Heldenstand der Pariser Kommunarden von 1871. »Spartakus – das heißt Feuer und Geist, das heißt Seele und Herz, das heißt Wille und Tat der Revolution«, hämmerte die KPD im Nachruf auf Rosa Luxemburg den ihren ein.[3] Spartakus, das sollte ein Urerlebnis ähnlich der Pariser Kommune für die Deutschen der ersten Demokratie werden. Die Inschrift des Denkmals wurde der Arbeiterbewegung zum politischen Programm: »Die Geschlagenen von heute werden die Sieger von morgen sein!« Dies bedeutete Verheißung, daß nicht

74

ein großes Umsonst das Resultat der Entbehrungen und der politischen Bitternis der Gegenwart war. Der Kommunismus, genauso wie später der Nationalsozialismus, verstand sich als innerweltliche Heilslehre. Er schuf das Bild vom neuen Adam und heimste Sukkurs ein in der Gegenwart mit dem Versprechen besserer Zeiten in freilich ungewisser Zukunft. Diese Aussicht war den Geschlagenen offenkundig Grund genug, um sich mit äußerster Brutalität gegen die ebenfalls nicht zimperlichen Freikorps zur Wehr zu setzen. Es erwies sich indes einmal mehr die alttestamentliche Weisheit, daß wer Wind sät, Sturm ernten werde. Dem permanenten Ausnahmezustand war auf beiden Seiten vorgearbeitet worden. Die Nationalsozialisten zerstörten Mies van der Rohes Architekturplastik. Sie wurde von der DDR nicht wiederaufgebaut, auch wenn jährlich bei der schon 1946 wiedereingeführten traditionellen Januar-Demonstration zu den Grabstätten Karl Liebknechts und Rosa Luxemburgs auf dem Friedhof Berlin-Friedrichsfelde der beiden toten Arbeiterführer gedacht wird.

In der marxistischen Geschichtsschreibung ist das Scheitern der Weimarer Republik mit der fehlgeschlagenen Revolution an ihrem Anfang begründet worden.[4] Doch diese Betrachtungsweise übersieht, daß es zum Zweckbündnis zwischen Sozialdemokraten und Konservativen, zwischen Reichswehr und Sozialdemokraten keine Alternative gab und die gescheiterte soziale Revolution erst die Voraussetzung dafür schuf, daß Weimar als demokratisches Gemeinwesen entstehen konnte. In den Kompromissen seiner improvisierten Entstehung – Ebert-Groener-Bündnis, Stinnes-Legien-Pakt – wurde das Behelfsmäßige der Republik von Weimar geschaffen. Nur der Kompromiß am Anfang ermöglichte jenen Neubeginn, der im eigentlichen Sinne keiner war und dessen der Staat von Weimar doch so notwendig bedurft hätte.

Friedrich Ebert begrüßte in der Nationalversammlung in Weimar im Namen der Reichsregierung das Volk als den höchsten und einzigen Souverän in Deutschland und bemühte die Tradition der deutschen Klassik, um zu begründen, warum die Nationalversammlung ausgerechnet in Weimar zusammentrat. In Wirklichkeit waren die Gründe dafür bescheidener. Nicht Goethe und Schiller hatten den Ausschlag gegeben, sondern die mit der immer noch nicht gänzlich beruhigten Situation in Berlin verbundenen Gefahren und die Überlegung, daß ein besonders zuverlässiges Freikorpsregiment in der überschaubaren thüringischen Residenz ein schnelles Durchgreifen für den Fall politischer Unruhen versprach.

Die Weimarer Reichsverfassung, die unter diesen Umständen entstand, kann sich neben den großen europäischen Verfassungen durchaus sehen lassen. Sie versuchte, aus den Fehlern der Bismarckschen Reichsverfassung zu lernen, betonte beim Staatsaufbau den unitarischen Charakter und hatte nach schweizerischem Vorbild plebiszitäre Elemente aufgenommen. Die starke Stellung des Reichspräsidenten, seine Volkswahl und das Notverordnungsrecht nach Artikel 48 in Zusammenhang mit dem Recht der Reichstagsauflösung waren auch als Reverenz an das monarchische Prinzip zu verstehen. Das von der Nationalversammlung in Weimar verabschiedete Dokument trug deutlich die Züge eines politischen wie sozialen Kompromisses, und das konnte unter den obwaltenden politischen Umständen auch gar nicht anders sein. Den Untergang der Weimarer Republik indes auf die Unzulänglichkeiten seines Verfassungswerkes zurückzuführen, heißt eine unzulässige historische Verkürzung zu begehen.

Am gravierendsten zu Weimars Schaden erwies sich vielleicht, daß die Reichswehr in außerkonstitutioneller Stellung belassen wurde. Die zwiespältige, antirepublikanische und blutige Rolle, die einzelne Freikorps bei der Niederschlagung von Aufständen in der Phase der Etablierung der Republik gespielt hatten, trug vor diesem Hintergrund dazu bei, daß das Verhältnis von Reichswehr und Weimarer Staat von gegenseitigem Mißtrauen durchsetzt blieb. Heer und Republik konnten sich in Weimar nie wirklich versöhnen. Auf unheilvolle Weise blieb vieles unausgesprochen und ungeklärt. Die Ambivalenz war bereits in der Verfassung angelegt, wie ein Blick auf den unseligen Flaggenstreit zeigt. Artikel 3 der Weimarer Reichsverfassung besagte: »Die Reichsfarben sind schwarz-rot-gold. Die Handelsflagge ist schwarz-weiß-rot mit den Reichsfarben in der oberen Ecke.« Die gesandtschaftlichen und konsularischen Reichsbehörden an außereuropäischen Plätzen sowie an europäischen Plätzen, die von Seehandelschiffen angelaufen wurden, hißten zusätzlich zur Reichsflagge auch die Handelsflagge. Zu einer anderen Republik sollte es von da an nur ein kleiner Schritt sein. Keine günstigen Voraussetzungen dafür, daß sich Staatsbewußtsein und republikanische Gesinnung uneingeschränkt entfalten konnten.

Auf eine eigene Staatsbaukunst verzichtete die Republik von Weimar zunächst gänzlich. Schlichtheit und Kargheit auch der Symbole zeichnete die Monumente aus, die nach 1918/19 geschaffen wurden. Die Konzentration auf das Wesentliche war Erfordernis einer Zeit, in der Knappheit auch an elementaren Materialien herrschte und in der die Kunst der Beschränkung zum Signum der geistigen Situation der Zeit geworden war. Straßenkämpfe, existentielle Nöte, die drohende Intervention ausländischer Mächte – dies war die Ausgangslage. Der gerade beendete Krieg schien im politischen Ausnahmezustand in die Gegenwart verlängert worden zu sein. Von daher erschließt sich, daß die nach 1918 geschaffenen Monumente fast ausschließlich Kriegerdenkmäler waren.

Nahezu zwei Millionen Deutsche waren im Ersten Weltkrieg gefallen. Kein Krieg zuvor hatte je eine ähnlich hohe Zahl von Vermißten gefordert. Es gab kaum eine Familie, die nicht einen Angehörigen verloren hatte. Der Niedergang, der in zermürbenden Stellungskriegen und in verlustreichen Materialschlachten an der Somme und Marne vorbereitet worden war, erwies sich als unaufhaltsam und schmerzvoll. Auf die Mobilisierung der Massen im Juli 1914 folgte in vier langen Jahren ein bis dahin nicht gekanntes Massensterben. Die Technisierung der Kriegführung – Panzereinsatz und vor allem der stille Tod des Gaskrieges – hatten das Unheil eines neuen Zeitalters auf schreckliche Weise eingeleitet. Zum menschlichen Leid, zu den Entbehrungen des Krieges kamen die als Schmach empfundenen Bestimmungen des Versailler Vertrages hinzu: der Verzicht auf die Kolonien, der Verlust fast eines Drittels des Staatsgebietes, Reparationszahlungen in nicht genannter Höhe und vor allem der berühmt-berüchtigte Artikel 132, der die alleinige Kriegsschuld des Deutschen Reiches festlegte. Der Schatten von Versailles sollte die Republik von Weimar nicht mehr loslassen.

In sozialpsychologischer Hinsicht jedoch wirkte Versailles integrierend, denn in der Ablehnung des Vertragswerks bestand in der deutschen Gesellschaft über die Parteigrenzen hinweg Einigkeit. Viele sahen, daß das Reichsgebiet von feindlichen Übergriffen nahezu verschont geblieben war. Deutsche Truppen standen an der Jahreswende 1917/18 tief in Rußland, bis in den Kaukasus, sie hatten sich siegreich gegen eine feindliche Übermacht behauptet. Daß die Legende vom Dolchstoß in den Rücken einer im Felde unbesiegten Armee auf fruchtbaren Boden fallen konnte, hing in erster

Linie mit dem subjektiven Empfinden vieler Deutscher zusammen. Nicht die ausweglose Situation des Heeres, sondern ein abgekartetes Spiel feindlicher Mächte war in den Augen der Mehrheit der Deutschen für die militärische Niederlage verantwortlich. Ganz entscheidend kam schließlich hinzu, daß die Bedingungen des Versailler Vertrages in nichts demjenigen entsprachen, was der amerikanische Präsident Wilson im November 1918 in seinen Vierzehn Punkten in Aussicht gestellt hatte. Sollte der Tod fürs Vaterland, so wurde in vielen Familien gefragt, vergebens gewesen sein?

Der Kriegstod verlangte nach Sinngebung. Bereits im Weltkrieg hatte eine Verschiebung stattgefunden. Nicht mehr der Tod des einzelnen war es, der heroisiert werden sollte. Das Kriegserlebnis als solches wurde ins Zentrum des Gedenkens gestellt. Dies bot Gewähr, daß damit nicht mehr die Frage nach sinnhaftem Sterben von Sieg oder Niederlage abhängig war, sondern das nationale Erwachen im Gemeinschaftserlebnis des Krieges seinen Ausgang nehmen konnte. Auf Weisung Seiner Majestät des Kaisers wurde 1916 der Kreis der zu Ehrenden ausgeweitet. Dazu zählten von nun an nicht nur diejenigen, die auf den Schlachtfeldern gefallen waren, vielmehr gehörten jetzt auch diejenigen dazu, die aufgrund von Kriegsverwundungen und Kriegsfolgen ihr Leben gelassen hatten. Damit wurde der Formveränderung des Krieges Rechnung getragen, daß das Kriegsgeschehen in einem bis dahin nicht gekannten Ausmaß auch von Zivilisten seinen Preis verlangte. Alfred Rosenberg schrieb in der später von seinen nationalsozialistischen Gesinnungsgenossen zur Pflichtlektüre erhobenen verquasten Ideologiefibel »Der Mythus des 20. Jahrhunderts«[5] gegen die nach dem Massensterben verbreitete Auffassung an, der Tod fürs Vaterland sei vergebens gewesen. Rosenberg sprach von mythischem Erleben der Begeisterung, das sich zu einem »selbstverständlichen Wirklichkeitsgefühl« steigern müsse. Die herausgehobene Stellung des Soldatentums in der Gesellschaft wurde durch die Abgrenzungen unterstrichen, die auf den Friedhöfen zwischen den Gräbern der im Krieg Gefallenen und den Ruhestätten ganz gewöhnlicher Deutscher gezogen wurden. Wilhelm II. hatte im Februar 1917 aus dem Großen Hauptquartier verfügt, daß »Kriegsgräber und Soldatenfriedhöfe tunlichst in Anlehnung an die Natur, schlicht soldatische Einfachheit«[6] zu suchen hätten. Die demokra-

tische Gesellschaft der Weimarer Republik war in den Schützen-
gräben Nordfrankreichs vorweggenommen. Es ist zu Recht darauf
hingewiesen worden, daß in Frankreich die Denkmäler dem Bürger in Uniform gewidmet waren, der nach der siegreichen Beendigung des Krieges sogleich wieder in seinem zivilen Charakter dargestellt wurde, wohingegen im deutschen Totenkult der Bürger als
Soldat gefeiert wurde.[7]

Wenn es relativ rasch nach der Niederlage in Deutschland dazu
kam, daß Ehrentafeln und Ehrenmäler errichtet wurden, so ging
dies vor allem auf private Initiativen von Vereinen, auch auf den
Einsatz von engagierten Stadtvätern und Kommunalpolitikern
zurück. Die Stunde der Agonie des Staates war zugleich die Stunde
der privaten Denkmalsinitiativen. Die öffentlichen Kassen waren
leer. Doch die Spendierfreudigkeit der Regiments- und Krieger-
vereine half, die Lücke zu füllen. Der Phantasie waren dabei keine
Grenzen gesetzt. Feste und Wohltätigkeitsveranstaltungen – Vorläufer der heutigen *charity dinners* – schufen die materiellen Voraussetzungen, daß den gefallenen Kameraden in würdiger Weise
gedacht werden konnte. 1919 war der Volksbund Deutsche Kriegsgräberfürsorge gegründet worden. Er rief »Alle Volksgenossen
ohne Unterschied des Bekenntnisses und der Partei« zum Zusam-
menschluß auf und ermahnte das ganze deutsche Volk: »Vergeßt die
Toten nicht, die mit dem Opfer ihres Lebens die Heimat vor den
Schrecken des Krieges bewahrten. Sorgt alle mit, daß die Eh-
renstätten der Gefallenen würdig erhalten bleiben!«[8]

Der spätere Mißbrauch der Solidargemeinschaft in der Form
der sogenannten Volksgemeinschaft der nationalsozialistischen
Zeit nur vor diesem Hintergrund des Generationen und Bevöl-
kerungsschichten einenden Kriegserlebnisses zu verstehen. Der
Krieg hatte die politische und soziale Wirklichkeit erschüttert. Er
hatte nicht nur zum Einsturz der Staatsform der konstitutionellen
Monarchie – kurz vor dem Zusammenbruch, Oktober 1918, war
sie in eine parlamentarische Demokratie umgewandelt worden –
geführt, sondern auch die Todesbegegnung zur existentiellen Erfahrung des modernen Menschen gemacht. Darin liegt die eigentliche »Urkatastrophe des 20. Jahrhunderts«, als die George Kennan
einst den Ersten Weltkrieg bezeichnet hat.[9]

Oftmals wurden dabei – wie in Lippstadt 1920 – bereits in den
Vorkriegsjahren beschlossene Denkmalsprojekte zum Ehrenmal

umgewidmet: »Die dankbare Vaterstadt ehrt ihre im Weltkriege 1914–1920 gefallenen Söhne durch dieses Denkmal« lautet dort die Inschrift, die einen dem Reiterstandbild des Kopenhagener Stadtgründers nachempfundenen Bernhardsbrunnen ziert. Zwischen dem Ahnvater Lippstadts, dem Stadtgründer Bernhard, und den gefallenen Söhnen der Stadt wurde dadurch eine Kontinuität suggeriert, die es in Wirklichkeit nie gegeben hatte. Die Inschrift des Bernhardsbrunnens war bereits in wilhelminischer Zeit von dem Düsseldorfer Bildhauer Alfred Pehle konzipiert worden. Im Kontext der Totenehrung der Weltkriegsgefallenen wurde sie dann einfach umgewidmet. Die Traditionslinie war allen revolutionären Umbrüchen zum Trotz zu keinem Zeitpunkt wirklich in Frage gestellt, geschweige denn gebrochen. Die Inschrift des Bernhardsbrunnens weist eine weitere Besonderheit auf, die viel über das Gegenwarts- und das Geschichtsverständnis der Lippstädter anno 1920 verrät. Denn die Inschrift zieht vom Weltkriegsbeginn eine Linie bis in die Gegenwart der Errichtung des Denkmals. Der Unterschied zwischen den Gefallenen des Krieges und den Opfern der Revolutionswirren wird dadurch aufgehoben. Mit diesem erweiterten Weltkriegsverständnis konnten sich sowohl Freikorpskämpfer als auch Linksrevolutionäre zu den Gefallenen des Krieges zählen. Erst im Tod konnte eine Einheit hergestellt werden, die im Leben der zutiefst gespaltenen Nation im Deutschland der Weimarer Republik versagt geblieben ist.

Die Popularität des Kriegerdenkmals hatte vor allem einen politischen Grund. Im Krieger ehrte die Republik das Soldatentum und leistete damit stillen Protest gegen die im Versailler Vertrag verfügte Beschränkung auf ein 100 000 Mann-Heer. Die Dominanz des Gefallenendenkmals in Weimar-Deutschland ist nicht zuletzt als trotziges »Erst recht« zu verstehen, das den Widrigkeiten einer an materiellen Entbehrungen und auch an Demütigungen reichen Gegenwart entgegengeschleudert wurde: Sinnstiftung durch Affirmation des Krieges.

Die Republik von Weimar suchte sich ihre eigenen Helden. Es waren fast durchweg Radikale, Draufgänger, Saboteure, die dem als würgend empfundenen Griff der Besatzer trotzten. Einer davon war Albert Leo Schlageter, dem in den Jahren 1927–1931 in Düsseldorf ein großflächiges Ehrenmal errichtet wurde. Die Ehrung Schlageters im Denkmal verrät ein gesteigertes Nationalbe-

»Die dankbare Vaterstadt ehrt ihre im Weltkriege 1914–1920 gefallenen Söhne«, so lautet die Inschrift des Lippstädter Bernhardsbrunnens, die den Unterschied zwischen den Gefallenen des Krieges und den Opfern der Revolutionswirren aufhebt.

wußtsein, das die Voraussetzungen für den Sündenfall seines Mißbrauchs in nationalsozialistischer Zeit bereits in sich trägt. Das denkwürdige Ereignis, an das zunächst nur ein schlichtes Birkenholzkreuz erinnerte, war die Hinrichtung des einstigen Freikorpsmitglieds und Nationalsozialisten Albert Leo Schlageter auf der Golzheimer Heide bei Düsseldorf durch ein französisches Exekutionskommando im Mai 1923. Schlageter hatte als Führer eines Sa-

*Das großflächige Ehrenmal für Albert Leo Schlageter, 1927–1931 auf
der Golzheimer Heide bei Düsseldorf errichtet, erinnert an den Saboteur,
der in der aktiven Phase des Ruhrkampfes im Mai 1923 von einem
französischen Exekutionskommando hingerichtet worden war.*

botagetrupps Eisenbahnschienen, über die Kohle nach Frankreich transportiert wurde, in die Luft gesprengt. Der Ruhrkampf befand sich zu jener Zeit in seiner heißen Phase. Im Januar 1923 waren französische und belgische Truppen ins Ruhrgebiet einmarschiert. Den Vorwand dafür bildete ein angeblicher Rückstand deutscher Kohle- und Holzlieferungen an die Versailler Siegermächte. In Wirklichkeit ging es dem französischen Ministerpräsidenten Poincaré mit seiner Strangulierungspolitik der »produktiven Pfänder« darum, den bereits zahlungsunfähigen deutschen Kriegsgegner mit der Forderung nach immer höheren Reparationszahlungen zu wirtschaftlichen und politischen Zugeständnissen zu zwingen. Die französisch-belgische Besatzung und die Abriegelung des Ruhrreviers gegen den Rest des Reiches beantwortete die deutsche Regierung unter Reichskanzler Cuno mit der Verkündung des passiven Widerstandes. Die Stimmung war aufs Äußerste gespannt, die Presse bediente willfährig nationale Ressentiments. Es konnte unter diesen Umständen nicht ausbleiben, daß hie und da der passive Widerstand in einen aktiven überging. Die französischen Besatzer wiederum versuchten sich gegen Saboteure mit den Repressalien des Kriegsrechts zur Wehr zu setzen. So geschah es, daß der hingerichtete Schlageter zum Märtyrer werden konnte, für die nationale Rechte ebenso wie für die extreme Linke. In der Ablehnung der Fremdherrschaft berührten sich die Gegensätze. Auch die Kommunisten spielten die nationale Karte und suchten mit Parolen wie »Gegen Cuno an der Spree, an der Ruhr gegen Poincaré« den geistigen Schulterschluß mit den radikalen Nationalisten. Kominternmitglied Karl Radek würdigte in einer Sitzung des Exekutivausschusses Schlageter als »Märtyrer des deutschen Nationalismus und mutigen Soldaten der Konterrevolution«, für dessen Denkmal er in Anlehnung an einen populären zeitgenössischen Roman die Inschrift »Wanderer im Nichts« empfahl[10], und die Nationalsozialisten beschuldigten den preußischen Innenminister Severing, Schlageter an die Franzosen verraten zu haben.

Wenige Monate nach Schlageters Exekution mußte Cunos Nachfolger Gustav Stresemann den mit dem Preis der Zahlungsunfähigkeit bezahlten passiven Widerstand aufgeben. Aktiver Widerstand, Schlageters Kurs, war ohnehin keine realistische Alternative gewesen. In der Erinnerung freilich lebte der Mythos vom nationalen Märtyrer fort, der der Übermacht der Feinde getrotzt hatte. 1927 wurde ein Entwicklungsausschuß für die Errichtung eines Großdenkmals gegründet. 1931 wurde das von dem Düsseldorfer Professor Clemens Holzmeister entworfene 27 Meter hohe Nierostastahlkreuz feierlich eingeweiht. Der Text der Inschrift war ebenso schlicht wie pathetisch: »Hier fiel, erschossen auf Frankreichs Befehl, am 20. Mai 1923 Albert Leo Schlageter für Freiheit und Frieden an Rhein und Ruhr«. Der Saboteur wurde im Denkmal zum Nationalhelden erhoben, die Exekution durch französische Besatzer mit dem Tod auf dem Schlachtfeld gleichgesetzt. Die ringförmige Stufenanlage, die als Halbkreis das Denkmal umgab, diente in nationalsozialistischer Zeit als Aufmarschareal. Das Denkmal mit seinem mächtigen Hochkreuz im Mittelpunkt war formgebend und zu kontemplativer Sammlung anhaltend zugleich. Auf schmückendes Beiwerk war bewußt verzichtet worden. Seine eigentliche Wirkung erhielt das Monument aus seiner Schlichtheit ebenso wie aus dem übersteigerten Maßstab. Der innerste Ring blieb leer, ähnlich wie bei der *Cella* im griechisch-römischen Tempel. Schlageter, der hingerichtete Saboteur, wurde in die Ahnengalerie der Nationalsozialisten eingereiht. Bereits als preußischer Ministerpräsident war Hermann Göring 1932 zum Schlageterdenkmal gepilgert, um einen Lorbeerkranz niederzulegen. 1933 wurde es von Göring im Rahmen einer feierlichen Großkundgebung zum »Nationalehrenmal« erhoben. Der Schlageter-Kult wurde von den Nationalsozialisten ins Leben gerufen; Schlageter war zum »ersten Soldaten des Dritten Reiches« aufgestiegen. Den Siegern des Zweiten Weltkrieges war Schlageter deshalb in doppelter Hinsicht ein Dorn im Auge: wegen seines aktiven Widerstandes und wegen der Märtyrerrolle, die der posthume Schlageter im Erinnerungskult der Nationalsozialisten eingenommen hatte. Nicht noch einmal sollte Schlageter der Status des nationalen Heroen verliehen werden können, so lautete das Resümee, auf das sich die sonst wenig einigen Mächte der Anti-Hitler-Koalition rasch verständigen konnten. Deshalb entschloß sich die britische Besatzungsmacht nach dem Zweiten Weltkrieg, die sichtbaren Spuren der Erinnerung an Schlageter ganz auszutilgen. 1946 wurde das Schlageterdenkmal auf Geheiß des britischen Militärgouverneurs gesprengt.

Die ausgehenden 20er Jahre standen ganz im Zeichen der Krise: Weltwirtschaftskrise, Krise des Parteienstaats, Krise des Fortschrittsbewußtseins. Die geistige Situation der Zeit war geprägt von tiefer Fragwürdigkeit, von Zweifeln am Fortschritt und der Zukunft, vom Vertrauensverlust in den Staat und seine Institutionen, von diffusen ebenso wie begründeten Ängsten: Angst vor der Inflation, Angst vor der kommunistischen Bedrohung, Angst vor dem Bürgerkrieg. Die Republik schien nach den scheinbar sicheren Jahren der relativen Stabilität – das Wort von den goldenen 20ern allerdings ist in hohem Maße Legende, verklärender Rückblick und Projektion späterer Jahre zugleich – zu den Erschütterungen der Anfangszeit zurückzukehren. Der nationale Taumel, der weite Kreise der deutschen Gesellschaft erfaßte, war Folge des permanenten Ausnahmezustands, der Radikalisierung des öffentlichen Lebens, in denen die scheinbar eingängige Parole von der nationalen Schmach als der Wurzel allen Übels willfährige Aufnahme fand. Dies war der geistige und politische Hintergrund, vor dem die sich verdichtende, im Grunde die Weimarer Republik seit ihrer Entstehung begleitende Debatte über ein nationales Ehrenmal zu sehen ist.

Die Forderung nach einem Reichsehrenmal wurde in der Weimarer Republik von Anfang an erhoben. Der Streit über die Form – plastisch oder architektonisch – ging auch darüber, ob nicht das Geld in Anbetracht der Notsituation besser für ein sozial-karitatives Objekt wie beispielsweise ein Invalidenheim verwendet werden sollte. Ein Reichsausschuß für das Reichsehrenmal wurde eingesetzt, und dennoch konnte trotz der zahlreich eingereichten Vorschläge – darunter ein Ehrenzeichen auf den Weserbergen bei Bückeburg, ein Ehrenhain im hessischen Bad Berka oder der Vorschlag des damaligen Oberbürgermeisters von Köln, Konrad Adenauer, ein Grabmal des unbekannten Soldaten an der Südseite des Kölner Doms zu errichten – keine Einigkeit erzielt werden.

Die politische Kultur von Weimar war von tiefen Rissen geprägt. 1928 hatte der Reichstag empfohlen, mit der Errichtung eines Reichsehrenmals so lange zu warten, bis fremdländische Besatzungstruppen aus Deutschland abgezogen seien. 1929 schuf dann allerdings der preußische Ministerpräsident Otto Braun vollendete Tatsachen, indem er beschloß, die in den Jahren 1816–1818 erbaute Neue Wache zur »Gedächtnisstätte für die Gefallenen des

Weltkrieges« auszugestalten. Seinerzeit war das einem römischen *Castrum* nachempfundene Bauwerk von Schinkel als Wachlokal mit Arrestzellen und Sitz der zentralen Berliner Garnisonsbehörden konzipiert worden. Es diente nicht zuletzt dem Schutz des preußischen Königs, der im gegenüberliegenden Kronprinzenpalais residierte. In seiner Repräsentativität sollte der Bau dieser Funktion entsprechen. Bis zum Ende der Monarchie fanden hier die zeremoniellen Wachablösungen statt, die das Bild des preußischen Militarismus maßgeblich geprägt haben. Mit dem wechselvollen Verlauf der deutschen Geschichte blieb die Neue Wache in wechselnden Funktionen aufs engste verbunden. Zuletzt diente sie im Ersten Weltkrieg als Zentrale des Militärtelegraphen und der Militärpost. Nach 1918 stand sie leer. Von der Kunsthistorikerin Frieda Schottmann kam Mitte der 20er Jahre der Vorschlag, die Neue Wache in ein Reichsehrenmal umzuwandeln. Reichsregierung und preußische Regierung hatten sechs namhafte Architekten eingeladen, in einem Wettbewerb ihre Vorstellungen für die Umgestaltung zu präsentieren. Schlichtheit und Weihe lauteten die strengen Vorgaben, die dem »Ernst der Zeit« als angemessen erachtet wurden. Eingreifende Veränderungen am Äußeren der Neuen Wache waren tabu, und das Innere war so auszugestalten, daß es in organischer Beziehung zum Äußeren stand.

In die engere Wahl wurde der Vorschlag Ludwig Mies van der Rohes gezogen. Am Ende fiel die Entscheidung zugunsten der Konzeption Heinrich Tessenows. Bereits vor dem Krieg hatte Heinrich Tessenow zu den führenden Architekten Deutschlands gezählt. Vor allem auf dem Gebiet des Wohnhausbaus hatte sich Tessenow mit seinem puristischen, auf handwerkliche Gediegenheit bedachten Stil einen Namen gemacht.[11] Während des Krieges gehörte Tessenow einer Regierungskommission an, die sich mit den Grundsätzen für die Gestaltung von Kriegerdenkmälern beschäftigte. Es war also keine Überraschung, daß die Aufforderung der Preußischen Staatsregierung, sich an dem Architektenwettbewerb für die Ausgestaltung der Neuen Wache zu beteiligen, auch an den damaligen Inhaber des Lehrstuhls für Baukunst und Entwerfen an der Technischen Hochschule in Berlin-Charlottenburg, Heinrich Tessenow, ergangen war.

Tessenows Konzeption konnte sich am Ende durchsetzen, obwohl diese mit einer kleinen Lichtöffnung in der Decke nicht ganz

Tessenows Neue Wache in Berlin (1931) wirkt durch die Kargheit ihrer Ausstattung. Den Mittelpunkt des ansonsten leeren Raumes betont eine Rundöffnung der Decke.

den Forderungen der Ausschreibung entsprach. Tessenows Entwurf, der die ursprünglichen Funktionen – Offiziersstube, Wachstube, Innenhof, Arrestlokal – zugunsten eines vollständig entkernten, geschlossenen kubischen Innenraums aufgab, erreichte seine Wirkung durch die Kargheit seiner Ausstattung. Den Mittelpunkt des ansonsten leeren Raumes betonte eine Rundöffnung der Decke. Direkt darunter befand sich ein Monolith aus schwarzem, schwedischem Granit, auf dem ein von Ludwig Gies entworfener Eichenkranz angebracht war. Aufgrund der schwierigen materiellen Lage konnte der Eichenkranz nicht vollständig aus Gold gefertigt werden. Lediglich die Blätter waren mit Gold, teils auch mit Blattplatin überzogen. Die Wände wurden mit Muschelkalkplatten verkleidet. Der Fußboden war in mosaikartiger Anordnung mit rheinischer Basaltlava belegt.

In der nationalsozialistischen Zeit wurde die Neue Wache im wesentlichen in ihrer von Tessenow geschaffenen Form belassen. Tessenows Konzeption schien den nationalsozialistischen Denkmalvorstellungen zu entsprechen. Vor dem Gebäude wurden die beiden Schutzpolizisten in Zivil, die den Schinkelbau sichern sollten, jetzt durch patrouillierende militärische Doppelwachen ersetzt. 1933 konnte der preußische Finanzminister Johannes Popitz durchsetzen, daß an der Rückwand des Gedenkraumes ein ebenfalls überdimensioniertes schlichtes Holzkreuz angebracht wurde, das die Verbindung zwischen soldatischem Heldentod und christlichem Opfergedanken betonte. Zugleich zeigt diese Entscheidung, wie sehr in der Anfangsphase des Dritten Reiches, als es darum ging, die nationalsozialistische Herrschaft zu festigen, auf christliche Symbole Rückgriff genommen wurde, ohne daß damit religiöse oder weltanschauliche Zugeständnisse verbunden gewesen wären. Christliche Symbolik, wie sie in den großen Denkmalsentwürfen der ausgehenden Weimarer Republik zu finden gewesen war, mußte auch in nationalsozialistischer Zeit nicht verschwinden; ihr wurde freilich von der nationalsozialistischen Ideologie eine neue Funktion zugewiesen. Nur so ist erklärlich, weshalb das christliche Kreuz sowohl beim Schlageter-Denkmal als auch bei der Neuen Wache nach 1933 im Mittelpunkt stehen konnte.

Christliche und militärische Symbolik verbinden sich auf beispielhafte Weise beim Tannenberg-Denkmal. Das Tannenberg-Denkmal verdient deshalb Aufmerksamkeit, weil es – in Zeit und Raum verdichtet – die Frage nach Kontinuität und Bruch in der deutschen Geschichte mehr als jedes andere Monument zum Ausdruck bringt und zugleich den Übergang von der Weimarer Republik zum Dritten Reich verkörpert. Bereits 1927 war von den Brüdern Walter und Johannes Krieger in Ostpreußen das Tannenberg-Denkmal errichtet worden, »eine Mischung aus dem vorgeschichtlichen keltischen Stonehenge und dem mittelalterlichen Castel del Monte Friedrichs II. von Hohenstaufen«.[12] Zu jenem Zeitpunkt war der kaiserliche Generalfeldmarschall Paul von Hindenburg bereits seit zwei Jahren gewähltes Oberhaupt der Weimarer Demokratie. Allein die Tatsache, daß der greise Generalfeldmarschall, Monarchist bis auf die Knochen, 1925 zum obersten Repräsentanten der Republik aufstieg und 1932, allerdings auf Vorschlag der »Weimarer Koalition« aus Sozialdemokraten, Zentrum und Liberalen, für eine zweite Amtszeit wiedergewählt wurde, unterstreicht die Schieflage zwischen Verfassung und Verfassungswirklichkeit in Weimar-Deutschland, nach einem Wort

Nach Hindenburgs Tod erhoben die Nationalsozialisten Tannenberg 1935 zum Reichsehrenmal. Nach dem Beispiel der Königsgruft in der Potsdamer Garnisonskirche und Tessenows Neuer Wache wurde die letzte Ruhestätte des Reichspräsidenten umgestaltet.

Karl Dietrich Brachers »Jedermanns Vorbehaltsrepublik«. Hindenburg bekannte einst freimütig, die Weimarer Verfassung zum ersten Mal unmittelbar vor seinem im Reichstag abgelegten Eid gelesen zu haben. Nichts verdeutlicht das Dilemma der ratlosen Republik stärker als die verzweifelten Bemühungen, mit denen diejenigen, die sich 1925 noch einer Wahl Hindenburgs widersetzt hatten – die Parteien der Weimarer Koalition – 1932 die Wiederwahl des greisen Reichspräsidenten betrieben, um in jedem Fall den Kandidaten der NSDAP zu verhindern, einen Regierungsrat aus Braunschweig namens Adolf Hitler. In Weimar war der zum Ersatzkaiser aufgestiegene Hindenburg der einzige kaiserliche Feldmarschall, der aus dem Krieg Nachruhm davongetragen hatte. Der Mythos, der sich mit seinem Namen verband, gründete auf einer einzigen Schlacht. In der Sumpf- und Seenlandschaft Ostpreußens war im November 1914 in einer verlustreichen Umfassungs- und Vernichtungsschlacht unter Hindenburgs Kommando der Vormarsch der tief ins südliche Ostpreußen eingebrochenen russischen Narew-Armee gestoppt worden. Das kleine masurische Dorf Tannenberg, in dessen Nähe sich dies ereignete, war jedoch nicht irgendein Ort in Ostpreußen. 1410 hatte sich in Tannenberg das Heer des Deutschen Ordens eine erbitterte Schlacht mit den Truppen des Königs von Polen und des Großfürsten von Litauen geliefert und dabei eine empfindliche Niederlage erlitten. Ungeachtet des verlustreichen Ausgangs wurde im verklärenden Rückblick des 19. Jahrhunderts Tannenberg zum identitätsstiftenden nationalen Symbol, das die Zugehörigkeit der Ostgebiete zum Deutschen Reich mythologisch verfestigen sollte. All dies war in den 20er Jahren nicht mehr geistig präsent. Es erfuhr vor dem Hintergrund der schmerzlichen Gebietsverluste des Versailler Vertrages jedoch eine ganz neue Bewertung. Erst im Rückblick der gedemütigten Nation wurde ein Tannenberg-Mythos geboren.

Ganz wesentlich war diese Entwicklung mit dem Zustand der deutschen Gesellschaft vor 1914 verbunden. Jahrelang hatte sich das wilhelminische Deutschland geistig und materiell auf den *casus belli* vorbereitet, das Soldatisch-Schneidige zum Idealbild der Gesellschaft erklärt. Nach dem verlustreichen Stellungskrieg mit seinen kräftezehrenden Materialschlachten drohten diese Anstrengungen vergebens gewesen zu sein. Ernüchterung über erlittenen Verlust und ein trotziges Dennoch, das den Widrigkeiten des als zutiefst ungerecht empfundenen Schicksals entgegengeschleudert wurde, kennzeichnete jene Haltung, die aus dem Sieg von Tannenberg einen Mythos werden ließ. In der zeitgenössischen Publikation des Reichsarchivs über die Schlacht von Tannenberg werden als Gründe für den militärischen Sieg der »harte Wille der Truppe zu siegen« – koste es, was es wolle – und »ihre gründliche Friedensschulung, nicht materielles Übergewicht« angegeben.[13] Den Durchhalteparolen des Zweiten Weltkriegs, als den bei Stalingrad 1942/43 Eingeschlossenen wider allen militärischen Verstand und bei flagranter Verletzung der Menschenwürde das Verharren bis zur letzten Patrone befohlen wurde, war in dieser und ähnlichen Veröffentlichungen vorgearbeitet worden.

Tannenbergs tieferer Sinn bestand darin, über die militärische Niederlage von 1918 hinweg die These vom erwählten Volk, vom deutschen Sonderbewußtsein zu bewahren und die sich dann auf den Schlachtfeldern des Zweiten Weltkriegs als so verhängnisvoll erweisende Fama in die Welt zu setzen, allein mit soldatischer Moral, mit dem Triumph des Willens ließe sich eine zahlenmäßige und materielle Übermacht bezwingen. »Kein anderes Volk hat dem [Metz, Sedan und Tannenberg, U. S.] ähnlich kriegerische Großtaten an die Seite zu stellen. – Das kann nicht Zufall sein. – Diese Erkenntnis soll jeden Deutschen mit Stolz erfüllen, sie soll ihn aufrichten in der Zeit der Not und Erniedrigung, sie soll ihm aber auch die Zuversicht geben, daß das Volk, das Tannenberg geschlagen hat, seine Geltung in der Welt behalten und die ihm gebührende Stellung wiedererringen wird, wenn es nur sich selbst treu bleibt und seiner großen Vergangenheit«, ist in der Tannenberg-Publikation des Reichsarchivs nachzulesen.[14] Es war deshalb nur folgerichtig, daß die Nationalsozialisten Tannenberg nach Hindenburgs Tod zum Reichsehrenmal erhoben. Als Anlaß dafür wählte Hitler die Bestattung des Generalfeldmarschalls im Jahr 1935. Eigens für diesen Zweck war die Anlage nach Hindenburgs Hinschied am 2. August 1934 umgebaut worden. Sowohl die Königsgruft in der Potsdamer Garnisonskirche als auch Tessenows Neue Wache dienten der letzten Ruhestätte des Reichspräsidenten dabei als Vorbild. Ein steinerner Wehrmachtssoldat bewachte das Portal der Gruft. Anstatt der Grabsteine ragten hinter den kubischen Sarkophagen Hindenburgs und seiner Frau Kreuze empor. Hindenburg, der Präsident, der Hitler zum Reichskanzler ernannt hatte, wurde mit politischem Kalkül zum Schutzpatron des Dritten Reiches erhoben.

Bedenkenlos vermischten die Nationalsozialisten dabei in sinnstiftender Absicht christliche Symbolik mit neuheidnischer Blut- und Bodenmystik, bedienten sich der Traditionslinien von Altpreußentum und Militarismus und festigten auf diese Weise den Anspruch des Dritten Reiches, in der Kontinuität der deutschen Geschichte zu stehen. 1935 wurde das zentrale Hochkreuz in der Mitte des Tannenbergdenkmals entfernt, um Raum für einen unverstellten Versammlungsplatz zu schaffen, auf dem sich bis zu 100000 Menschen zusammenfinden konnten. Gewissermaßen als Ersatz zierte von da an ein Kreuz den Turm, in dem Hindenburgs Sarkophag stand. Nur ein gutes Jahrzehnt wurde die Gruft Hindenburg zur letzten Heimstatt. Anfang 1945 sprengten Wehrmachtssoldaten das Tannenberg-Denkmal, damit die nationale Weihestätte nicht in die Hände der vorrückenden Roten Armee fallen konnte. Zu jenem Zeitpunkt hatte Hindenburgs Sohn bereits die Überführung der Särge seiner Eltern zunächst nach Königsberg veranlaßt, von wo aus sie mit dem Rückzug über Potsdam und der Auslagerungsstätte des Thüringer Salzbergwerkes Bernterode nach Kriegsende auf amerikanische Weisung in die Marburger Elisabethkirche verbracht wurden.

Der Hindenburg-Kult, den die Nationalsozialisten bald unterschiedslos für ihre Ideologie zu vereinnahmen wußten, konnte im Deutschland der frühen 30er Jahre nur deshalb auf so fruchtbaren Boden fallen, weil zu jenem Zeitpunkt die parlamentarische Demokratie als Staatsform nicht mehr von der Mehrheit der Deutschen akzeptiert wurde. In der politischen Krisensituation der 30er Jahre waren die Strukturprobleme des deutschen Parteienstaats längst offenkundig. In dieser politisch und wirtschaftlich angespannten Situation erwies sich die eigentliche Schwäche der Weimarer Republik. Die alten Eliten in Beamtenschaft, Diplomatie und Heer hatten nie ein inneres Verhältnis zum demokratischen Staat gewinnen können. Weimar war, viel bemühtes Diktum, zu einem ganz wesentlichen Teil immer auch Republik ohne Republikaner. Es entsprach deshalb der geistigen und politischen Entwicklung des Staats von Weimar, daß militärische Gesellschaftskonzeptionen sich Anfang der 30er Jahre immer mehr zum eigentlichen Gegenmodell des als unfähig beurteilten parlamentarischen Systems entwickelten. Der permanente Ausnahmezustand verlangte in den Augen vieler geradezu nach einer ordnenden militärischen Hand. Die Reichswehr war aufgrund der zahlenmäßigen Begrenzung, aber auch infolge des ihr maßgeblich vom langjährigen Generalstabschef Hans von Seeckt verordneten Sonderbewußtseins dazu bestimmt, Gegenpol zum demokratischen Parteienstaat zu werden. Hatte die Reichswehr beim Putsch des Generallandschaftsdirektors Kapp im Jahr 1920 noch politische Enthaltsamkeit geübt, so änderte sich dies mit der sich verschärfenden politischen Situation Ende der 20er Jahre. General Kurt von Schleicher, graue Eminenz im Reichswehrministerium, geistiger Vater des Präsidialkabinetts von Papen und im Dezember 1932 schließlich von Hindenburg selbst zum Reichskanzler ernannt, erklärte in seinen öffentlichen Reden 1932 die Reichswehr zum einzigen Garanten der Sicherheit Deutschlands.

Die militaristischen Gesellschaftskonzeptionen waren bewußtes Gegenmodell zu der als schwächlich und liberal diffamierten parlamentarischen Demokratie. In der Krise des Parteienstaats lag den Kanzlern der Präsidialkabinette, Papen und Schleicher, der Gedanke an den Staatsstreich nahe. Selbst die Idee der Wiedereinführung der Monarchie kehrte nun in zahlreichen Variationen wieder. Heinrich Brüning behauptete, durch seinen Sturz daran gehindert worden zu sein, im Sommer 1932 auf legalem Wege zur Monarchie zurückzukehren.[15] Der Wittelsbacher Kronprinz Rupprecht wurde in diesen Szenarien immer wieder als Kompromißkandidat für das Amt des deutschen Kaisers gehandelt. Der Vorteil seiner Wahl hätte vor allem darin bestanden, daß sie eine Wiederherstellung der Hohenzollernmonarchie verhindert hätte. Aber auch als bayrischer Generalstaatskommissar – gewissermaßen als Gegenlösung gegen die nationalsozialistischen Gleichschaltungspläne – war Rupprecht im Februar 1933 im Gespräch. Restaurative und revolutionäre Elemente verbanden sich in Weimars letzten Tagen auf eine in der Rückschau nicht immer leicht zu bestimmende Weise. Dies war das eigentlich Neue der militaristischen Konzeptionen am Ende der Weimarer Republik, die sie vom Militarismus älterer preußisch-deutscher Prägung abhob.

Die Reichswehr betrachtete sich in Verkennung der Realitäten als Kern des neuen Wehr-Staates. Die »konstitutionelle Republik«, die der Reichswehrführung unter General Kurt von Schleicher vorschwebte, war eine andere Republik. Der mit dem Ebert-Groener-Bündnis in Weimars Anfangsjahren begründete Ausgleich war damit aufgekündigt. Populäre Militärschriftsteller wie Kurt Hesse entwarfen Szenarien, die die totale Erfassung der Bürger vorsahen.[16] Die Nationalsozialisten hatten bei ihrer Machtübernahme deshalb verhältnismäßig leichtes Spiel. Militarismus als politisch-gesellschaftliches Phänomen erreichte am Ausgang der Weimarer Republik eine neue Qualität, die »Militarisierung der Volksgenossen« in nationalsozialistischer Zeit kündigte sich an: die Verbindung von sozialen mit nationalen Gedanken. Wenn Schleicher forderte, daß der Staat zum aktiven Träger des Wehrgedankens werden müsse, hatte er insbesondere die deutsche Jugend im Auge, auf die er bei seinen Hoffnungen auf ein »neues Deutschland« setzte: »Der Wehrgedanke muß der Kitt einer neuen Staatsgesinnung werden. Er muß zum heilenden Serum gegen die volkszersetzenden Giftstoffe eines selbstmörderischen Pazifismus der Staatsverleumdung und des Klassenkampfes werden. Opferbereitschaft,

Disziplin, Kameradschaft im Dienste des Vaterlandes müssen wieder nationale Tugenden werden und nicht nur Ideale der Wehrmacht bleiben.«[17] Die Sonderstellung des Militärs als »Staat im Staate«, seine Distanz zur politischen Führung, das über Parteigrenzen hinweg reichende antidemokratische Sonderbewußtsein – dies war der Nährboden, der den Nationalsozialisten mühelos erlaubte, Kontinuität vorzutäuschen und ein auf illusionären Erwartungen auf seiten der Reichswehr genährtes, auf seiten der NSDAP von kühlem Machtkalkül diktiertes, bis zum bitteren Ende der totalen Katastrophe dauerndes Bündnis von Wehrmacht und Nationalsozialismus zu schmieden. Es überrascht kaum, daß die Militarisierung neuen Typs, die für die deutsche Gesellschaft Anfang der 30er Jahre bezeichnend war, auch in der öffentlichen Denkmalsgestaltung ihre Spuren hinterließ. Die Darstellung des Kriegers erhielt einen noch stärker herausgehobenen Platz, sie wurde martialischer und selbstbewußter zugleich. Diese Entwicklung weist bereits über die Zeit der Weimarer Republik hinaus. Von daher erklärt sich, daß der vorherrschende Typus des Nationaldenkmals in Weimar-Deutschland, den Tannenberg verkörpert, auch nach der nationalsozialistischen Machtergreifung bestimmend bleiben konnte.

Auffallende Parallelen zur Geschichte des Tannenberg-Denkmals weist das Marinedenkmal in Laboe auf. Dies betrifft sowohl die zeitliche Entstehungsgeschichte und den künstlerischen Ausdruck als auch die politische Dimension dieses monumentalen Bauwerks. 1926 hatte der Marinebund die Errichtung eines Nationaldenkmals in Laboe bei Kiel beschlossen. Ein Jahr später erfolgte die Grundsteinlegung. 1936, am 20. Jahrestag der Skagerrakschlacht, wurde das Monument in Gegenwart Adolf Hitlers feierlich eingeweiht. An der politischen Widmung, der Sinngebung des Denkmals, hatte sich in dieser Zeit nichts geändert. Als 1927, bei der Grundsteinlegung, niemand anderes als der Kommandeur der deutschen Flotte in der Skagerrakschlacht, Admiral Scheer, den deutschen Willen zur Seegeltung zusammenfaßte, konnte er gewiß sein, daß die Mehrheit der Deutschen seinem martialischen Bekenntnis zustimmen würde: »Für deutsche Seemannsehr. Für Deutschlands schwimmend Wehr. Für beider Wiederkehr!«[18] Von da an verfügte auch die deutsche Kriegsmarine über ein Nationaldenkmal. Das Monument steht an der Kieler Außenförde. Es besteht aus einem sich nach oben verjüngenden Backsteinturm, der der Form nach einem Zeigefinger gleicht und den zur Landseite ein ringförmiger Ehrenfriedhof umgibt. Eine historische Halle und eine unterirdische, kreisrunde Kuppelhalle vervollständigen die Anlage. Sie unterstreichen den nationalen Weihecharakter des Marineehrenmals, den der spätere Oberbefehlshaber der Kriegsmarine, Admiral Raeder, bei der Einweihung wie folgt charakterisierte: »Ein Sinnbild unserer unwandelbaren Treue und Dankbarkeit, aber auch eine ständige Mahnung, an Pflichtauffassung und Opferbereitschaft jenen gefallenen Kameraden nachzueifern, deren Namen nun in der Weihehalle ihre bleibende Stätte gefunden haben.«[19] Die Niederlage blieb der Stachel im Fleisch und motivierte, zu neuen Ufern und besseren Zeiten aufzubrechen.

Deutschlands Wille zur Seegeltung kontrastierte mit der Realität der Bestimmungen des Versailler Vertrages, und er stand ganz im Gegensatz zur Bedeutung der kaiserlichen Kriegsmarine im Ersten Weltkrieg. Mit martialischer Rhetorik sollte übertönt werden, daß die Seefahrertradition des Deutschen Reiches mehr Wunschdenken als Wirklichkeit war. Der Traum der großdeutschen Patrioten, Großbritannien durch den U-Boot-Krieg und die Aushungerung in die Knie zu zwingen, hatte sich zu Jahrhundertbeginn als große Schimäre erwiesen. Bis 1916 lag die deutsche Flotte in den Seehäfen der Nord- und Ostsee vor Anker, ohne daß sie auf das Kriegsgeschehen irgendeinen Einfluß ausgeübt hätte. Die Fixierung auf die Skagerrakschlacht als dem einzigen traditionsbegründenden Ereignis des Ersten Weltkriegs zeigt das ganze Dilemma. Die Tirpitzsche Schlachtflotte, das Prestigeobjekt des kaiserlichen Deutschlands, hatte den unseligen Rüstungswettlauf zur See mit Britannien provoziert und damit wesentlich die Anspannung der internationalen Beziehungen der Vorkriegszeit verursacht. Der Ernstfall der Bewährungsprobe im Weltkrieg hingegen ist ihr versagt geblieben.

Der Schlachtflottenbau war vielleicht die größte Torheit des kaiserlichen Deutschlands. Die deutsche Nation bezahlte für den illusionären Traum von deutscher Seegeltung einen hohen Preis. Ohne die unselige Tirpitzsche Flottenpolitik hätte die deutsche Geschichte des 20. Jahrhunderts vermutlich einen anderen Verlauf genommen. Denn mit der Entscheidung zum Bau einer Risikoflotte forderte das Deutsche Reich ausgerechnet die Macht zum Rüstungswettlauf zur See heraus, der das eigentliche Bündniswerben

»Für deutsche Seemannsehr, für Deutschlands schwimmend Wehr, für beider Wiederkehr«. Mit dem 1936 eingeweihten Marinedenkmal von Laboe, einem sich nach oben verjüngenden Backsteinturm an der Kieler Außenförde, verfügte auch die deutsche Kriegsmarine über ein Nationaldenkmal. Die Seefahrertradition des Deutschen Reiches war freilich mehr Wunschdenken als Wirklichkeit.

hätte gelten müssen: Britannien. Alle diplomatischen Bemühungen des kaiserlichen Deutschlands um die Jahrhundertwende, sich mit der angelsächsischen Seemacht vielleicht doch noch zu verständigen, waren durch dieses Hindernis von nun an verstellt. Da halfen auch die Versicherungen des jugendlichen deutschen Monarchen Wilhelms II. nichts, der in jenem berühmt-berüchtigten *Daily-Telegraph*-Interview von 1908 verkündet hatte, die deutsche Flotte werde gar nicht gegen England gebaut, sondern sei vielmehr für den Fernen Osten bestimmt. Spätestens mit dem Bau eines neuen britischen Schlachtschifftyps – dem sogenannten Dreadnought-Sprung 1908 – war der Rüstungswettlauf zugunsten Britanniens entschieden, denn der Nord-Ostsee-Kanal war gar nicht breit genug, als daß die Deutschen ein der Dreadnought ebenbürtiges Schlachtschiff hätten vom Stapel laufen lassen können. Was blieb, war der Traum von der Seegeltung, die Sehnsucht des Bürgertums nach fernen Gestaden, die die Knaben in den Matrosenanzügen auf den Familienbildern verraten. Die Hybris von der Weltpolitik, an die Hitler mit seiner selbstgewählten Devise »Weltmacht oder Niedergang« anknüpfen konnte, hatten ihren sichtbarsten Vorläufer in der kaiserlichen Flottenpolitik. Sie wurde zum Symbol dessen, was den Weg in den Abgrund wies: ein nach außen gewandtes Prestigebedürfnis, die Mißachtung der Regeln der Diplomatie und der staatspolitischen Klugheit, jene Mischung aus auftrumpfender Großmannssucht, tiefer Verunsicherung über die eigene Rolle, ein durch Demütigungen und tatsächlich erlittenen Verlust hervorgerufenes Minderwertigkeitsgefühl, kurz, ein Mangel an Sicherheit, von dem die Denkmäler vom Kaiserreich bis in die Weimarer Republik immer wieder erzählen.

Architektur und politische Erfahrung bilden auch in der Zeit der Weimarer Republik eine untrennbare Einheit. Die Niederlage des Weltkriegs überschattete die Rückkehr zur Normalität. Sie stand im Zentrum einer entschieden politischen Architektur, die sich konsequent der Anerkennung des Status quo verweigerte, ganz auf vergangene Größe ausgerichtet war und damit unbewußt auf Kommendes hinwies. Die tiefe Zerrissenheit der deutschen Gesellschaft, die Unfähigkeit, mit der Hinterlassenschaft des verlorenen Krieges, mit der subjektiven und der objektiven Hypothek von Versailles fertigzuwerden, spiegeln sich in der Denkmalsarchitektur von Weimar wider. Ihr hervortretender Zug blieb die Unfähigkeit, sich auf ein gemeinsames Erbe zu verständigen. Die Anfälligkeit gegen neue Heilslehren erwuchs daraus. Die Denkmäler der Weimarer Republik waren alles andere als republikanisch.

Hybris und Nemesis:
In nationalsozialistischer Zeit 1933–1945

Der Heroismus und das Pathos des Nationalen, durch die der Denkmalskult der ausgehenden Weimarer Republik maßgeblich geprägt war, weisen bereits auf die für die Zeit des Nationalsozialismus charakteristische Monumentalarchitektur hin. Die Prägung durch das Kriegserlebnis, das alle Klassen und gesellschaftliche Gruppen einende Ziel der Wiederherstellung der nationalen Größe und Ehre, wie es sich durchgängig in der Erinnerungskultur der Weimarer Republik findet, leitet bruchlos in das Dritte Reich über. Dies heißt freilich nicht, daß die deutsche Geschichte zielgerichtet auf Hitler zugelaufen sei. Denn die Geschichte kennt keine Zwangsläufigkeiten. Es hätte immer auch ganz anders kommen können. Die Kontinuitätshistoriker unterschätzen diese grundsätzliche Offenheit der Geschichte, sie nehmen Partei, »vereinseitigen« die Geschichte, obwohl sich zwar nicht beliebig viele, doch immerhin zahlreiche Kontinuitätslinien aufzeigen lassen, je nachdem, welchen Standpunkt der Historiker einnimmt, welchen Einschnitt er wählt.[1] Nur vom Späteren her kann das Frühere nicht erklärt werden, dies wäre eine unzulässige teleologische Betrachtungsweise. Doch richtig ist auch: Ohne die Kenntnis des Früheren kann das Spätere nicht plausibel erfaßt werden. Der Faschismus war in den dreißiger Jahren des letzten Jahrhunderts ein gesamteuropäisches Phänomen – Action Française, italienischer Faschismus und deutscher Nationalsozialismus –, das auf älteren, teilweise sehr disparaten Wurzeln beruhte: christlicher Konservativismus à la Joseph de Maistres, kritischer Liberalismus à la Fustel de Coulanges, radikaler Konservativismus à La Tour du Pin, Gabriele d'Annunzios Irredentismus, Alldeutsche, Thule-Gesellschaft. Das Jahr 1933 steht damit im europäischen Kontext, der von der Krise des Liberalismus, vom Unbehagen an der Modernität, vom Aufstieg der Massen und der Entpersönlichung des Individuums, auch seiner Entchristianisierung geprägt ist. Und doch kann dies nicht hinreichend erklären, warum 1933 in Deutschland Hitlers Nationalsozialisten die Macht ergreifen konnten und warum gerade die Machtausübung der deutschen Nationalsozialisten mit einer nirgendwo sonst gekannten Radikalität und inhumanen Konsequenz in die Katastrophe geführt hat. Die Darstellung, wie es zur nationalsozialistischen Machtergreifung kam, kann deshalb nicht die Besonderheiten der deutschen Entwicklungen der ersten Jahrzehnte des 20. Jahrhunderts außer acht lassen. Auf den nationalsozialistischen Denkmalskult bezogen, bedeutet dies, daß ohne Kenntnis des Traumas von Versailles, ohne das Wissen um die Erfahrungen der Weimarer Republik ein tieferes Verständnis der nationalsozialistischen Vergangenheitspolitik nicht möglich ist.

Hitler war ein Geschöpf des 20. Jahrhunderts, den der politische Umbruch nach der militärischen Niederlage von 1918 nach oben und in die Politik gespült hatte. Die Kampfansage an die »Schmach von Versailles« wurde zum wichtigsten Punkt seines Programms, das trotz aller rhetorischen Bekenntnisse mehrdeutig und verschwommen blieb. In der Ablehnung des so bezeichneten Diktatfriedens konnte sich Hitler der Zustimmung der Deutschen sicher sein. Der eklektische Umgang mit Traditionen – einerseits das Bekenntnis zum nationalen Erbe, andererseits die Verheißung einer neuen Zeit – bildete den Schlüssel zum Erfolg Adolf Hitlers. Die Verschwommenheit der politischen Aussagen war gewollt, Hitlers Programm bewußt vage gehalten. Über den eigentlichen Charakter des nationalsozialistischen Regimes sollten die Deutschen mit Absicht im unklaren gehalten werden. Vor allem kam Hitler ein Anfang der 30er Jahre weit verbreiteter, diffuser Wunsch nach Veränderung entgegen. Denn die nationale Erhebung, die Hitler an die Macht trug, erwuchs in erster Linie aus der Sehnsucht nach etwas wirklich Neuem, nach politischer Ordnung und einem Schnitt, der mit den wechselvollen, unsicheren Zuständen des ungeliebten Weimarer Parteienstaats abschloß.

Es zählt zu den Paradoxien der Geschichte, daß sich die tatsächliche wirtschaftliche und politische Situation Deutschlands genau zu jenem Zeitpunkt zu entspannen begann, als Hitler nach der Macht griff. Das drückende Reparationsproblem war auf der Lausanner Schuldenkonferenz im Juli 1932 mit der Vereinbarung der Zahlung einer Restschuld durch das Deutsche Reich gelöst worden, der strikte Sparkurs der Regierung Brüning zeigte erste Wirkungen bei der Haushaltssanierung und auf dem Arbeitsmarkt, das Projekt einer Zollunion mit Österreich, das Außenminister Curtius so beharrlich verfolgt hatte, mußte zwar vorerst zu den Akten gelegt werden, doch gerade im Verhältnis zu Frankreich und Britannien wurde deutlich, daß sich Deutschlands außenpolitischer Spielraum vergrößert hatte.

Adolf Hitler war es in relativ kurzer Zeit gelungen, alle politischen Erwartungen und Vorstellungen seiner Zeit zu bündeln und auf seine Person zu konzentrieren. Es kam seinem Aufstieg zupaß, daß dem autoritären Staat in der Endphase der Weimarer Republik nachhaltig vorgearbeitet worden war. Was Hitlers Herrschaft verhieß, war im Deutschland der frühen 30er Jahre durchaus populär: autoritärer Staat, Ende der Parteien, Überwindung der Klassengegensätze, Mobilisierung der Massen, diffuse Modernität, nationales Pathos, charismatische Führung. Die Sehnsucht nach Überwindung des nationalen Traumas war die alle politischen Kräfte einende Klammer und damit Voraussetzung, daß Hitlers Täuschung gelingen konnte. Denn die Zustimmung der alten Eliten zum Nationalsozialismus gründete wesentlich auf dem Mißverständnis, den neuen Machthabern gehe es vorrangig darum, in einer aus den Fugen geratenen Welt die staatliche Ordnung und Deutschlands Ehre wiederherzustellen.

Dieses folgenschwere Mißverständnis hatte seine tieferen Gründe auch in Hitlers Persönlichkeit, deren politische Verortung sich seinen Zeitgenossen mit Eindeutigkeit entzog. Hitlers politischer Horizont war tief im 19. Jahrhundert verhaftet. Seine prägenden Jahre hatte er um die Jahrhundertwende in den Männerwohnheimen und Kaffeehäusern Wiens verbracht. In jenen Jahren muß sich Angelesenes und Erlebtes zu einem festen Ganzen zusammengefügt haben, einem dumpfen Gedankengebräu, das von der tiefen Ablehnung der Welt vor 1914, vom Unverständnis der Moderne, vom Haß auf Judentum und Bolschewismus sowie vom Glauben an die eigene Sendung geprägt war und im nachhinein als Hitlers Weltanschauung bezeichnet wird. Hitler selbst hat wiederholt darauf hingewiesen, daß seine politische Vorstellungswelt in der Zeit vor seinem 30. Lebensjahr entstanden war. Die innere Geschlossenheit dieses Gedankengebäudes ist bemerkenswert. Noch die letzte Phrasen im Bunker der Reichskanzlei anno 1945 bilden einen authentischen Aufguß dessen, was Hitler seit seinen Wiener Jahren immer wieder deklamiert und in seinem Kampf-Buch, dem

Produkt seiner Landsberger Festungshaft 1923, millionenfach unter die Deutschen gebracht hatte. Nichts ist dabei, was nicht schon vorher gedacht, gesagt oder geschrieben wurde. Originär ist lediglich die Konsequenz in der Durchführung, die technisch perfekte Planung des Mords an den Juden, die Dimension des Verbrechens, die ein für allemal das Urteil gefällt hat.

Hitler war Revolutionär gegen die Revolution. Der Nationalsozialismus löste einen in der Geschichte nie dagewesenen Modernisierungsschub aus. Im Einsatz der Medien – Volksempfänger und Völkischer Beobachter – und der Technik – Wahlreisen im Flugzeug und Volkswagen – war Hitler ganz auf der Höhe seiner Zeit. Hitlers Aufstieg war an die Bedingungen des Massenzeitalters gebunden. In einem von der Forschung lange übersehenen Maße hat die Herrschaft des Nationalsozialismus dazu beigetragen, daß das Massenzeitalter anbrechen konnte. Der Nationalsozialismus vereinte in sich moderne und zukunftsweisende Elemente – die Überwindung der Klassengesellschaft, Kraft durch Freude und Ansätze zu einer arbeitnehmerfreundlichen Sozialpolitik – mit einem antimodernistischen, rückwärtsgewandten und menschenverachtenden Menschenbild, mit Blut- und Bodenideologie und Rassenwahn, eine zivilisationsfeindliche Ideologie mit technikgläubiger Industriestaatlichkeit. Was hochtrabend als nationalsozialistische Weltanschauung daherkam, war ein buntes, pseudoreligiöses und pseudowissenschaftliches Gedankengebräu, das vor allem anderen dazu diente, den bedingungslosen Führungsanspruch Adolf Hitlers und seiner Partei zu untermauern, getreu dem von Hitlers Propagandisten, Joseph Goebbels, bereits 1932 formulierten Programm: »Wir werden die Macht niemals wieder aus der Hand geben. Man muß uns als Leichen heraustragen.«[2] Von daher versteht sich, daß die kühl kalkulierte Inszenierung, der Appell an die Emotion, auch der Mißbrauch der nationalen Symbolik ganz wesentlich zur Herrschaftsausübung, zur Festigung der erworbenen Macht beigetragen hat. Die Konsequenz, mit der von Anfang an Vergangenheit in den Dienst der nationalsozialistischen Sache gestellt wurde, ist nur vor dem Hintergrund begreifbar, daß die nationalsozialistische Ideologie zum Zeitpunkt der Machtergreifung wenigstens – und dies war entscheidend – in Hitlers Kopf abgeschlossen war und sich als geschlossene, scheinbar stimmige Welterklärungslehre präsentieren konnte.

Besondere Skrupel bei der Instrumentalisierung der Geschichte kann den Nationalsozialisten nicht nachgesagt werden. Unter dem Vorwand der Traditionspflege wurde die deutsche Geschichte auf die den Nationalsozialisten genehmen Teile zusammengestrichen. Cäsar und Augustus wurden eingedeutscht und in den Rang von Vorläufern erhoben, Widukind und Heinrich der Löwe der nationalsozialistischen Ahnengalerie einverleibt. Die Auswahl der Traditionsstränge erfolgte allein unter dem Gesichtspunkt der politischen Verwertbarkeit in der Gegenwart. Ein tausendjähriges Reich brauchte auch eine tausendjährige Vergangenheit. Was partout nicht in das Raster der Vorgeschichte des Dritten Reiches hineinpassen wollte, wurde einfach aus dem Zusammenhang der deutschen Geschichte ausgeklammert. Friedrich II. von Hohenstaufen galt als undeutscher Italienschwärmer, von den Habsburgern war so gut wie nie die Rede, und daß am Hofe Friedrichs des Großen vor allem Französisch gesprochen wurde, verschwiegen die Nationalsozialisten geflissentlich. Literatur, Kunst und allen voran die Architektur standen ganz im Dienst der sogenannten völkischen Erneuerung. Die Indienstnahme war zweifach. Zum einen bildete sie eine Brücke in die Vergangenheit, stellte sie das Dritte Reich in die Kontinuität von Antike, mittelalterlichen Ursprüngen und dem Heiligen Römischen Reich deutscher Nation. Zum anderen diente die Anlehnung an eine mythische Vergangenheit der pseudoreligiösen Weihe der Gegenwart, sie half den Machtanspruch zu legitimieren und dauernde Herrschaft zu begründen. Diese Prämissen sind zum Verständnis der in nationalsozialistischer Zeit geschaffenen Denkmäler und Repräsentationsbauten unerläßlich.

Zu den Propagandacoups der nationalsozialistischen Machtergreifung, denen eine gewisse Chuzpe nicht abgesprochen werden kann, zählt die Stilisierung der legalen Revolution zur nationalen Erhebung. Am »Tag von Potsdam«, dem 21. März 1933, wurden in der dortigen Garnisonskirche über dem Grab Friedrichs des Großen die Insignien des Reiches vom Reichspräsidenten in die Hände des »böhmischen Gefreiten« gelegt. Hindenburg verweilte einen Augenblick vor dem leeren Stuhl des Kaisers und hob grüßend den Marschallstab. Hitler war zum Zeremoniell ganz als Bürger im schwarzen Cutaway und mit Zylinder erschienen. Er war ein Meister der Camouflage und verstand sich trefflich darauf, die rechte Geste zum geeigneten Zeitpunkt zu finden. Die Geschichte des Nationalsozialismus ist auch die Geschichte seiner Unterschätzung, und dies hängt ganz wesentlich mit Adolf Hitler zusammen. Hinter der Maske scheinbarer bürgerlicher Wohlanständigkeit verbarg sich die revolutionäre Kraft des sozialen *Declassé*, der in seinem Größenwahn und seiner grenzenlosen Ichbezogenheit geradezu vom Willen besessen war, die Fesseln der persönlichen Biographie zu sprengen und den Gang der Weltgeschichte seinen eigenen Lebensgesetzen zu unterwerfen. Hitlers Vita lehrt, daß innere Geschlossenheit und Flexibilität bei der Wahl der Mittel keine Gegensätze sein müssen. Die Attraktivität des Nationalsozialismus beruhte gerade auf seiner Unschärfe, mit der es gelang, weite Kreise der deutschen Gesellschaft zu täuschen und Nicht-Zusammengehöriges zusammenzubringen.

Die zentrale Rolle der Architektur bei der Ergreifung und dem Ausbau der nationalsozialistischen Macht hat ihre wesentlichen Gründe in der Person und im Politikverständnis Adolf Hitlers. Denn Hitler, einst Postkartenmaler und von der Wiener Kunstakademie wegen Mangels an Talent als Student abgewiesen, verstand sich selbst als Künstler und glaubte, daß er bei einer anderen Gestaltung seines Lebens, »ein guter und bekannter Architekt geworden« wäre.[3] Architektur und politische Ziele bildeten bei Hitler eine Einheit. Leitend war für ihn die Auffassung, daß sich die Größe einer Zeit nicht nur nach den politischen Ereignissen bemessen lasse.

Auch die Auffassungen über Architektur waren bei Hitler zum Zeitpunkt seiner Machtergreifung ausgereift. Im wesentlichen waren sie in den Jahren vor 1914 entstanden. Hitler bevorzugte den klassizistischen Baustil, wie ihn Hansen und Semper im Wien des 19. Jahrhunderts geprägt hatten, und er besaß eine Schwäche für reiche, überladene Architektur, wie sie gerade für das dem Verfall zuneigende klassizistische Wien des ausgehenden 19. Jahrhunderts typisch war. Auf der Suche nach prägenden künstlerischen Einflüssen Hitlers stößt man rasch auf den Münchner Architekten Paul Ludwig Troost. Hitler rühmte Troost in späteren Jahren als den »Lehrmeister unserer Zeit«, und es besteht kein Zweifel, daß der strenge klassizistische Staatsstil Troosts, der Säulen, Pfeilern und Gebälk bei seinen auf besondere Würde bedachten Bauten eine herausgehobene Rolle zuwies, die nationalsozialistische Architektur ganz erheblich beeinflußt hat. Hitlers Begegnung mit

Troost und die ersten gemeinsamen Baupläne reichen in die späten 20er Jahre zurück. 1929 hatte Hitler Troost, der sich als Ausstatter der Luxusdampfer der norddeutschen Lloyd einen Namen gemacht hatte, bei der Verlegerfamilie Bruckmann in München kennengelernt. Diese Begegnung führte dazu, daß Troost auf Hitlers Wunsch in München das von der NSDAP erworbene Palais Barlow in der Brienner Straße, besser unter seinem späteren Namen »Braunes Haus« bekannt, im Inneren umgestalten sollte. Ebenfalls noch vor der Machtergreifung befaßte sich Troost mit Plänen für ein Forum der Partei am Münchner Königsplatz.

Architektur und Parteiherrschaft waren in Hitlers Kalkül untrennbar verwoben. München sollte in symbolträchtiger Verschränkung »Hauptstadt der Bewegung« und »Hauptstadt der deutschen Kunst« sein. Mit München verband Adolf Hitler zeit seines Lebens ein besonderes emotionales Verhältnis. Hier wollte er einst begraben werden. In den Wirren des nachrevolutionären München hatte der Kriegsheimkehrer Adolf Hitler seine ersten tastenden politischen Gehversuche unternommen. Von München aus setzte die nationalsozialistische Bewegung zu ihrem Griff nach der politischen Macht im Deutschen Reich an. In München pflegte Hitler auch in späteren Jahren einen Lebensstil, der deutlich weniger förmlich war als derjenige, der sein Leben in der Hauptstadt kennzeichnete. Anders als in Berlin, suchte er in München auch als Reichskanzler Kaffeehäuser und Restaurants auf. Stundenlang konnte Hitler anschließend mit Troost in dessen Münchner Atelier über Entwürfen brüten. In München war er, wie sein früher Biograph, der Emigrant Konrad Heiden, bereits 1936 schrieb, der Mann, »der in der Carlton Teestube am Maximiliansplatz ein halbes Dutzend Mohrenköpfe verschlingt, der im Deutschen Theater selig dem Jongleur Rastelli zuguckt, der an einem Tag zweimal im Kino sitzt, den Arm um die begleitende Dame gelegt«.[4]

Es war deshalb kein Zufall, daß die ersten bedeutenden Denkmäler der Nationalsozialisten in München entstanden. Im Oktober 1933 erfolgte an der Münchner Prinzregentenstraße die Grundsteinlegung für das von Troost konzipierte »Haus der Deutschen Kunst«. Ebenfalls nach den Plänen von Paul Ludwig Troost entstanden auf dem Münchner Königsplatz die beiden den »Gefallenen der Bewegung« geweihten »Ehrentempel der Deutschen Kunst«. Diese erinnern daran, daß die nationalsozialistische Ar-

Das »Haus der Deutschen Kunst« in München, erbaut 1933–1937 nach Plänen von Paul Ludwig Troost

chitektur in wesentlichen Teilen immer auch Aufmarscharchitektur gewesen ist. Die Bauwerke bildeten die steinerne Kulisse für martialische Demonstrationen der gerade erlangten Macht. Diese Aufmärsche waren Prozessionen einer zur neuen Staatsreligion erhobenen säkularisierten Heilslehre. Schon die Bezeichnung Ehrentempel weist auf den pseudoreligiösen Weihecharakter der nationalsozialistischen Repräsentationsbauten hin, als deren Prototyp die von Troost konzipierten Münchner Bauwerke angesehen werden können. Sie nehmen fast alle charakteristischen Stilelemente vorweg, die sich in der nationalsozialistischen Monumentalarchitektur der späteren Jahre finden.

Nach Troosts Plänen wurde 1933/34 der von Leo von Klenze unter dem bayerischen König Ludwig I. gestaltete Königsplatz zu einer monumentalen Platzanlage umgewandelt. In zwei dem Motiv der Pergola nachempfundenen Ehrentempel wurden die gußeisernen Sarkophage der sechzehn zu Märtyrern der Bewegung stilisierten Toten aufgebahrt, die beim gescheiterten Hitlerputsch vom 9. November 1923 ums Leben gekommen waren. Auf den Särgen standen die Worte »Der letzte Appell«, und unter dem Reichsadler waren die Namen der beim Marsch auf die Feldherrnhalle Gefallenen eingemeißelt. Seine eigentliche Weihe erhielt der Ehrentempel in München jedoch erst durch das ab 1935 wiederkehrende Gedenkritual. Der Königsplatz war für den Zweck des Massenaufmarsches nach antikem Vorbild eigens mit Steinquadern bepflastert worden, und Hitler ließ es sich von da an nicht nehmen, Jahr für Jahr am Gedenktag an den Blutzoll der alten Kämpfer – »den ersten Opfergang unserer Bewegung« – zu erinnern, wie eine auf den gescheiterten Putsch des Jahres 1923 gemünzte, in den Ansprachen wiederkehrende Propagandaformulierung lautete.[5] Das Zeremoniell sah vor, daß die Namen der sechzehn Toten vom Gauleiter von München verlesen und von der abgeordneten Ehrenwache mit einem geschmetterten »Hier« beantwortet wurden.

Vergangenheit und politische Gegenwart sollten ebenso zu einer Einheit verschmelzen wie der Anspruch der Identität von Staat und Partei im wiederkehrenden Ritual bekräftigt wurde. Die Interessen der Partei sollten von denen des Staates nicht mehr unterschieden werden. Unterstrichen wurde diese Auffassung dadurch, daß die beiden Ehrentempel auf dem Königsplatz in München zwei Gebäude umgaben, die das persönliche Büro Adolf Hitlers und die Zentrale der NSDAP beheimateten. Die Mythisierung durch Beschwörung vormoderner Lebensformen und die Überhöhung des Leitbildes des lebenslangen Kampfes gehörten zum nationalsozialistischen Daseinsprinzip. Albert Speer hat zutreffend darauf verwiesen, daß die »fast religiös-mystische Funktion, die Hitler der Partei übertrug [...], die *praktische* [Hervorhebung im Original, U. S.] Voraussetzung zur Schaffung seiner nationalsozialistischen Volksgemeinschaft gewesen sei«.[6] Hitler benutzte die Formel von der Volksgemeinschaft, um damit den Mythos von der klassenlosen Gesellschaft zu schaffen und seine Vorstellung von der Herrschaftsausübung besser durchsetzen zu können. Die Partei wurde dabei für ihn Mittel zum Zweck, ein willfähriges Instrument, das er in den Dienst seiner politischen Ziele stellte. Und diese, daran bestand sehr früh kein Zweifel, waren auf absolute Herrschaft ausgerichtet.

Im politischen Alltag des Dritten Reiches freilich waren Staat und Partei weit von wirklicher Einheit entfernt. Denn mit dem

Nach den Plänen von Paul Ludwig Troost entstanden auf dem Münchner Königsplatz die beiden den »Gefallenen der Bewegung« geweihten »Ehrentempel der Deutschen Kunst«. Die nationalsozialistische Architektur war immer auch Aufmarscharchitektur, die Aufmärsche Prozessionen einer zur neuen Staatsreligion erhobenen säkularisierten Heilslehre.

Primat der Partei war es oftmals nicht weit her. Vielmehr waren persönliche Rivalitäten und Kompetenzstreitigkeiten Charakteristika des Hitlerstaates. Gerade innerhalb der einzelnen Parteigruppierungen waren sie besonders ausgeprägt. Eine unklare Aufgabenverteilung, Ämterchaos und sich befehdende Organisationen förderten den von Hitler gewollten Dauerclinch, denn dies war der beste Garant, damit Hitler seine eigene, auf absolute Macht zielende Stellung ausbauen konnte. Die Polarität von politischer Bewegung und staatlicher Bürokratie wurde von Hitler als verbrämende Formel für die dichotome Herrschaftsausübung ausgerufen. Die NSDAP wurde zur alleinigen Trägerin der Staatsgewalt erhoben, ohne diese je zu besitzen. Die wirkliche Klammer zwischen Staat und Partei war Adolf Hitler selbst.

Das Führerprinzip legitimierte die absolute Befehlsgewalt des Führers und begründete damit eine Machtfülle, der keine Grenzen gesetzt waren: Staat, Partei und Wehrmacht waren dem Willen des »Führers« untertan. Die blutige Abrechnung mit seinen innerparteilichen Gegnern am 30. Juni 1934, unter dem irreführenden Namen »Röhmputsch« in die Geschichte eingegangen, nutzte Hitler, um sich von zeitgenössischen Staatsrechtslehrern als »höchster Gerichtsherr« salvieren zu lassen. Den Worten des »Führers« wurde rechtsetzender Charakter zuerkannt. Hitler war schon sehr bald nach der Machtergreifung mehr als der plebiszitär akklamierte Führer einer populären Massenbewegung. Zweifel an seiner Politik waren nicht erlaubt. Die Inszenierung des Hitler-Mythos, die pseudoreligiöse Weihe der aus der Ordnung herausgelösten Führergestalt wurde von den Deutschen mit Glauben und Hingabe beantwortet. »Führer der Nation« – durch diesen Titel umgab sich Hitler mit dem Nimbus der Unfehlbarkeit. Unzulänglichkeiten, Verfehlungen, auch Verbrechen wurden mit der salvatorischen Formel »Wenn das der Führer wüßte« aus dem Verantwortungsbereich Hitlers herausgehalten. Der Widerspruch, in dem dies dazu stand, daß im Dritten Reich fast alles – selbst Entscheidungen über Krieg und Frieden – als »persönliche Entscheidungen des Führers« deklariert wurden, schien wenig auszumachen. Zu den feinsinnigen Registern der Inszenierung gehörte, daß sich Hitler bei seinen öffentlichen Auftritten gerne in betont schlichter, brauner Uniform präsentierte. Die Montur des »alten Kämpfers« war dabei für den Diktator indes nur Mittel, sich von seiner prunksüchtigen Entourage abzusetzen und als Mann des Volkes zu stilisieren, auf Nähe und Distanz zugleich kalkulierend.

Ausbau und Festigung der Macht gingen im Nationalsozialismus einher mit Sinnstiftung. Ein Militarismus neuer Form war dabei ebenso Mittel wie Zweck. Auch die Botschaft des Münchner Gedenkrituals erinnert daran: Der Kampf der Nationalsozialisten sollte nicht vergebens gewesen sein. Der Münchner Ehrentempel führte vor allem diese zentrale sinnstiftende Absicht der nationalsozialistischen Architektur vor Augen. Mit seiner Quintessenz aus der Erinnerung an den Novemberputsch von 1923 – »Kameraden, ihr habt doch gesiegt« – schuf Hitler der nationalsozialistischen Bewegung nicht nur einen Mythos, er hob die Gefallenen der Bewegung auf eine Stufe mit den Helden empor, die auf den Schlachtfeldern des Ersten Weltkrieges ihr Leben gelassen hatten, und suggerierte damit denjenigen, die im Zweiten Weltkrieg den Verlust ihrer Angehörigen zu beklagen hatten, daß sie durch eine ruhmvolle Zukunft für ihre Opfertat entschädigt würden.

Krieg war für Hitler die stärkste und klassischste Ausprägung des Lebens, Kampf das Grundprinzip der politischen Wirklichkeit im nationalsozialistischen Deutschland. Von früh auf findet sich bei Hitler die Kriegsbejahung als eine Selbstverständlichkeit. Die *Lingua Tertii Imperii* strotzt nur so von Anlehnungen an eine martialische Kampfrhetorik. Es gab eine Front der Arbeit, ein Nationalsozialistisches Kraftfahrerkorps, und selbst die Freizeitorganisation der Nationalsozialisten hieß »Kraft durch Freude«. Die militärische Organisationsform war das Strukturprinzip der Führerdiktatur. Von der Wiege bis zur Bahre war das Leben im Nationalsozialismus paramilitärisch organisiert. Nichts wurde dem Zufall überlassen. Deutschland glich einem Kasernenhof. Das deutsche Volk wurde als des Regierens unmündig erachtet, der Staatsbürger entmündigt. Willkür, Zwang und Terror wurden zu alltäglichen Begleiterscheinungen der nationalsozialistischen Herrschaft.

Die dominierende Rolle des militärischen Zeremoniells in der nationalsozialistischen Ideologie wird besonders deutlich in der Aufmarscharchitektur der Nürnberger Reichsparteitage. War München als Hauptstadt der Bewegung in der nationalsozialistischen Ideologie eine besondere Rolle zugedacht, so bewies Hitler auch bei der Wahl Nürnbergs zur »Stadt der Reichsparteitage« ein untrügliches Gespür für Inszenierung. Die Charakteristika der nationalsozialistischen Denkmalspolitik – das ambivalente Verhältnis zur Tradition, die Auslöschung des Individuums durch den Staat, die Monumentalität der Architektur, politisch instrumentalisierter Heroismus, der Mißbrauch von Tradition und Geschichte, das kultische Zeremoniell – lassen sich in der räumlichen Verdichtung von 16 Quadratkilometern auf dem Nürnberger Reichsparteitagsareal geradezu exemplarisch studieren. Die Denkmäler und Repräsentationsbauten des Nationalsozialismus waren als »Worte aus Stein« von Anfang an Teil der Propagandamaschinerie. Zu den wiederkehrenden Elementen zählte der Rückgriff auf religiös-kultische Elemente und die Indienstnahme mittelalterlicher Versatzstücke der deutschen Vergangenheit, die das Dritte Reich in die positive Kontinuität der deutschen Geschichte rücken sollten. Die mit den Bauten verbundene politische Absicht weist der nationalsozialistischen Architektur ihre Bedeutung bei der Auseinandersetzung mit Herrschaftspraxis, politischem Programm und Weltanschauung Hitlers zu, da sie – vermutlich unverstellter als andere Bereiche – Auskunft gibt über Adolf Hitlers letzte Ziele.

Die Nürnberger Architektur war vor allem auf Wirkung bedacht. Der Nationalsozialismus beanspruchte in seiner Architektur, Einzigartiges, in der Geschichte bis dahin nie Dagewesenes hervorzubringen, und doch – dies wird in Nürnberg überaus deutlich – kam er nicht ohne Anleihen bei einer älteren Vergangenheit, bei Vorbildern aus dem alten Rom, dem antiken Griechenland oder, weniger weit zurückliegend, bei den Machtphantasien des bonapartistischen Frankreich des 19. Jahrhunderts aus. Die Gewolltheit der Kulisse, die auf die Sprengung der bis dahin dagewesenen Dimension zielt, verrät zugleich die Unsicherheit des Parvenu und den *vanitas mundi*-Gedanken, die tiefsitzende Angst der Nationalsozialisten vor der Vergänglichkeit alles Irdischen, die Furcht, entgegen aller chiliastischen Rhetorik könne das Tausendjährige Reich doch nicht für die Ewigkeit bestimmt sein.

Die Absicht der Überwindung von Zeit und Raum war vielleicht der auffälligste Zug der nationalsozialistischen Architektur, der Superlativ des nationalsozialistischen Programms auch in der Architektur: »Niemals wurden in der Geschichte größere und edlere Bauwerke geplant, begonnen und ausgeführt als in unserer Zeit [...] Deshalb sollen diese Bauwerke nicht gedacht sein für das Jahr

1940, auch nicht für das Jahr 2000, sondern hineinragen, gleich den Domen der Vergangenheit, in die Jahrtausende der Zukunft«[7], mit diesen Worten sprach sich Adolf Hitler in seiner Kulturrede – traditionell der Höhepunkt des Reichsparteitags – 1937 in Nürnberg selbst Mut zu. Bei nahezu jeder Gelegenheit wurden die Machthaber nicht müde zu betonen, daß die Bauten des Dritten Reiches für die Ewigkeit bestimmt seien. Albert Speer sollte in seiner Theorie vom Ruinenwert dafür später die theoretische Grundlage nachliefern. Noch als Ruinen müßten diese Bauwerke ansehnlich sein, so wie einst die Bauten des *Imperium Romanum* »als Standbilder oder Mahnmale einer Vergangenheit, einer vergangenen historischen Epoche« geblieben seien.[8]

Eng damit hängt die von Hitler wiederholt geäußerte Überzeugung zusammen, daß Denkmäler und Repräsentationsbauten erst dann ihre beabsichtigte Wirkung entfalten könnten, wenn sie noch von ihm selbst genutzt wurden. Die Parole, die er seinem Architekten auf den Weg gab, ließ nichts an Eindeutigkeit zu wünschen übrig: »Das sage ich Ihnen, Speer, diese Bauten sind das Wichtigste! Sie müssen alles dransetzen, sie noch zu meinen Lebenszeiten fertigzustellen. Nur wenn ich selber noch in ihnen gesprochen und regiert habe, bekommen sie die Weihe, die sie für meine Nachfolger brauchen.«[9] Das Vertrauen Hitlers in seine präsumptiven Erben war offenkundig wenig ausgeprägt, wenn er gegenüber Speer einräumte, nur durch die Weihe der Paläste würden einige seiner Nachfolger überhaupt erst in die Lage versetzt, sich auf ihren Posten zu halten. Die nationalsozialistischen Pläne für Nürnberg und für Berlin folgten dieser Logik. Nach den ursprünglichen Vorstellungen wären spätestens 1950 die Nürnberger und die Berliner fertiggestellt gewesen. Hitler wäre dann in seinem 61. Jahr gestanden, hätte die Vollendung seiner Repräsentationsarchitektur aller Voraussicht nach persönlich erlebt. Die Architektur nahm gewissermaßen die Siege vorweg. Denkmäler wurden errichtet, noch bevor die Schlachten gewonnen waren. Auch dies sucht in der Geschichte vergebens nach Parallelen und offenbart das Dilemma der braunen Elite, ihrer Hybris, mit der sie die Begrenzung und Endlichkeit alles Menschlichen nicht ertragen wollte, und die die Nemesis der deutschen Katastrophe als konsequente Antwort erscheinen läßt.

Der immense Zeitdruck, unter den Hitler seine Helfer setzte

und der auch die Weltkriegsplanungen des deutschen Diktators entscheidend bestimmte, hat seine unmittelbare Ursache in Hitlers Biographie. Er hängt vor allem mit Hitlers Angst zusammen, nicht alt und mit der Verwirklichung seiner Vorhaben nicht fertig zu werden. Es ist deshalb auch mehr als ein zufälliges zeitliches Zusammentreffen, wenn Hitler seine Entscheidung zum Ausbau Berlins zur Welthauptstadt Germania 1937 verkündete, im selben Jahr, als der Diktator zum ersten Mal in dem von Hoßbach protokollierten Gespräch gegenüber führenden Militärs seine weitreichenden Pläne einer Weltblitzkriegsstrategie offenbarte.

Auch bei der Auswahl Albert Speers hat die Zeitfrage eine erhebliche Rolle gespielt. Albert Speer war zu dem Zeitpunkt, als er in Hitlers Blickfeld trat, gerade 32 Jahre alt. Er war damals, jedenfalls in den Augen Hitlers, eine noch formbare Persönlichkeit, der gegenüber Hitler, der sich selbst als Künstler verstand, keine Minderwertigkeitsgefühle zu hegen brauchte. Die bevorzugte Behandlung, die Speer am Hof des Diktators genoß, folgte dem besonderen Stellenwert, die der Architektur in Hitlers politischer Vorstellungswelt zukam. Baupläne waren beinahe das einzige Thema, das der »Führer« zu jeder Tages- und Nachtzeit zu erörtern bereit war. Noch in der gespenstischen Bunkerwelt, im Inferno des Frühjahrs 1945, als das Reich zu großen Teilen bereits in Schutt und Asche lag, erging sich Hitler in Phantastereien über die Pläne für den Wiederaufbau seiner Heimatstadt Linz.[10]

Als einzigem aus Hitlers innerem Kreis war es Speer gelungen, eine persönliche Beziehung zum Diktator aufzubauen, die in ihrer Ambivalenz auf schwer zu bestimmende Weise Elemente von Freundschaft, gegenseitiger Bewunderung, auch Geistesverwandtschaft enthielt und die Speer selbst als »magischen Bann« charakterisierte.[11]

Da kein anderer Name ähnlich eng mit den Denkmälern des Nationalsozialismus verbunden bleibt wie derjenige Speers, lohnt ein kurzer Blick auf dessen Biographie. Speers Aufstieg zu Hitlers Architekten war steil und scheinbar unaufhaltsam. Er vollzog sich innerhalb weniger Monate und wurde von einer Reihe von eher zufälligen Umständen begünstigt. 1932 war Speer über einen Kreis gleichgesinnter Kommilitonen im Seminar seines akademischen Lehrers Heinrich Tessenow zur nationalsozialistischen Bewegung gestoßen. Kleinere Aufträge für die NSDAP ließen Hitler auf den jungen Architekten aufmerksam werden. Der frühe Tod von Hitlers Lieblingsarchitekt Troost im Januar 1934 katapultierte Speer an die erste Stelle. Entscheidend zur Festigung der führenden Position Speers in der nationalsozialistischen Hierarchie trug Speers eigene Leistung bei, mit der es ihm gelang, den nationalsozialistischen Kundgebungen jene spezifische Weihe zu verleihen, die den Totalitätsanspruch der nationalsozialistischen Ideologie begründete. Bei der Kundgebung zum 1. Mai 1933 auf dem Tempelhofer Feld in Berlin hielt er sich an Goebbels' Vorgabe, der die Umwandlung des traditionellen Tags der Arbeiterbewegung zum nationalsozialistischen Feiertag »in großem Rahmen« aufziehen wollte und die Parole ausgegeben hatte, »zum ersten Mal das deutsche Volk in einer einzigen Demonstration zusammen[zu]fassen.«[12] Auf dem Bückeberg bei Hameln organisierte er im Oktober 1933 eine zentrale Erntedankfeier im Sinne der Nationalsozialisten als »rituelle Beschwörung der Blut- und Bodenideologie«[13], indem er den die Versammlung umschließenden Erdwall mit einer dichten Folge von schwarz-weiß-roten und mit Hakenkreuzfahnen bekrönte.

Speers eigentliche Bewährungsprobe indes blieb die architektonische Gestaltung der Nürnberger Reichsparteitage, für die er seit 1933 verantwortlich zeichnete. Für Nürnberg als wiederkehrenden Versammlungsort der nationalsozialistischen Großkundgebungen sprach nicht nur die verkehrsgünstige Lage. Eine bessere Kulisse war im ganzen Reich nicht zu finden. Im späten Mittelalter war Nürnberg in den Rang einer der führenden europäischen Städte aufgestiegen. Als »des Reiches Schatzkästlein« wurde die Freie Reichsstadt, die Heimat von Hans Sachs und Albrecht Dürer, vor allem im 19. Jahrhundert zum Inbegriff jener romantisierenden Verklärung altdeutscher Lebenswelten, von der Wagners Meistersinger ein bleibendes musikalisches Zeugnis geschaffen haben. Der von einer mächtigen mittelalterlichen Mauer aus Sandsteinquadern umgebene Stadtkern, Kaiserburg, Sinwellturm, Sebalduskirche, die Butzenscheiben des an die Moritzkapelle am Sebalder Platz angebauten Bratwurstglöckleins verkörperten in ihrer altertümlichen Unterteuftheit ein romantisch mythisiertes, lebendiges Mittelalter. Von daher erklärt sich, daß Hitler beim »Reichsparteitag des Sieges« im September 1933 verkündete, daß »für alle Zukunft« die Reichsparteitage in der Frankenstadt stattfinden sollten. Bereits

1923 hatten die Völkisch-Nationalen in Nürnberg am Sedanstag zur Erinnerung an die den Franzosen 1870 zugefügte Niederlage ihre sogenannten Deutschen Tage abgehalten, und 1927 und 1929 waren hier die Nationalsozialisten zu ihren Parteitagen zusammengetreten. Speer verstand es, diese Kulisse in Erfüllung der nationalsozialistischen Propaganda mit immer raffinierteren Methoden zu nutzen. Die Hauptachse des Parteitagsgeländes, die »Große Straße«, war auf die Kaiserburg gerichtet, und auch der Reichsmythos wurde geschickt in die Regieführung einbezogen, wenn etwa die Ehrengäste des »Parteitags der Freiheit« im Jahr 1935 als Geschenk die Reproduktion des kaiserlichen Reichsschwertes erhielten.

Auch in Nürnberg konnte Speer an Pläne Paul Ludwig Troosts anknüpfen, die die Bebauung des Luitpoldparks mit einer Kongreßhalle, Arena und Tribünen vorsahen. Speers Vorstellungen, die er erstmals 1934 in einem Gesamtplan zusammenfaßte, gingen jedoch weit darüber hinaus. Im gleichen Jahr errichtete Speer auf dem Zeppelinfeld, wo 1933 die nationalsozialistische Prominenz noch von einer Holztribüne den Vorbeimarschierenden herabsalutierte, nach dem Vorbild des Pergamonaltars und in den Dimensionen der römischen Caracallathermen eine steinerne Tribüne. Mit relativ einfachen Mitteln verstand es Speer, effektvolle Kunstgriffe zu arrangieren: »Fahnen, Masten, Lichter, Tribünen, Menschen sind die äußerst ursprünglichen Mittel, mit denen der Architekt Wirkungen erzielt, die vielleicht gerade wegen ihrer Primitivität so stark und so groß sind«, charakterisierte Speers Mitarbeiter Rudolf Wolters 1943 in einer panegyrischen Biographie dessen Erfolgsgeheimnis.[14] Die berühmteste Erfindung Speers, die dauerhaft mit seinem Namen verbunden bleibt, die gewaltige Raumschöpfung des Lichtdomes, 1937 auf dem Nürnberger Reichsparteitag zum ersten Mal ins Werk gesetzt, nutzt einen an und für sich einfachen Kunstgriff: Rings um das Parteitagsgelände aufgestellte Flak-Scheinwerfer produzierten Lichtbündel, die sich in 16 Kilometer Höhe vereinigten und den Eindruck gotischer Kathedralen vermittelten. Der damalige britische Botschafter in Berlin, Nevile Henderson, war von dieser Inszenierung so tief beeindruckt, daß er auch noch im Rückblick nach Kriegsausbruch die Lichtdome als »feierlich und schön zugleich« bezeichnete und vom bleibenden Eindruck schrieb, so als habe man sich im Innern einer Kathedrale aus Eis befunden.[15]

Die Inszenierungen der Nürnberger Reichsparteitage bereiteten die Auslöschung des Individuums durch den Staat vor.

Die alljährlichen Parteitage glichen in der Form eher mittelalterlichen Heerschauen als Parteiversammlungen im heutigen Sinn. Mit den Programmdiskussionen, kontroversen Debatten über Anträge und Leitlinien, wie sie für die Parteikongresse der parlamentarischen Demokratie typisch sind, hatten die Nürnberger Inszenierungen der NSDAP nichts zu tun. Die Partei bildete in der politischen Wirklichkeit des Dritten Reiches nur die Kulisse, die Hitler brauchte, um zu verkünden, was für den Diktator längst schon beschlossene Sache war. Hitler war und blieb bis zum Schluß unbestrittener Herr im Dritten Reich. Der Nürnberger Parteitag folgte einem immer gleichen Ablauf. Erst durch das wiederkehrende Ritual erhielt das Denkmal seine eigentliche Bedeutung. Kunstwerk und politische Führungskunst bildeten eine Einheit. Die kultischen Elemente waren unübersehbar: die alljährliche Eröffnung der Parteitage durch eine Aufführung von Richard Wagners »Meistersingern« mit Furtwänglers Berliner Staatsoper, die morgendliche Abnahme des Fahnenappells der Hitlerjugend durch Hitler vom Balkon des Hotels Deutscher Hof, die fahnenschwenkenden Formationen und die durch Scheinwerfer und Marschmusik unterstrichenen Effekte, der hinausgezögerte Rednereinsatz Hitlers, die immer gleiche Ankündigung durch den Zeremonienmeister des Parteikongresses, den Stellvertreter des Führers in Parteiangelegenheiten, Rudolf Heß, schließlich die mehrstündige »Kulturrede« Hitlers als Höhepunkt – alles war sorgfältig inszeniert.

Speers historische Vorbilder entstammen der dorischen Welt, den Kunsttempeln Delphis. Aber auch seine Inspiration bei den Bauwerken der französischen Revolution ist in der kolossalen Architektur Nürnbergs erkennbar. Am ehesten gibt der Begriff des großflächigen Neoklassizismus den Stil der nationalsozialistischen Monumentalarchitektur wieder. Jahr für Jahr gestalteten sich Speers Pläne in Nürnberg gigantischer. 1935 wurde ein Zweckverband Reichsparteitagsgelände eingerichtet, die Kosten für den Ausbau mit 800 Millionen Reichsmark veranschlagt. Auch umfangreiche Verlegungen wurden für die Ausgestaltung der »Weihestätte der Nation« nicht gescheut, wenn sie der Verwirklichung von Hitlers Plänen im Wege standen. So wurde 1939 der Nürnberger Tiergarten von seinem ursprünglichen Platz am Dutzendteich einen guten Kilometer östlich verschoben.

Neben dem Zeppelinfeld sollte das Deutsche Stadion, ein hufeisenförmiger Tribünenbau, 350 Meter lang, 150 Meter breit, 80 Meter hoch, mit einem Fassungsvermögen von 400 000 Zuschauern entstehen, geplant als größte Wettkampfarena der Welt, in der einst die nationalen Wettkämpfe des Volkes ausgetragen werden sollten. Für Hitler war es dabei unerheblich, daß die Grundrisse des Stadions nicht den olympischen Richtlinien entsprachen. »1940 finden die Olympischen Spiele noch einmal in Tokio statt. Aber danach, da werden sie für alle Zeiten in Deutschland stattfinden, in diesem Stadion. Und wie das Sportfeld zu bemessen ist, das bestimmen dann wir.«[16]

1938 begann am südlichen Ende der Gesamtanlage der Bau des 600 Meter tiefen und einen Kilometer breiten Märzfeldes, das von 26 Türmen aus Cannstatter Travertin umgeben werden sollte. Jeder Turm war über 26 Meter hoch. Während der Parteitage waren die Zwischenräume zwischen den einzelnen Türmen von Parteifahnen ausgefüllt, die auf stählerne Masten gespannt waren. Die Konzeption des Märzfeldes war offenkundig von der Gestaltung des Pariser Marsfeldes beeinflußt. Es kam den Nationalsozialisten freilich zupaß, daß der Name nicht nur an den Kriegsgott Mars erinnerte und Assoziationen zum *Campus Martius*, den Heeresversammlungen der Römer, erweckte, sondern auch eine gewisse Nähe zu der im Monat März erfolgten nationalsozialistischen Machtergreifung symbolisierte. Aufgrund des Kriegsausbruchs im September 1939 blieb das für das Jahr 1945 terminierte Projekt unvollendet.

Wie wichtig Hitler die Verwirklichung der Pläne seines Nürnberger Reichsparteitagsgeländes war, wird auch daraus ersichtlich, daß trotz des bei Kriegsbeginn verfügten Baustopps an der am Vorbild des römischen Kolosseums orientierten, nach Plänen des Nürnberger Architekten Ludwig Ruff entworfenen Neuen Kongreßhalle mit einem Fassungsvermögen von ca. 50 000 Menschen bis 1943 weitergebaut wurde. Auch sie konnte jedoch nicht mehr fertiggestellt werden. Als Ruinen sollte nach 1945 die steinerne Hinterlassenschaft des Nationalsozialismus auf dem Zeppelinfeld der Stadt Nürnberg und dem deutschen Staat noch erhebliches Kopfzerbrechen bereiten und die Frage nach dem Umgang mit dem nationalsozialistischen Erbe um eine zentrale architektur- und denkmalbezogene Dimension erweitern.

Nirgendwo wird der Größenwahn der nationalsozialistischen Architektur sichtbarer als in den aufgrund des tatsächlichen Geschichtsverlaufs nicht mehr verwirklichten Plänen, Berlin in die künftige Welthauptstadt Germania zu verwandeln. Leitend war dabei für Hitler die Überlegung, daß die modernen Großstädte über keine das ganze Stadtbild beherrschende Architektur verfügten. Bereits 1933 hatte Hitler dem Berliner Oberbürgermeister und Vertretern der Berliner Stadtverwaltung erklärt, daß Berlin als Reichshauptstadt eines 65 Millionen-Volkes städtebaulich und kulturell auf solche Höhe gebracht werden müsse, daß es mit allen Hauptstädten der Welt konkurrieren könne.[17] Immer wieder kam Hitler in den darauffolgenden Jahren im Gespräch mit Speer auf seine Pläne für Berlin zurück, die bis in die Zeit vor dem Ersten Weltkrieg zurückreichten. Denn bereits aus dem Jahr 1910 sind Entwürfe Hitlers für eine Nationalgalerie für die Kunst des 19. Jahrhunderts sowie eine Nationaloper erhalten. Für das zeitgenössische Berlin hingegen hatte der Diktator nur Verachtung übrig. »Mit dieser Stadt Berlin ist nichts anzufangen«[18], lautete der wiederkehrende Akkord und die Maßgabe an Speer, es mit seinem Entwurf besser zu machen. Daß gerade Speer den Auftrag zur Umgestaltung Berlins in die »Welthauptstadt Germania« erhielt, war nicht von Anfang an vorgezeichnet. Denn erst die wachsende Unzufriedenheit Hitlers mit der Berliner Stadtverwaltung führte dazu, daß der Diktator 1936 Speer mit der Verwirklichung seiner Berliner Pläne betraute. Dafür wurde Speer eigens das neu geschaffene Amt des Generalbauinspektors verliehen, das ihn für seinen Auftrag zum Neuaufbau von Berlin mit einer Fülle von Kompetenzen ausstattete. Speer bezog ein repräsentatives Atelier am Pariser Platz und profitierte von seiner privilegierten Stellung als Hitlers Architekt. Seine Behörde war rechtlich den Reichsministerien gleichgestellt und Speer nur seinem »Führer« verantwortlich. Mit der ihm eigenen Arbeitswut machte sich Speer in Rekordlaune an die Vollendung des Auftrags, für dessen Durchführung der Generalbebauungsplan zwanzig Jahre vorsah.

Die städtebaulichen Vorstellungen Hitlers aus den 20er Jahren, die Speer zur Verwirklichung aufgegeben waren, orientierten sich an historischen Vorbildern. So forderte Hitler ausdrücklich, daß eine die Hauptstadt achsial teilende Prachtstraße, als »Große Straße« bezeichnet, die Pariser Champs-Elysées in der Breite übertreffen sollte, und auch der geplante Triumphbogen mit einer Breite von 170 Metern, einer Tiefe von 119 Metern, einer Gesamthöhe von 117 Metern und einer Öffnung in 80 Metern Höhe hätte nicht nur sein historisches Vorbild, den Pariser Arc de Triomphe an der Place de l'Etoile, um einiges überragt, der Triumphbogen hätte auch alle anderen Gebäude in den Schatten gestellt. Nur die Überdimensionalität des Bauwerks schien in Hitlers Augen seine Funktion als Denkmal zu ermöglichen: »Das wird wenigstens ein würdiges Denkmal für unsere Toten des Weltkrieges. Der Name jeder unserer 1,8 Millionen Gefallenen wird in Granit eingemeißelt werden. Was ist dieses Berliner Ehrenmal der Republik (gemeint war Schinkels Neue Wache, U. S.) doch für eine unwürdige Angelegenheit.«[19]

Auch die anderen Großbauten Berlins orientierten sich an den Skizzen Hitlers aus den 20er Jahren. Als Höhepunkt der Nord-Süd-Achse war dabei ein überdimensionierter Kuppelbau vorge-

Nirgendwo wird der Größenwahn der nationalsozialistischen Architektur sichtbarer als in den von der Geschichte vereitelten Plänen, Berlin in eine »Welthauptstadt Germania« zu verwandeln. Die »große Straße« sollte die Pariser Champs-Elysées übertreffen, ebenso ein Triumphbogen sein Pariser Vorbild. Die »Große Halle«, ein überdimensionierter Kuppelbau, war als Höhepunkt der Nord-Süd-Achse geplant.

·sehen. Hitlers Lieblingsprojekt, die »Große Halle«, sollte allein durch ihre Größe die Silhouette von Berlin beherrschen. Mit einem Innenraum von 250 Metern Durchmesser sowie einem quadratischen Unterbau von 315 Metern Seitenlänge und 320 Metern Höhe hätte die Große Halle ihre Vorbilder, das Washingtoner Capitol sowie Pantheon und Petersdom in Rom, in den Schatten gestellt und wäre vermutlich nicht nur das größte Gebäude seiner Zeit geworden. Von dem geplanten Staatsbahnhof aus hätte man in freier Sicht, durch den Triumphbogen hindurch, die mehrere Kilometer entfernte Große Halle sehen können. Der Reichstag und das Brandenburger Tor wären daneben in der Bedeutungslosigkeit verschwunden.

Zum 50. Geburtstag Adolf Hitlers 1939 hatte Speer Hitler ein genaues Holzmodell von drei Metern Höhe mit begehbarem Innenraum präsentieren können. Ein arenenförmig angelegter Kuppelraum, in den drei seitliche Eingänge führten, sollte das ganze Gebäude einnehmen. Über die pseudoreligiösen Absichten, die Verbindung von politischen Zielen und architektonischen Phantasien bestand zwischen Hitler und seinem Architekten Einverständnis. Die Lust am Dominieren, die Entpersönlichung des Menschen, der den Bauwerken gegenübertritt und seiner Kleinheit bewußt wird, war der beabsichtigte Zweck. »Das Beeindrucken der Menschen war eine der Absichten Hitlers bei all seinen Bauplänen und Bauvorhaben; die zweite, sich Denkmale seiner Größe zu schaffen. So schwärmte er gelegentlich davon, daß ein kleiner Bauer irgendwo aus der Provinz nach Berlin kommt, in die »Große Halle« tritt und von ihrem Eindruck einfach zerschmettert wird.«[20] hatte Hitler freimütig seine *hidden agenda* gegenüber Speer offengelegt. Die megalomanen Bauwerke sollten das eigene Volk ebenso wie Diplomaten und ausländische Gäste beeindrucken, das Individuum auf die Grenzen seiner Macht verweisen und zugleich die unbegrenzte Macht des Diktators ausstellen.

Die Maßlosigkeit war politisches Programm. Bei der Grundsteinlegung für das Gebäude der Wehrtechnischen Fakultät am 27. November 1937 hatte Hitler selbst dies ohne Umschweife ausgesprochen: »Es soll dabei die Größe der Anlagen nicht gemessen werden nach den Bedürfnissen der Jahre 1937, 1938 ... Wir entziehen daher in den kommenden zwanzig Jahren die in diesem Berlin zu leistende Arbeit bewußt der Kritik der Gegenwart und unter- werfen sie dafür der Beurteilung jener Generation, die einst nach uns kommen wird.«[21]

Dieser Anspruch mag helfen, die gigantomanische Detailverses- senheit der nationalsozialistischen Denkmalsarchitektur zu er- klären. Kunstvoll war jeder Effekt bis in die kleinste Einzelheit vorausberechnet. Die Spiegelung der Kuppelhalle in dem sie auf drei Seiten umgebenden Spreewasser sollte den gewünschten Ein- druck noch verstärken. Dabei wurden weder Mühen noch Kosten gescheut. Mit geschätzten 2 Milliarden Reichsmark hätte der Kup- pelbau auch bei den verschlungenen Bausummen einen Superlativ beanspruchen können. Wie alle anderen Bauten sollte die Kuppel- halle an der Nord-Süd-Achse 1950 fertiggestellt werden. Die lange Bauzeit, die die Kuppelhalle beanspruchte, führte dazu, daß mit den Vorarbeiten bereits 1938 begonnen werden mußte. Granit und Marmor wurden angekarrt, benachbarte Häuser, die den ge- wünschten Effekt gemindert hätten, abgerissen. Am liebsten hätte Speer ganz auf die Verwendung von Stahl verzichtet, war jedoch aufgrund des Hinweises auf eventuelle Bombenschäden dann doch dazu bereit, dem Kuppelbau ein stählernes Gerippe zugrunde zu legen. Ein 12 000 Tonnen schwerer Betonklotz, der den märki- schen Sandboden auf seine Belastbarkeit erproben sollte, steht noch heute als sperriges Überbleibsel an der Schöneberger Kolonnen- brücke.

Der von Speer konzipierte Aus- und Umbau der Neuen Reichs- kanzlei war geradezu der Inbegriff von staatlicher Omnipotenz, eine einzige Demonstration von Macht. Die Marmorgalerie, durch die der Besucher geschleust wurde, der in den Großen Empfangs- saal und den – bezeichnenderweise nie benutzten – Reichskabinett- saal gelangen wollte, war 146 Meter lang. Der angestrebte Zweck bestand zweifelsohne darin, den Hitler aufsuchenden Diplomaten auf ihrem langen Weg vom Eingang bis zum Empfangssaal einen Eindruck von Glanz und Größe des Dritten Reiches zu vermit- teln. Den Mittelpunkt bildete Hitlers Arbeitszimmer. Es lag genau an der Mittelachse des Haupttrakts – ähnlich wie die *Chambre du Roi* des Sonnenkönigs Ludwigs XIV. im Spiegelsaal des Schlosses von Versailles: ein 9,75 Meter hoher Raum mit einer Grundfläche von 27 x 14,5 Metern. Über dem Kamin hing Lenbachs Bildnis des Reichsgründers Otto von Bismarck, der für die falsche Konti-

Die von Albert Speer konzipierte Neue Reichskanzlei in Berlin war Inbegriff von staatlicher Omnipotenz, eine einzige Demonstration von Macht, die den Besucher an seine Kleinheit erinnern sollte.

nuität des Dritten Reiches in der Geschichte des 1871 geschaffenen deutschen Nationalstaats mißbraucht wurde. Der Schreibtisch Hitlers war mit Intarsien verziert, unter denen die allegorischen Darstellungen gekreuzter Schwerter hervorstachen. Wandteppiche, Kristallüster, Holztäfelungen und die obligaten nationalsozialistischen ornamentalen Symbole wie Eichenlaub, Lorbeer, Fackeln und der die Weltkugel umspannende Adler vermittelten den irreführenden Eindruck bürgerlicher Wohlanständigkeit und verbargen dabei nur, daß die Neue Reichskanzlei mit allen Raffinessen der Technik – verborgene Mikrophonanlagen, verdeckte Filmvorführgeräte, selbst eine von Granitplatten verdeckte Hebebühne vor dem Mittelbau der Voßstraße, die die reibungslose logistische Versorgung der Reichskanzlei ermöglichte, fehlte nicht – ausgestattet war. In der Künstlichkeit des Arrangements, in der Gewolltheit der politischen Funktionalität, in der Übersteigerung der Dimensionen ist die Neue Reichskanzlei vielleicht das architektonisch interessanteste Gebäude, das im Dritten Reich geschaffen wurde. In seiner Mischung aus Modernität und Neoklassizismus verkörpert es geradezu die neue Ordnung des Generalbebauungsplans von Speer, über den Peter Reichel zutreffend geschrieben hat, daß sie zugleich Assoziationen an römische Städte, ägyptische Pharaonengräber und antike Tempelanlagen hervorrufe.[22]

Jede Diktatur ist um die zeitliche Sicherung ihrer Macht bemüht. Für den Nationalsozialismus gilt dies ganz besonders. Diente die Aufmarsch- und Festarchitektur der Legitimierung und damit der Festigung und dem Ausbau der in einer legalen Revolution ergriffenen Macht, so zeugt die herausgehobene Stellung, die die Erziehung im nationalsozialistischen Herrschaftssystem genoß, von der Erkenntnis, daß die »Erfassung der Jugend« für die Fortexistenz der nationalsozialistischen Herrschaft von zentraler Bedeutung war. »Macht Platz Ihr Alten« war eine in der Hitlerzeit häufig gehörte Parole. Und in der Tat war der Nationalsozialismus insoweit eine »junge« Bewegung, als er sich als revolutionäre Antwort auf das Weimarer Establishment begriff. Fast alle aus der Führungsriege des Dritten Reiches waren um die Jahrhundertwende geboren und damit nicht selten bereits als Mittdreißiger in Schlüsselpositionen gelangt. Der Jugendkult, das militärische Gepränge der Aufmärsche, Arbeitsdienst und sportlicher Drill und die verschiedenen Stufen des kasernierten Lebens – von der Lagerromantik der Hitlerjugend und des Bunds Deutscher Mädel bis hin zum Reichsarbeitsdienst – verhieß den Heranwachsenden ein Jugendreich und garantierte die lückenlose Durchdringung der deutschen Gesellschaft mit der nationalsozialistischen Ideologie. Es ist bezeichnend für die machtstützende Rolle der Architektur im Dienste der Ideologie, daß die Nationalsozialisten nicht allein auf die Magie des Worts vertrauten, sondern getreu dem selbstgewählten Ordensgedanken ihre Kaderschmieden in neogermanische Trutzburgen verlagerten, Schöpfungen der nationalsozialistischen Architektur, die als Ordensburgen in die Geschichte eingegangen sind. Dort wurden bewährte Parteimitglieder im Alter zwischen 23 und 30 Jahren in der Obhut der Partei in dreijähriger Ausbildung auf spätere Aufgaben vorbereitet. Auf eine Aufnahmeprüfung wurde ebenso verzichtet wie auf ein Abgangsexamen. Der Unterricht bestand neben dem klassischen Kanon, freilich streng durch die nationalsozialistische Brille betrachtet, in körperlicher Ertüchtigung und ideologisch-propagandistisch bestimmten Fächern, die das Ahnenerbe und den Germanenkult zum Gegenstand hatten und gemäß den mystizistisch verbrämten, neuheidnischen Vorstellungen Himmlers einen »Neuadel« begründen sollten.

Die halbverfallene Wewelsburg bei Paderborn wurde ab 1936 als ideologische Schulungsstätte nach dem Vorbild der mittelalterlichen Kaiserpfalzen vor allem durch den skrupellos vorangetriebenen Einsatz von Arbeitern aus dem benachbarten Konzentrationslager umgebaut. Nach dem Vorbild mykenischer Kuppelgräber wurde im Kellergeschoß eine fast fünf Meter aus dem Felsen herausgeschlagene Gruft errichtet, die als zentraler Ort künftiger Totenfeiern gedacht war. Um den Nordturm der alten Burg wurde eine halbkreisförmige Anlage aus Gebäudefluchten gruppiert, die den geographischen und geistigen Mittelpunkt des SS-Ordens bilden sollte. Liturgische Formen wie die Namensweihe, die Schwertweihe – aus Anlaß der Aufnahme in die SS – und die Totenweihe sollten das Zusammengehörigkeitsgefühl einer »verschworenen Gemeinschaft« befördern. Der Krieg sorgte dafür, daß das neuheidnische Ritual seinen esoterischen Charakter behielt. Der Vormarsch der alliierten Truppen beendete den Ausbau der Wewelsburg. Himmler selbst gab am Ostersamstag des Jahres 1945 den Befehl, die Burg in Brand zu setzen, damit sie nur in zerstörter Form in die Hände des Feindes fallen konnte.

Auch der Bau der Hohen Schule am Chiemsee, gedacht als Alma mater der nationalsozialistischen Erziehung, kam auf Grund des Kriegsausbruchs 1939 nicht mehr über die Planungsphase hinaus. Die Skizzen und Modelle des von Hitler eigens mit dem Bau der Hohen Schule betrauten Architekten Hermann Giesler sahen eine achsilar angelegte Anlage vor, deren Mittelpunkt ein 300 Meter hohes, überdimensioniertes Turmgebäude mit hohem Saal – der eigentlichen Hohen Schule – bildete, die von Versorgungsgebäuden, Wohnblöcken, Bootshafen und Sportanlagen umgeben war. Die exponierte landschaftliche Lage an einer vorgeschobenen Landzunge am Nord-Ost-Ufer des Chiemsees ermöglichte den freien Blick über die Voralpen hinweg auf die 20 Kilometer entfernte Kampenwand. Und auch über die ideologische Funktion des Baus hatte sich der Architekt im persönlichen Gespräch mit dem Diktator orientiert: »In der ›Hohen Schule‹ sähe er (Adolf Hitler, U.S.) mehr als nur den Schlußstein des Gewölbes der Erziehung, der Bildung und letztlich der Auslese von Führungskräften der Partei, die ›Hohe Schule‹ sollte im Dienst der Nation stehen, über die Ordensburgen

Die halbverfallene Wewelsburg bei Paderborn wurde ab 1936 als ideologische Schulungsstätte nach dem Vorbild der mittelalterlichen Kaiserpfalzen umgebaut. Himmler selbst gab Ostern 1945 den Befehl, die Burg in Brand zu setzen.

hinweg sollte sie offen sein für alle Hochschulen und Universitäten. Es gelte, eine Elite heranzubilden, die den Herausforderungen unserer Zeit auf allen Gebieten des staatlichen, kulturellen, wirtschaftlichen und geistigen Lebens der Nation entsprechen könne.«[23]

Beides, die nie verwirklichte Hohe Schule und die in der Agonie des Dritten Reiches auf Himmlers Befehl von SS-Mannschaften zerstörte Wewelsburg, rufen ins Gedächtnis, wie nahe Hybris und Nemesis beieinander liegen. Auch für die Zeit nach dem als sicheres Ereignis den Deutschen von der Propaganda eingehämmerten »Endsieg« verfügten die Nationalsozialisten bereits über feste Pläne. Im wörtlichen Sinne bauten Hitler und seine Helfer für die Ewigkeit. Die Denkmäler sollten gewissermaßen die künftigen Siege vorwegnehmen. Doch darauf beschränkte sich ihre Funktion keineswegs. Ihre Architektur war funktional. Das Schicksal des einzelnen war gleichgültig, es war der Ideologie untergeordnet. Die Tugenden der Opferbereitschaft und der Vaterlandsliebe wurden mißbraucht und durch ihre Übersteigerung beschädigt. Das

Menschenverachtende der nationalsozialistischen Ideologie wird auch in seiner Denkmalsarchitektur sichtbar. Als bereits feststand, daß der Krieg für Hitler nicht mehr zu gewinnen war, erklärte der Diktator, der alle Brücken hinter sich abgebrochen hatte, daß sich das deutsche Volk als das schwächere erwiesen habe, und ging zum Prinzip der verbrannten Erde über. Mit Hitlers Höllenfahrt ist seine Geschichte noch nicht zu Ende. Seine Hinterlassenschaften ragen sperrig und unbarmherzig in die Gegenwart hinein. Hitlers Fall erinnert daran, daß der Firnis der Zivilisation dünn ist. Das Beispiel des deutschen Diktators lehrt, daß der Mensch, der sich zum Gott erhebt, als Teufel enden wird.

Nach der Katastrophe:
Das geteilte Deutschland 1945–1990

Das Leben der Völker kennt keine *tabula rasa*. Deshalb konnte es 1945 im eigentlichen Sinn auch keine Stunde Null geben. Es war nicht so, daß man unbelastet und unter gleichen Voraussetzungen noch einmal von vorne anfangen konnte. Ganz im Gegenteil: Die Deutschen, die mit dem Leben aus dem Inferno davongekommen waren, standen vor den Scherben des Reiches. Deutschland war im Sommer 1945 eine Trümmerlandschaft. Ruinen waren zu den Zeugen eines beispiellosen Größenwahns geworden. Wer in der Menschheitsgeschichte nach Szenarien ähnlicher Verwüstung sucht, muß weit zurückgehen: bis zu den Verheerungen des Dreißigjährigen Krieges oder gleich ins Altertum, zum Untergang Karthagos im Dritten Punischen Krieg. Ein im Mai 1945 nach Deutschland zurückgekehrter britischer Geheimdienstoffizier beschrieb die Gegend, in die er kam, als »ein wüstes Land von äußerster Trostlosigkeit wie die Berge des Mondes«, über dem der süß-saure Gestank von Leichen lag.[1]

Zu den materiellen Verwüstungen kamen die geistigen Verheerungen hinzu. Schutt läßt sich beseitigen, moralische Hinterlassenschaften dauern fort. Es war vor allem das Unfaßbare des moralischen Abgrundes, das erschaudern ließ. Eine größere Öffentlichkeit hatte in diesen Abgrund erstmalig im Zusammenhang mit dem Beginn der Nürnberger Kriegsverbrecherprozesse im Herbst 1945 und den dort vorgelegten Berichten der Überlebenden der Todesmühlen geschaut. Früh auch etablierte sich jene »Katastrophenliteratur«, die im Grunde genommen Variationen zu einem Thema bot: »Wie war es möglich?«, lautete die Frage aller Fragen. »Der Irrweg einer Nation« (Alexander Abusch), »Die Dämonie der Macht« (Gerhard Ritter), »Die deutsche Katastrophe« (Friedrich Meinecke) und »Gleichgewicht oder Hegemonie« (Ludwig Dehio) stehen für den literarischen Versuch, das Unerklärliche zu erklären und das Rätsel Hitler in den Gesamtzusammenhang der deutschen Geschichte zu rücken.

Bei der Mehrzahl der Deutschen war freilich die Sehnsucht nach einer Pause von der Weltgeschichte größer. Es waren »Tage des Überlebens«[2]: Das Leben meldete sich zurück und die, die der großen Katastrophe entronnen waren, wollten es genießen, in vollen Zügen, auch wenn das Gefäß, aus dem sie schöpften, zur Hälfte zerbrochen war. Vielleicht folgte die Geschichtsmüdigkeit, die nach 1945 einsetzte, einem natürlichen, menschlichen Reflex, um die dringend benötigten heilsamen Kräfte freizusetzen. Die »Eingeborenen von Trizonesien« konnten und wollten keinen »ganz normalen« Staat gründen. Deutschland war »besetzter Feindstaat«, das Land in Zonen, die Hauptstadt in Sektoren geteilt. Seinem westlichen Teil – zuerst Bi-, dann Trizone und seit Mai 1949 schließlich Bundesrepublik – wurde Demokratie verordnet, zu der seine Bewohner anfangs mit Hilfe von Fragebögen, schwedischen Gardinen und der Verheißung von Milch und Honig bekehrt werden sollten.

Ansätzen zu einer eigenen zonenübergreifenden Politik war kein Erfolg beschieden. Die erste und letzte gesamtdeutsche Konferenz der Ministerpräsidenten im Mai 1947 in München scheiterte bereits an den Fragen der gemeinsamen Tagesordnung. Versuche, einen dritten Weg zwischen Ost und West einzuschlagen, hatte es auch unmittelbar nach Gründung der Bundesrepublik immer wieder gegeben. Jakob Kaisers Brückenkonzeption ist darunter am prominentesten. Fehlgeschlagen sind sie alle. Für ein eigenständiges, machtpolitisch zwischen den sich gerade herausbildenden Blöcken im Niemandsland angesiedeltes Deutschland war kein Platz. Zuerst waren die beiden Deutschlands Objekte der Sieger. Sie hatten ihren Part im weltpolitischen Kräftemessen der Supermächte zu erfüllen, und dieser Part war keine Hauptrolle. Der Schlüssel zur Wiedervereinigung lag damit in den Händen der Sieger. Die Einheit der Sieger beruhte auf dem dünnen Kit der Anti-Hitler-Koalition. Nach Hitlers Selbstmord und der bedingungslosen Kapitulation der Wehrmacht war die Geschäftsgrundlage entfallen. Nun zeigten sich die Risse in der Kriegsallianz immer deutlicher. Auf der Pariser Außenministerkonferenz im Juni 1946 waren die unterschiedlichen Auffassungen zwischen den Vereinigten Staaten und der Sowjetunion bereits heftig aufeinandergeprallt. Zwar hielt Moskau nach außen hin noch an einer Gesamtlösung fest, freilich zu den eigenen Bedingungen: Vier-Mächte-

Kontrolle auch über das Ruhrgebiet, Entwaffnung Deutschlands und Entnahme sowjetischer Reparationsleistungen aus den westlichen Besatzungszonen. Der von Außenminister Byrnes in seiner Stuttgarter Rede am 6. September 1946 unterbreitete Vorschlag eines deutschen Vorparlaments, *Containment,* Marshall-Plan, *roll back* waren Wegmarken einer amerikanischen Außenpolitik, die sich auf Konfrontation mit der Sowjetunion und eine längere Präsenz in Europa eingerichtet hatte. Über das wahre Gesicht der Sowjetunion und der von ihr in Ostmitteleuropa errichteten Satellitenstaaten bestand Illusionslosigkeit.

Die unmittelbare Bedrohung erlebten die West-Berliner 1948/49, als Stalin die Londoner Beschlüsse der Westmächte, die zur Währungsreform in den westlichen Besatzungszonen führten, zum Anlaß nahm, um mehr als zehn Monate lang die West-Sektoren Berlins auf dem Land- und Wasserweg von der Verbindung mit Westdeutschland abzuschneiden. Was mit Schikanen an den Grenzbahnhöfen begann, war nichts anderes als der kühl kalkulierte Erpressungsversuch, die West-Berliner von der lebenswichtigen Versorgung mit Energie und Nahrungsmitteln abzuschnüren. Womit Stalin und seine Helfershelfer im Ostteil Berlins nicht gerechnet hatten, war indes die Entschlossenheit des amerikanischen Militärgouverneurs in Deutschland, General Lucius D. Clay, der alle verfügbaren amerikanischen Transportstaffeln der US-Streitkräfte mobilisierte, um die Lebensfähigkeit der Westsektoren der einstigen Reichshauptstadt zu erhalten. In der Hochphase der Luftbrücke landete und startete alle 90 Sekunden ein Flugzeug in Berlin. Zunächst war die Luftbrücke eine logistische Meisterleistung, die hohes fliegerisches Geschick mit organisatorischen Fähigkeiten verband, die Kunst der Improvisation und einen unbeugsamen politischen Willen erforderte. Weil die in den Westsektoren vorhandenen Flughäfen die erforderliche Intensität der Luftversorgung nicht bewältigt hätten, mußten in Tempelhof und Gatow, letzteres einst Versuchsflughafen der deutschen Luftwaffe, die Landebahnen verlängert werden, im französischen Sektor gar in Rekordzeit ein neuer Flughafen gebaut werden. Das für schier unmöglich Gehaltene wurde Wirklichkeit: Die Versorgung der abgeriegelten Westsektoren gelang; im Mai 1949 gab Stalin auf; die aus Trümmerschutt an der Sektorengrenze errichteten Straßensperren wurden beseitigt; das Leben normalisierte sich. Für das Selbstbewußtsein

*Das Berliner Luftbrückendenkmal (1951) erinnert an die unmittelbare
Bedrohung 1948/49, als Stalin zehn Monate lang die Westsektoren Berlins
abzuschneiden versuchte. Die drei zum Himmel ragenden Betonrippen
symbolisieren die Flughäfen Tegel, Tempelhof und Gatow, damals die
einzig tragende Brücke West-Berlins zur freien Welt.*

der Berliner, ihr Vertrauen in die Amerikaner und damit für die Westbindung der Deutschen hatte die Luftbrücke einen unschätzbaren Wert. Sie stand für Freiheit und verhieß ein neues Lebensgefühl: Camel-Zigaretten, Coca-Cola und Blue Jeans erleichterten die dauerhafte Ankunft im Westen.

Es entsprach den zeitgenössischen Empfindungen, wenn schon am 17. Juli 1951 auf dem Platz vor dem Zentralflughafen Tempelhof – er gehörte neben der KdF-Freizeitanlage Prora auf Rügen und dem Nürnberger Reichsparteitagsgelände zu den drei Monumentalbauten aus der nationalsozialistischen Zeit, die den Krieg größtenteils unversehrt überstanden hatten – ein den Opfern der Luftbrücke gewidmetes Denkmal eingeweiht wurde. Die von Eduard Ludwig entworfene freistehende Architekturplastik erinnert in ihrer konkaven Form an das Marinedenkmal von Laboe. Die drei zum Himmel gerichteten, herausragenden Betonrippen versinnbildlichen die drei Flughäfen Tegel, Tempelhof und Gatow, die in jenem Schicksalsjahr 1948/49 die einzig tragende Brücke West-Berlins zur freien Welt waren. Mit etwas Phantasie läßt die Einteilung des Monuments in die drei formgebenden Rippen die Interpretation zweier parallel laufender Luftkorridore zu: die Einflug- und die Ausflugschneise, die Berlin in der Luftbrücke mit dem freien Teil Deutschlands in den westlichen Zonen verband. Im Bewußtsein der Berliner hält das Luftbrückendenkmal die Erinnerung an jene Stunde der Wahrheit wach, als die Grundlagen zur dauerhaften, staatstragenden Westbindung gelegt wurden.

Die Geschichte des sowjetisch besetzten Teils Deutschlands – im Volksmund war bis in die 60er Jahre der Ausdruck Ostzone gebräuchlich – verlief in weiten Zügen spiegelverkehrt zur Entwicklung des westlichen Teils. Auch die SBZ war zuvörderst Faktor im Kalkül der sowjetischen Außenpolitik. Die Beziehung zwischen Besetzten und Besatzern, auch die Art des Besatzungsregimes waren jedoch von anderer Qualität als im Westteil. Vorrangig regierten in Mitteldeutschland Zwangsherrschaft und Mangel. Die Sowjetunion gab den Ton an und ließ keinen Zweifel daran, daß die herrschende Ideologie des Marxismus-Leninismus keinen Platz für andere Lehren neben sich duldete. Toleranz war keine Stärke der Sowjets, und das Häuflein der deutschen Kommunisten um Walter Ulbricht und Wilhelm Pieck, die in den letzten Tagen des Dritten Reiches aus dem Moskauer Exil nach Berlin mit dem Ziel der Machtübernahme eingeflogen worden waren, erwiesen sich als willfährige Statthalter. Die Gruppe Ulbricht verfolgte dabei das zweifelhafte Ziel, in Intoleranz, Indoktrination und Härte ihr großes Vorbild in Moskau noch zu übertreffen. An die Stelle der braunen Diktatur war in Mitteldeutschland eine rote getreten, und dafür hatte ganz entscheidend die Besatzungsmacht gesorgt.

Schon früh war den sowjetischen Besatzern daran gelegen, die Erinnerung an den Sieg im Großen Vaterländischen Krieg und den letzten Triumph der Roten Armee, die Eroberung der Reichshauptstadt mit Reichskanzlei und Reichstag, in einem Denkmal zu verewigen. Der dafür entrichtete Blutzoll war beträchtlich. Dreißigtausend sowjetische Soldaten hatten im Endkampf um Berlin »gegen den Hitlerfaschismus« ihr Leben gelassen. Bereits 1946 war ein Wettbewerb für ein sowjetisches Ehrenmal ausgeschrieben worden. Prämiert wurde der Entwurf eines Kollektivs um den Architekten J. B. Belopolski. Der gekürte Entwurf schuf im Volkspark Treptow auf einem zehn Hektar großen Territorium eine monumentale Anlage, die von einem 900 Meter langen Bronzezaun begrenzt wurde. Ihren Kern bildet ein mausoleumsartig überkuppelter Rundbau mit einer 11,6 Meter hohen Bronzefigur des Befreiers, eines knienden Rotarmisten. An seiner Hand hält er ein gerettetes deutsches Kind, auf das er herabblickt. Das zu seinen Füßen plazierte zerschmetterte Hakenkreuz symbolisiert den Ruin des Dritten Reiches. Die Aussage des gesenkten Schwertes erschließt sich dem Betrachter ebenfalls unschwer: die friedliebende Sowjetunion habe mit der Befreiung Deutschlands von der nationalsozialistischen Diktatur ihre historische Mission erfüllt. Das Schwert kann in der Scheide verschwinden. Es braucht nicht für neue militärische Eroberungen gezückt zu werden. Die allegorische Granitstatue der trauernden Mutter Erde auf dem Vorplatz, umgeben von einem an die Vegetation von Tundra und Taiga erinnernden Tannenhain, die spiegelbildlich angeordneten Fahnenmonumente, Kalkstein mit Reliefszenen zum Gedächtnis des Großen Vaterländischen Krieges und eingravierten Stalin-Zitaten vermitteln den Eindruck bemühter Erhabenheit.

Über drei Jahre benötigte das Architekten- und Bildhauerteam, bis die Anlage fertiggestellt und schließlich zum Jahrestag der Wehrmachtskapitulation am 9. Mai 1949 vom sowjetischen Stadtkommandanten seiner Bestimmung übergeben werden konnte.

Das sowjetische Ehrenmal in Berlin-Treptow (1949) erinnert an den Sieg der Sowjetunion im Großen Vaterländischen Krieg und den Blutzoll beim letzten Triumph der Roten Armee, der Eroberung der Reichshauptstadt. Seinen Kern bildet ein mausoleumsartig überkuppelter Rundbau mit einem knienden Rotarmisten, der ein gerettetes deutsches Kind an der Hand hält.

Zeitweise waren bis zu zweihundert Steinmetze und neunzig Bildhauer an dem Projekt beschäftigt. Der Bedarf an Granit – über vierzigtausend Kubikmeter – stellte die Erbauer des Denkmals trotz der Möglichkeit des Rückgriffs auf Reichskanzleiüberreste vor Beschaffungsschwierigkeiten. Vor Probleme hat die Anlage auch immer wieder Gärtner gestellt, die für die Beschneidung und Pflege des Baumbewuchses und die ausreichende Bewässerung der Rasenflächen in den Sommermonaten sorgen müssen. Auch erwies sich das Denkmal als besonders beschädigungsanfällig. Vor allem an den Sarkophagen waren wiederholt Ausbesserungsarbeiten notwendig.

Das Treptower Ehrenmal ist im heutigen Berlin nicht das einzige sowjetische Ehrenmal. Aus den Mauern der neuen Reichskanzlei war bereits im November 1945 ein von dem Bildhauer Vladimir

Gigal und dem Architekten Nicolai Sergeijewski gestaltetes Ehrenmal an der Siegesallee im Tiergarten errichtet worden; ein weiteres findet sich im Volkspark Schönholzer Heide. Die Rote Armee hat in Berlin und im Gedächtnis der Deutschen sichtbar ihre Spuren hinterlassen. Mit der feierlichen Verabschiedung der sowjetischen Streitkräfte aus Deutschland im Juni 1994 fand der Kalte Krieg seinen symbolischen Schlußakkord. Die Graffiti im Reichstag erinnern den Besucher noch heute daran, daß es russische Soldaten waren, die in den ersten Maitagen des Jahres 1945 in den Führerbunker eindrangen und wenige Tage später vom Reichstag die rote Fahne hißten. Der Sieg im Großen Vaterländischen Krieg hat sich tief ins kollektive Gedächtnis der russischen Nation eingeprägt. Es ist diese jahrhundertealte Geschichte zwischen Russen und Deutschen, die von Furcht und Faszination handelt, an die die steinernen Überreste und Denkmäler in der Hauptstadt des wiedervereinigten Deutschlands erinnern. Aber die unmittelbare Voraussetzung dafür, daß sowjetische Soldaten für ein halbes Jahrhundert an Elbe und Oder standen, hatte Adolf Hitler selbst durch seinen Griff nach der Hegemonie und den von ihm ausgelösten Weltbrand geschaffen.

Das Erbe des Dritten Reiches war die eigentliche Last der deutschen Geschichte, der niemand entrinnen konnte. Im Nationalsozialismus lag der tiefere Grund für die Verunsicherung der eigenen Identität. Geschichte wurde für lange Zeit zuallererst der Zeitraum, den man sich als »jüngste Vergangenheit« zu bezeichnen angewöhnt hatte. Das schwierige Verhältnis der Deutschen zur Tradition und zum Staat hat darin seinen Grund. Die Staatsgründung der Bundesrepublik, ihr Grundgesetz und ihre Politische Kultur sind überhaupt nur vor dem Hintergrund der deutschen Katastrophe des Dritten Reiches zu verstehen: sie bildeten den konsequenten Versuch, die Lehren der Geschichte zu ziehen. Es waren vor allem die Überlebenden der Konzentrationslager, die unmittelbar nach Kriegsende von den ungeheuerlichen Vorgängen in den Lagern berichteten: von der Brutalität der Wachmannschaften, von Folter und Menschenexperimenten. Grausamkeiten kamen so ans Licht, die den Zeitgenossen im Dritten Reich nicht hätten verborgen bleiben können und vor denen doch so viele bewußt die Augen verschlossen hatten. Der erschütternde Anblick dieser völlig entkräfteten und geschundenen Menschen strafte diejenigen Lügen, die die Verbrechen der Nationalsozialisten gegen die Menschenwürde als alliierten Propagandacoup abtun wollten. Und so war es ebenso konsequent wie bezeichnend, daß es die Häftlinge von einst waren, die an den ehemaligen Stätten der Vernichtung, oftmals mit ganz behelfsmäßigen Mitteln, Denkmäler errichteten und – wie in Dachau im November 1945 – nach Aufklärung Anklage verlangten.

Die Vernichtung und das Verbrechen der Nationalsozialisten hat viele Namen. Es sind die Namen der Orte, an denen sich das Unvorstellbare ereignet hatte: Auschwitz, Majdanek, Bergen-Belsen, Neuengamme, Ravensbrück, Buchenwald, Mauthausen, Dachau. Mit jedem einzelnen sind menschliche Tragödien unvorstellbaren Ausmaßes verbunden. Auch die Zahlen der Ermordeten können nur einen sehr ungefähren Begriff der Dimension des Leids vermitteln, das hier Menschen aufgrund ihrer Zugehörigkeit zu einer Rasse, aufgrund ihres religiösen Bekenntnisses oder ihrer politischen Überzeugung zugefügt wurde. Jedes Lager hat seine eigene Geschichte. Dachau war das erste Konzentrationslager, das die Nationalsozialisten errichteten, gleich nach der nationalsozialistischen Machtergreifung. Es stand im zweifelhaften Ruf, ein »mustergültiges« Lager zu sein. In Wirklichkeit bedeutete dies lediglich, daß in Dachau die Zustände etwas besser waren als in den östlichen Todeslagern, wo Menschen, wie Vieh in überfüllten Baracken eingepfercht, unter unbeschreiblichen Bedingungen zu Tode gequält wurden. In Dachau verfügte jeder Gefangene über ein eigenes Bett, ein kleines Regal und einen Ofen. Von Humanität konnte gleichwohl auch hier keine Rede sein.

Dachaus Geschichte führt vor Augen, daß die Systematisierung des Terrors zu den Wesensmerkmalen der nationalsozialistischen Machtergreifung zählt. Schon mit der Reichstagsbrandverordnung vom 28. Februar 1933 war die außergesetzliche Zwangs- und Terrorherrschaft dauerhaft begründet worden. Mit der Gleichschaltung der politischen Parteien begann Heinrich Himmler, zunächst als Polizeipräsident von München, kurz darauf als Chef der politischen Polizei in Bayern und bald des ganzen Reiches, systematisch gegen alle »staatsgefährdenden Bestrebungen« vorzugehen. In der SS verfügte Heinrich Himmler über ein weiteres, aus den staatlichen Hierarchien herausgelöstes Machtinstrument, dem bei der Errichtung des Terrorsystems eine Schlüsselrolle zufiel.

*Auf dem Gelände des zur Gedenkstätte umgewandelten einstigen
Konzentrationslagers Dachau erinnern das von Hermann Guttmann
entworfene jüdische Denkmal in der Form eines Krematoriumsofens
und die 1968 eingeweihte Skulptur von Nandor Glid an die Schrecken der
politischen Verfolgung und des nationalsozialistischen Massenmordes.*

Die Ausschaltung der SA als Folge des sogenannten Röhmputsches
im Juni 1934 brachte für Himmler einen beträchtlichen Machtzuwachs. Denn nunmehr unterstand die von ihm geführte SS allein
Hitler und war nicht mehr an die Weisungen Röhms gebunden. In
den Angehörigen der Totenkopfverbände der SS verfügte Himmler
über ebenso treu ergebene wie skrupellose Erfüllungsgehilfen, die
über den Betrieb der Konzentrationslager wachten.

Das Modell Dachau machte Schule, und der einstige Lagerkom-
mandant von Dachau, Theodor Eicke, half als »Inspektor der Konzentrationslager und Führer der SS-Wachverbände«, nach Dachauer
Vorbild die Lager in Sachsenhausen und Buchenwald aufzubauen.
In Dachau saßen zunächst vor allem Deutsche ein, die aus politischen und religiösen Gründen vom Regime verfolgt wurden. Erst
nach der von der »Reichskristallnacht« ausgelösten Verschärfung

der Judenverfolgung wurden auch in Dachau Menschen aus rassischen Gründen eingesperrt. In den beiden letzten Kriegsjahren, als in Dachau die aus den östlichen Lagern evakuierten, völlig entkräfteten jüdischen Häftlinge Aufnahme fanden, wurde das Lager in der bayerischen Kleinstadt zum Todeslager, wo der endgültige Zusammenbruch der von Seuchen, Hunger und Folter zu Tode Gequälten erfolgte.

An diese Schrecken erinnern heute auf dem Gelände der Gedenkstätte Dachau unter anderem das von Hermann Guttmann 1967 entworfene jüdische Denkmal in der Form eines Krematoriumsofens und eine 1968 eingeweihte Skulptur von Nandor Glid. Seinerzeit hatte Glid mit dem Entwurf für das vierzehn Meter lange, schwarze Bronzegeflecht den für das internationale Monument ausgeschriebenen Wettbewerb für sich entschieden. Dabei sollte der Entwurf gekürt werden, der am besten den Geist des Widerstandes, die Leiden der Opfer und die Hoffnung auf bessere Zeiten erfaßt. Die in der Diagonale ineinander gewobenen Gestalten in Glids Bronzefigur versinnbildlichen vor allem die Ohnmacht des einzelnen gegen Willkür und Gewalt. In Form und Material erinnern sie an den Stacheldraht, der unbarmherzig, kalt und einschneidend für fast alle, die dem festungsartig bewachten Ort der Vernichtung entkommen wollten, zum unüberwindbaren Hindernis wurde: gefesselte, gefangene, in ihrem Schicksal aneinandergekettete Menschen als Mahnmal und zeitlose Mahnung daran, nicht zu vergessen, wozu Menschen fähig sind, wenn der Mensch dem Menschen zum Wolf geworden ist. Zwar enthält das Denkmal keinen unmittelbaren Hinweis darauf, daß Ketten der Oppression auch gesprengt werden können. Doch bei näherer Betrachtung verheißt die christliche Deutung Hoffnung: Auch Jesus Christus hat durch seinen freiwillig auf sich genommenen Tod am Kreuz den Schuldschein der Welt ausgelöscht und durch sein Leiden und Sterben den Durchgang zum ewigen Leben ermöglicht.

Die wechselhafte Geschichte des ehemaligen Konzentrationslagers Dachau nach 1945 erinnert daran, daß der Umgang mit der nationalsozialistischen Vergangenheit für die Deutschen alles andere als einfach war, sie steht für die schwierige Suche nach der richtigen Form des Erinnerns, für Scham und Schuld genauso wie für die vergeblichen Versuche, sich aus der Verantwortung für die Geschichte davonzustehlen. Unmittelbar nach 1945 hatten die

Amerikaner Dachau in ein Militärlager umfunktioniert, in dem hohe Nationalsozialisten von Geheimdienstexperten über Erlebtes verhört wurden. Nach 1948 wurde das Lager für Flüchtlinge aus dem Sudetenland zur vorübergehenden Heimstatt. Spielende Kinder zwischen halbverfallenen oder behelfsmäßig in Hütten umgewandelten Baracken, KZ-Zäune, die nun provisorische Vorgärten begrenzten, und eine von den Amerikanern gegründete Lebensmittelfabrik gehörten von da an zu den beklemmenden Bildern, die sich auswärtigen Besuchern des Lagers präsentierten. Sie führten schließlich dazu, daß der Ruf nach würdevollem Gedenken immer lauter wurde. Zwar hatte die amerikanische Besatzungsmacht bereits sehr früh damit begonnen, Hinweisschilder zu errichten und einen Teil des Geländes zum Museum umzuwandeln, um dort Ausstellungen zu organisieren. Doch 1955 wurde unter dem Hinweis auf den möglichen Prestigeverlust für das geschichtsträchtige Dachau die Ausstellungstätigkeit vorübergehend eingestellt. Erst der Intervention ehemaliger Häftlinge und dem Engagement eines prominenten KZ-Insassen, des damaligen Münchner Weihbischofs Johannes Neuhäusler, war es zu verdanken, daß 1960 eine katholische Gedächtniskapelle gebaut werden konnte. 1964 folgte das Karmeliterinnenkloster »Heilig Blut«, 1967 die evangelische Versöhnungskirche und eine jüdische Gedenkstätte. Christliche und jüdische Symbole charakterisieren die 1965 eröffnete Gedenkstätte Dachau, sie prägen ein ökumenisches Miteinander und lassen das Tauziehen um die rechte Form des Erinnerns in den ersten Nachkriegsjahren vergessen. Die Grenzen der Gedenkstättenarbeit treten dabei trotz oder gerade wegen der in Dachau zu besichtigenden Aufgeräumtheit der Museumsräume hervor. Rekonstruktion kann Erinnerung verzerren und einen Eindruck von harmloser Makellosigkeit erwecken, wo die Geschichte mit dem Makel der unwürdigsten Verbrechen befleckt ist.

Steht Dachau für den Umgang mit den dunklen Kapiteln des geschichtlichen Erbes in der alten Bundesrepublik, so verkörpert Buchenwald die DDR-Variante der Vergangenheitsbewältigung. Als der Ulbricht-Staat 1958 auf dem Gelände des ehemaligen Konzentrationslagers Buchenwald eine Gedenkstätte errichtete, war es die erste ihrer Art seit Gründung der Deutschen Demokratischen Republik überhaupt. Das Verhältnis der Machthaber des ersten Arbeiter- und Bauernstaates zum Nationalsozialismus war zwiespältig. Antifaschismus wurde zum Gründungsmythos eines Staates, der sich als aus der Kontinuität der deutschen Geschichte herausgelöst definierte und sich als Opfer der Aggression des Hitler-Regimes verstand. Der Faschismus-Verdacht war in der DDR die Allzweckwaffe in der politischen Auseinandersetzung mit dem attraktiveren System der freiheitlichen Demokratie der Bundesrepublik. Wenn andere Argumente ihre guten Dienste versagten, war die Verunglimpfung der westdeutschen Entscheidungsträger als Hitler-Generäle, KZ-Baumeister und Büttel der Monopole letzter Rückgriff. Buchenwald nahm vor diesem Hintergrund, als Standort wie als Konzept, eine fundamentale und beinahe mythologische Rolle im Selbstverständnis der DDR ein.

Die Widersprüche, die Höhen und Tiefen der deutschen Geschichte, ihre skrupellose Indienstnahme lassen sich in Buchenwald besonders deutlich erfahren. 1937 hatte Heinrich Himmler in bewußter Absicht den Ettersberg zum Standort des Konzentrationslagers bestimmt. Die räumliche Nähe zu Weimar, Geburtsstätte der deutschen Klassik und Ort der deutschen Geschichte, war von den nationalsozialistischen Machthabern durchaus gewollt. Einst jagten auf dem Ettersberg die Herzöge von Sachsen-Weimar-Eisenach, und Goethe verbrachte dort musevolle Stunden. Ausgerechnet hier errichteten Himmler und seine Folterknechte ihr Schreckensregiment und schickten, getreu dem selbstgewählten Terrorprinzip der Vernichtung durch Arbeit, in den benachbarten Rüstungsbetrieben über sechzigtausend Menschen als Sklavenarbeiter in den Tod. Als Gipfel des menschenverachtenden Zynismus hatte Himmler Goethes Eiche zum Zentrum des Lagers gewählt.

Auch in Buchenwald kam der früheste Anstoß von den Häftlingen selbst, die die Hölle überstanden hatten. Der Schwur von Buchenwald, den am 21. April 1945 einundzwanzigtausend Häftlinge abgelegt hatten, deklamierte das »Nie wieder«, das sich die DDR nach ihrer Gründung zunächst in einem Museum der Widerstandsbewegung und seit 1958 in der KZ-Gedenkstätte Buchenwald zu eigen gemacht hatte. Buchenwald mußte sich in das DDR-Geschichtsbild ohne Wenn und Aber einfügen. Erinnerung und Gedenken wurden in der DDR von Anfang an instrumentalisiert. Auch größere Retuschen waren dabei willkommen. Zu den dreisten Mythen der DDR-Geschichtsschreibung zählte die Behauptung, nicht die Amerikaner, sondern der kommunistische Widerstand habe im Frühjahr 1945 das Lager befreit. Von daher gesehen war es nur folgerichtig, allein den kommunistischen Widerstand als erinnerungswürdig zu betrachten. Die Häftlingsbaracken wurden abgerissen, das Krematorium, Hinrichtungsstätte Ernst Thälmanns, hingegen bewahrt und das von Fritz Cremer entworfene Buchenwald-Denkmal gemäß der Auflagen der realsozialistischen Jury mehrmals überarbeitet. Die 1958 eingeweihte Gedenkstatue der »Revolte der Gefangenen« stellt elf Bronzefiguren dar: Waffen tragend, erhobenen Hauptes und mit geballter Faust schreitend, sind sie Sinnbild einer heroisierten Selbstbefreiung des Lagers, die es in Wirklichkeit nicht gegeben hat. Die Stilisierung der Arbeiterbewegung zum Kern des Widerstandes gegen Hitler verzerrte die Wirklichkeit, in der die Gültigkeit der Sozialfaschismusthese lange Zeit die Sozialdemokraten zum Hauptgegner der Kommunisten erhob. Hätte sich der kommunistische Widerstand indes bereits zu Beginn der nationalsozialistischen Herrschaft widersetzt, wäre die deutsche Geschichte vielleicht anders verlaufen. Die Statue befindet sich vor einem von Stacheldrahtsträngen umgebenen Glockenturm an einer landschaftlich exponierten Anhöhe. Bei freier Sicht kann von dort aus das ganze Ettersbergtal überblickt werden.

Von der nationalsozialistischen Vergangenheit wollten die Deutschen allerdings zunächst wenig wissen. Darin unterschieden sie sich in Ost und West kaum. Ähnlich verhielt es sich mit der Politik, die aufgrund der Erfahrungen aus der nationalsozialistischen Zeit in Mißkredit und damit generell unter die Herrschaft des Verdachts geraten war. Die Bundesrepublik mußte von Anfang an mit den Gespenstern der Vergangenheit leben und versuchte zugleich, davon loszukommen. Für ihre Gegenwartsbezogenheit im ersten Jahrzehnt nach Kriegsende bezahlte die deutsche Gesellschaft ihren Preis. In den Schulen hörte der Geschichtsunterricht zumeist mit der Zeit vor 1933 auf. Tiefere Kenntnisse über die Ursachen der gegenwärtigen Nöte und des Verlusts, die Hitlers Herrschaft zu verantworten hatten, waren kaum verbreitet. So wie an einigen Gebäuden lediglich die nationalsozialistischen Hoheitszeichen entfernt worden waren, so hatte auch die deutsche Gesellschaft nach 1945 keine umfassende Abkehr vom nationalsozialistischen Gedankengut vollzogen. Es ging weiter wie bisher, mit dem einzigen Unterschied, daß nationalsozialistische Spuren nach Mög-

Die 1958 errichtete Gedenkstätte Buchenwald war die erste ihrer Art seit Gründung der Deutschen Demokratischen Republik. Fritz Cremers Gedenkstatue der Revolte der Gefangenen stilisierte eine heroisierte Selbstbefreiung des Lagers, die es in Wirklichkeit nicht gegeben hat.

lichkeit beseitigt wurden. An den Schulen unterrichteten häufig noch dieselben, die Jahre zuvor »Blubo« und die Überlegenheit der germanischen Rasse gelehrt hatten. Hartnäckig hielt sich der Hitler-Mythos, daß »der Führer persönlich« von vielen Mißständen und Untaten nichts gewußt hätte. Noch immer fanden sich Deutsche, die bereit waren, Hitler historische Größe zu attestieren. Hitlers sogenannte Erfolge wurden gepriesen: Hitler habe die Autobahnen gebaut und die Arbeitslosigkeit beseitigt, die Sieger wollen die deutsche Geschichte umgeschrieben haben, auch die Alliierten seien keine Unschuldsengel – all dies waren häufig zu hörende Auffassungen. Es versteht sich, daß dieses Zeitklima nicht die günstigsten Voraussetzungen für eine tiefere Auseinandersetzung mit der Zeit des Nationalsozialismus im Denkmal schuf.

Den Überresten der nationalsozialistischen Vergangenheit begegnete man in der Trümmerlandschaft auf Schritt und Tritt. Für ganz erhebliche Probleme sorgte nach dem mit der Zäsur von 1945 verbundenen Systemwechsel zunächst der denkmalsgeschichtliche

Umgang mit den Hinterlassenschaften der Nationalsozialisten: ihren »Worten aus Stein«, die die Lebenden für die Nachwelt geschaffen hatten und die nun wie ein sperriges Erbe aus einer anderen Zeit in die Gegenwart hineinragten.

Besonders galt dies für Nürnberg, die Stadt der Reichsparteitage. Ausgerechnet das zwölf Hektar große Reichsparteitagsgelände war in der ansonsten stark zerstörten Stadt vom Bombenkrieg weitgehend verschont geblieben. Die nationalsozialistischen Überreste waren permanenter Stein des Anstoßes und Gegenstand fortgesetzter Diskussionen zugleich. Noch als Torso vermitteln die Nürnberger Großbauten einen beklemmenden Eindruck von den antiken Bezugsmaßstäben, den Machtphantasien, Größenwahn und Menschenbild des Nationalsozialismus. In einer Mischung aus verschämter Geschichtsvergessenheit und unbedarftem Neuanfangsbestreben schickten sich die Nürnberger Stadtväter gleichwohl an, die Spuren des Tausendjährigen Reiches aus dem Gedächtnis der Stadt zu tilgen. Die Zerstörung der historischen Überreste einerseits und die in den von extremer Knappheit geprägten unmittelbaren Nachkriegsjahren ganz nachvollziehbare Indienstnahme nationalsozialistischer Denkmäler stehen dabei nebeneinander. 1950 hatte der Rat der Stadt Nürnberg noch in der unvollendeten Kongreßhalle das 900. Stadtjubiläum gefeiert. Den Nürnberger Symphonikern dient sie bis heute als Übungsraum, Volksfesten als Kulisse. Aber auch der Umbau der Kongreßhalle in ein Stadion für den Nürnberger Fußballclub – ohne besonderen historischen Feinsinn erging der Auftrag dazu ausgerechnet an den auf dem Gebiet der nationalsozialistischen Monumentalbauten, nicht zuletzt durch das Berliner Olympiastadion ausgewiesenen Architekten Werner March, bevor das ganze Projekt wieder fallengelassen wurde –, sogar die Umwandlung in ein Altenheim und ein Freizeitcenter zählten im Laufe der Jahre zu den zunächst erwogenen und dann wieder verworfenen Plänen für eine Neugestaltung, die es dann doch nie gab.

Mit dem Märzfeld gingen die Nürnberger Stadtväter ähnlich wenig zimperlich um. 1960 wurden die elf von den Nationalsozialisten gebauten Türme – der ursprüngliche Entwurf hatte 24 vorgesehen – weggesprengt, weil sie dem Ausbau einer Trabantenstadt im Wege standen. Auf dem Zeppelinfeld war bereits 1945 von den Amerikanern das vergoldete Hakenkreuz mit Lorbeerkranz von

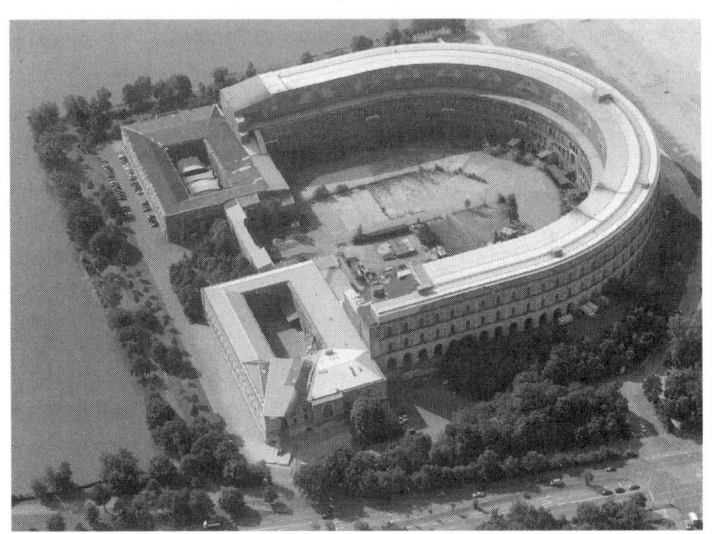

*In Nürnberg waren die nationalsozialistischen Überreste Stein des
Anstoßes. Selbst heute als »Dokumentationszentrum Reichsparteitagsgelände« vermitteln die Nürnberger Großbauten einen beklemmenden
Eindruck von Größenwahn und Menschenverachtung
der Nationalsozialisten.*

der Haupttribüne beseitigt worden. 1967 folgte die Säulengalerie
mit der Begründung nach, sie sei einsturzgefährdet. Erst Mitte der
70er Jahre setzte ein verändertes Bewußtsein ein. Mit dem bayerischen Denkmalschutzgesetz von 1973 wurden alle nationalsozialistischen Bauten im Freistaat unter Denkmalschutz gestellt, und
1983 bewilligte die Stadt eine halbe Million DM für die Restaurierung dessen, was von der Zeppelinbühne übriggeblieben war.
Nach zum Teil verwegenen Neugestaltungsplänen des Reichsparteitagsgeländes – wie dem vom damaligen Oberbürgermeister
Andreas Urschlechter favorisierten Projekt, auf dem Zeppelinfeld
die Bundesgartenschau auszurichten, und der 1989 von der Kul-
turreferentin Karla Fohrbeck in die Debatte geworfenen Überlegung, die einstige Aufmarschstätte in ein »Geist, Seele, Körper und
Kopf umfassendes europäisches Gesamtkunstwerk« umzuwandeln – ist heute mit der Errichtung des im Herbst 2001 eröffneten
Dokumentationszentrums zur Geschichte des Nationalsozialismus eine dem Ort gemäße Erinnerungsstätte gefunden worden.

Nicht nur mit den steinernen Hinterlassenschaften des Dritten Reiches taten sich die Deutschen nach 1945 schwer. Das Totengedenken insgesamt war nach dem Holocaust und in Folge der Ereignisse des Zweiten Weltkriegs in eine tiefe Krise geraten. Der Tod fürs Vaterland als Opfer hatte seine sinnstiftende Kraft in weiten Teilen des deutschen Volkes verloren. Auf einmal stand nicht nur die geeignete Form des Erinnerns in Frage, sondern die Rechtfertigung des Todes auf dem Schlachtfeld insgesamt. Bei Horaz hatten einst Generationen gelernt, daß es süß und ehrenvoll sei, für das Vaterland zu sterben. Alles andere als süß hingegen war der Gastod gewesen, der anno 1917 und 1918 ein Massensterben auf den Schlachtfeldern von Ypern und Amiens hervorgerufen hatte, und erst recht bitter und sinnlos war der Tod, in den der größenwahnsinnige Diktator junge Offiziere, Unteroffiziere und Mannschaften in den Weiten Rußlands, in den Wüsten Afrikas und auf den Weltmeeren geschickt hatte. Die Trauer sucht seit jeher den Stolz. Der Stolz aber war durch das, was von Deutschen und im deutschen Namen geschehen war, dem Zweifel einer zutiefst skeptisch gewordenen Nachkriegsgeneration gewichen. Der Tod fürs Vaterland, das war seit jeher der Gehorsam gegen den Nomos, und genau dieser Gehorsam war durch die Ereignisse des Zweiten Weltkriegs in Frage gestellt worden. Nachdem der Staat in der nationalsozialistischen Zeit mit seiner schrankenlosen Staatsraison die Idee der Sittlichkeit pervertiert hatte, konnte er von da an nicht mehr, wie im antiken Griechenland, den Opfertod fürs Vaterland zur Bürgerpflicht erheben.

Zunächst sah es jedoch auch im Totengedenken nicht nach einem Bruch aus. Der Volksbund Deutsche Kriegsgräberfürsorge, eine Gründung aus Weimarer Zeiten, nahm bald nach dem Zweiten Weltkrieg seine Arbeit wieder auf und versuchte in seinen Gedenkfeiern und Publikationen an der hergebrachten Sicht vom Krieg als gottgewolltem Naturereignis festzuhalten. »Ein Glied des deutschen Volkes ist jeder einzelne. Gebunden und verbunden sind wir durch das Schicksal, in das wir hineingestellt worden sind ohne unser Zutun, das uns Gott als Lebensraum zugewiesen hat«, hieß es noch 1959 in einer Festschrift des Volksbundes.[3] Seit 1952 regelt ein Bundesgesetz die alleinige Zuständigkeit des Volksbunds für die Pflege der deutschen Kriegsgräber im Ausland. Und auch die für die nationalsozialistische Denkmalsarchitektur so charakteristischen Totenburgen hatten sich in die neue Zeit hinüberretten können. 1955 in Tobruk/Libyen und 1959 in El Alamein/Ägypten hatte sich der Volksbund genau für diese Form des festungsartigen, monumentalen Totengedenkens entschieden.

Die gespaltene, geschmähte und um die Vergewisserung ihrer Identität gebrachte Nation wollte wenigstens über den Gräbern geeint sein. Die 50er Jahre waren nicht die Zeit, um in tiefe Kontroversen über Schuld und Verantwortung, Heldenmut und Opfertum zu treten. »Der Tod hat alle Unterschiede ausgelöscht«, lautete eine viel zitierte Formel, die es erlaubte, KZ-Häftlingen und Angehörigen der Waffen-SS in einer gemeinsamen Ruhestätte zu gedenken. Und doch bahnte sich Anfang der 60er Jahre ein Umbruch an, der im Totengedenken sichtbar wurde und weit darüber hinaus Geschichtsdenken und Selbstverständnis der deutschen Nation betraf. Aus dem Gedenken an »unsere Toten des Krieges« wurde nun in den Inschriften immer häufiger ein Gedenken an die »Opfer von Krieg und Gewaltherrschaft«. Die »Kriegsgräber«, so die Bezeichnung des Gesetzgebers von 1952, wurden nun in der offiziellen Terminologie zu »Gräbern der Opfer von Krieg und Gewaltherrschaft« (1965). Mahnmale lösten Kriegerdenkmäler ab, und dies hieß, daß der Kreis der zu Ehrenden erweitert wurde. Zu den Gefallenen der Weltkriege kamen gemäß dem »Gräbergesetz« von 1965 die im Krieg ums Leben gekommenen Zivilpersonen, die Opfer der nationalsozialistischen Gewalt, der sowjetischen Besatzungszone und Ost-Berlins, die Opfer von Vertreibung, Verschleppung, Internierung, Zwangsarbeit und internationalen Flüchtlingssammellagern hinzu.

Es war bezeichnend, daß sich jetzt auch eine Debatte über ein nationales Ehrenmal entspann. Bei jedem der seit Gründung der Bundesrepublik immer zahlreicher werdenden Staatsbesuche zeigte sich das Dilemma, daß eine zentrale Gedächtnisstätte für die Toten der Nation fehlte. Die auf Intervention des damaligen Bundespräsidenten Heinrich Lübke gefundene sybillinische Lösung war einem Provisorium gemäß. Zwar war weiterhin nicht an die Errichtung eines Grabmals des Unbekannten Soldaten gedacht. Hartnäckig hatte sich die Rheinische Friedrich-Wilhelms-Universität zu Bonn den Plänen widersetzt, den von Schinkel errichteten Pavillon, der einst die Anatomie und nun die akademische Kunstsammlung beherbergte, in eine nationale Gedenkstätte umzuwan-

»Den Opfern der Kriege und der Gewaltherrschaft« – Die schlichte Gedenktafel (1964) im Bonner Nordfriedhof war Ersatzlösung für ein Bundesehrenmal. In der Erweiterung der zu Ehrenden über »Unsere Toten des Krieges« hinaus bezeichnet sie auch einen Paradigmenwechsel.

deln. Mit Billigung des Haushaltsausschusses des Deutschen Bundestags unterstützte die Bundesregierung daraufhin ideel und materiell die Planungen der Bonner Universität für ein Ehrenmal für die »Opfer der Kriege und der Gewaltherrschaft«, das auf dem Universitätsgelände auf der Hofgartenwiese, unweit des akademischen Kunstmuseums, in Form einer vom Wuppertaler Architekten Schwippert entworfenen Gedenktafel errichtet werden sollte. Für Mitsprache des Bundes war auf diese Weise gesorgt, ohne daß den Vertriebenenverbänden die Möglichkeit bestimmender Einflußnahme gegeben war. Die Inschrift war ebenso schlicht wie politisch aussagekräftig: »Den Opfern der Kriege und der Gewaltherrschaft«. Der Ausweitung der zu Ehrenden, wie sie mit dem Gräbergesetz dann 1965 kam, wurde hier vorweggenommen.

Entsprechend laut waren die Vorbehalte der Veteranenverbände gegen die Bonner Gedenktafel, die zu Recht einen Paradigmenwechsel vermuteten. Die feierliche Einweihung der »Ersatzlösung« für ein Bundesehrenmal durch Bundespräsident Heinrich Lübke erfolgte am Vorabend des 17. Juni 1964, dem 11. Jahrestag des blutig niedergeschlagenen Arbeiteraufstandes in der DDR.

Die Wahl des Ortes erwies sich freilich als wenig glücklich. Denn im Bonner Hofgarten beeinträchtigten nicht nur Verkehrslärm, fußballspielende Primaner und sonnenbadende Studenten ein protokollgemäßes Zeremoniell. Hinzu kam, daß mit den unruhigen sechziger Jahren der Hofgarten immer mehr zum Ort des politischen Happenings mutierte. Hier war es 1969 zur Großdemonstration gegen die Notstandsgesetze gekommen. Später folgte der Protest gegen die Nachrüstung der Nordatlantischen Allianz. Diese Umstände haben dazu beigetragen, daß 1980 Bundespräsident Karl Carstens entschied, die Bronzetafel in den Bonner Nordfriedhof zu verlegen. Dort befand sich seit 1951 eine Gräberanlage mit einem Hochkreuz, vor dem seit den 50er Jahren am Volkstrauertag Kränze niedergelegt wurden. Die Bronzetafel wurde nun dem Gräberfeld inkorporiert: Auf steinernem Sockel war sie nun eingefügt zwischen Gräberreihen und Heckenhalbrund, umgeben von einem schlichten Hochkreuz und zwei Fahnenmasten. Die provisorische Republik hatte zu einem provisorischen Zeremoniell gefunden. Der Ruf nach einer zentralen Gedenkstätte zur Totenehrung war indes damit nicht zum Schweigen gebracht. Erst im wiedervereinigten Deutschland sollte eine dauerhafte Lösung gefunden werden.

Neben den negativen Erfahrungen der nationalsozialistischen Diktatur hat vor allem die Teilung der Nation Deutschlands Weg nach 1945 geprägt. Nach Hitlers Erbe war die Teilung der Grund, weshalb sich die Bundesrepublik mit dem öffentlichen Gedenken so schwer tat. Beide, das Erbe des Dritten Reiches und die Last der Teilung, hingen wesentlich zusammen, auch wenn dies nicht immer und nicht von allen so klar gesehen wurde. Denn am Anfang der deutschen Teilung hatte Hitlers Griff nach der Hegemonie gestanden, zuerst in Deutschland, dann – mit dem Weltkrieg – auch in Europa und Übersee. Mit der Niederlage des Deutschen Reiches war die Entscheidung über die staatliche Zukunft und die gesellschaftliche Ordnung den Deutschen aus der Hand genommen.

Das Münsteraner Mahnmal zur deutschen Einheit »Unteilbares Deutsch-
land« (1960) erinnert daran, daß zu jener Zeit der Kalte Krieg das
Lebensgefühl der Menschen bestimmte. Zwei klobige Betonblöcke werden
durch ein vierreihiges, eisernes Kettenband zusammengehalten.

Die Teilung war widernatürlich und schmerzvoll. Nirgendwo war
der Kalte Krieg kälter als zwischen Alpen und Ostsee. Der Eiserne
Vorhang, der bereits kurz nach Kriegsende von Lübeck über Hof
bis Triest in Europa niedergegangen war, verlor nach dem Mauerbau 1961 sein letztes Schlupfloch. Er teilte Dörfer und Städte, zer-
riß Familien, trennte gnadenlos, was über Jahrhunderte gewachsen
war. Mauer, Stacheldraht und Schießbefehl erinnerten daran, daß
die bipolare Ordnung des Kalten Krieges nur mit Waffengewalt
gegen die Menschen aufrechterhalten werden konnte.

Lange Zeit wehrten sich die Westdeutschen gegen die Anerkennung des Faktischen, und diese bestand in der Ohnmacht Deutschlands, seiner Abhängigkeit von den Vier Mächten und der politischen Großwetterlage. Wiedervereinigung in Frieden und Freiheit

war eine der häufigsten Vokabeln im politischen Bonn der 50er Jahre, die Wiedervereinigung das nationale Interesse der Deutschen schlechthin. In einem geteilten Europa war indes für ein neutrales Deutschland kein Platz, eine Österreich-Lösung analog zum Staatsvertrag von 1955 für Deutschland nicht vorgesehen. Gleichwohl hat es seit 1945 immer wieder Versuche der Deutschen gegeben, die deutsche Frage selbst in die Hand zu nehmen. Von Erfolg war keiner gekrönt.

Jeder Wettersturz der Großen Politik hatte auf die Deutsche Frage ganz besondere Auswirkungen. Das mußten die Deutschen auf schmerzliche Weise im Mai 1959 auf der Genfer Außenministerkonferenz ein weiteres Mal erfahren. Aus ganz unterschiedlichen Gründen hatten die Vier Mächte gar kein grundsätzliches Interesse an einer Wiedervereinigung. So befürchtete der Westen für diesen Fall eine Lockerung der politischen Bindungen, auf denen die Westorientierung beruhte. Nur ein Zusammenbruch der Sowjetunion oder eine tiefgreifende Veränderung im ideologischen Klima der Welt hätten die Wiedervereinigung ermöglichen können. Ende der 50er Jahre waren die Aussichten dafür alles andere als rosig. Berlin, »Angelpunkt für Weltkrisen« (Helmut Schmidt), blieb der DDR »Pfahl im Fleisch« und Faustpfand bei sicherheitspolitischen Erpressungsversuchen zugleich. Als im November 1958 der Generalsekretär der KPdSU, Nikita Chruschtschow, verkündete, ganz Berlin liege auf dem Territorium der DDR und die Alliierten hätten sechs Monate Zeit, um abzuziehen, verbreitete sich nochmals jenes lähmende Gefühl des Ausgeliefertseins an die östliche Supermacht, die 17 Millionen Landsleute als Geiseln genommen hatte.

Der Kalte Krieg bestimmte das Lebensgefühl der Menschen. Davon zeugt, daß 1960 in Münster auf dem Promenadenplatz ein von Anni Buschkötter entworfenes Mahnmal zur deutschen Einheit »Unteilbares Deutschland« seiner Bestimmung übergeben wurde. Zwei schlichte, klobige Betonblöcke – der eine nach oben, der andere sich nach unten verjüngend – stehen dicht nebeneinander. Sie werden durch ein vierreihiges, eisernes Kettenband, das jeweils durch eine in den Betonblock eingebrochene kreisrunde Öffnung geführt wird, zusammengehalten. Die gewaltigen Maße des 3,10 Meter hohen und 2,40 Meter breiten Mahnmals, die Schlichtheit der Gestaltung und Klarheit der gewählten Symbolik verleihen dem Münsteraner Denkmal »Unteilbares Deutschland« seinen kraftvollen Ausdruck. Wenn der Eiserne Vorhang im Denkmal überhaupt eine Entsprechung finden kann, dann vermutlich im Mahnmal zur deutschen Einheit in Münster 1960. Der verschiedentlich dem Buschkötter-Entwurf entgegengehaltene Vorwurf, die menschlichen Opfer nicht beim Namen genannt zu haben und insgesamt im Typus dem Kriegsdenkmal vorangegangener Generationen anzugehören, ist hingegen von grundsätzlichen Überlegungen genährt und weist bereits auf die sich in den 60er Jahren abzeichnende Krise des Totengedenkens hin.

Vor dem Hintergrund der politischen Nachkriegsentwicklung überrascht einigermaßen, daß sich die Zahl der Denkmäler, die dem politischen Ziel der Wiedervereinigung gewidmet sind, gleichwohl in Grenzen hält. Vor diesem Hintergrund ist die am 15. Oktober 1967 in Friedland eingeweihte »Gedächtnisstätte Wiedervereinigungsdenkmal« erwähnenswert. Das mit großzügigen Spendenmitteln vom Verband der Heimkehrer gestiftete und von den Architekten Hans Wachter und Martin Bauer entworfene Monument erhebt sich, gut sichtbar, auf einer Anhöhe in der Form von aneinandergerückten, asymmetrischen Betonscheiben, die in alle vier Himmelsrichtungen zeigen. Die Texte der Inschrifttafeln sind zentriert gehalten. Ihr Inhalt variiert mit den Himmelsrichtungen. Die nach Osten gerichteten erzählen vom menschlichen Drama, von Flucht und Vertreibung: »Vertrieben wurden nach 1945 aus der Heimat ostwärts der Oder/Neisse und des Böhmerwaldes, aus Osteuropa und aus Südosteuropa 15 Millionen Deutsche. Verschleppt wurden in die Weiten des Ostens 1944–47 eine Million deutsche Zivilpersonen, darunter Frauen und Kinder [...].« Die gen Westen gerichteten Tafeln handeln von den politischen Konsequenzen, die aus der Tragödie der Vertreibung zu ziehen sind. Sie fordern zur Versöhnung und dem Dienst am Frieden auf und verbinden damit den Dank für die Freilassung aus der sowjetischen Kriegsgefangenschaft, ohne diese beim Namen zu nennen: »1956 kam der letzte Transport – noch 1967 waren nicht alle frei«, heißt es auf der nordwestlichen Inschrifttafel.

Mit Friedland, dem Ort des Denkmals, bleibt die Freilassung aufs engste verbunden. In Friedland, wo sich einst britische, amerikanische und sowjetische Besatzungszone berührten, hatte im September 1945 die britische Militärregierung die Viehställe des

*Die 1967 in Friedland eingeweihte Gedächtnisstätte Wiedervereinigungs-
denkmal ist gut sichtbar, auf einer Anhöhe, angesiedelt.
Aneinandergerückte asymmetrische Betonscheiben zeigen in alle vier
Himmelsrichtungen und erinnern an den Wiederaufbaubeitrag
der Kriegsheimkehrer.*

Landwirtschaftlichen Instituts der Universität Göttingen in ein
Notaufnahmelager der Universität umgewandelt. Und Friedland
war 1955 der Ort an der Zonengrenze, an dem die Spätheimkehrer
aus der sowjetischen Kriegsgefangenschaft deutschen Heimatbo-
den betraten, nachdem Bundeskanzler Konrad Adenauer bei seinem Besuch in Moskau ihre Freilassung erwirkt hatte. Noch 1975,
zwanzig Jahre später, wurde bei einer Umfrage des Allensbacher
Instituts für Demoskopie als Adenauers Hauptverdienst die
Heimführung der deutschen Kriegsgefangenen aus Rußland genannt.[4] Die Wochenschaubilder des Wiedersehens der ersten
größeren Transporte deutscher Kriegs- und Zivilgefangener, die
im Herbst 1955 von Konrad Adenauer im Durchgangslager persönlich empfangen wurden, haben sich dauerhaft ins Gedächtnis
der Nation eingeprägt. Eindrucksvoll hat damals ein eidgenössi-
scher Korrespondent die beklemmend-beglückende Szene festgehalten: »Eine Bewegung durchläuft die Menge beim Anblick dessen, was den Autos in dichten Scharen entquillt. Boten aus einer
unbegreiflichen, fremden Welt, kommen sie heran in ihren

schwarzen gepolsterten Jacken und wattierten Hosen, fremd zum Teil bis in Schnitt und Ausdruck der Gesichter: Einarmige, Einbeinige, Einäugige, Zahnlose; ein anderer mit schmutzigweißem, langem Bart und über die Schultern fallender Mähne, als sei er der wiedererstandene alte Tolstoi; einer trägt noch seine Gasmaskenbrille mit Band um den Kopf; plumpe Frauen in Trainingsanzügen und Pantoffeln, das Haar in fleckigen Strähnen auf dem Rücken hängend, zwei von ihnen mit einem Kind auf dem Arm; junge, stoppelbärtige Männer, die Haut über die Schädelknochen gespannt und wie mit einem harten, feinen Griffel ziseliert, die einen braun gebrannt, die anderen bleich oder gelbgrau und mehr Erde als Fleisch.«[5]

Das Schicksal der Flüchtlinge gehörte von Anbeginn zur Geschichte der Bundesrepublik dazu. Über 16 Millionen Deutsche wurden am Ende des Zweiten Weltkrieges vertrieben und mußten über Nacht ihre angestammte Heimat verlassen, oftmals mit kaum mehr als dem, was sie am Leib trugen. Sie hatten alles verloren, und sie mußten noch einmal von vorne und ganz unten anfangen. Verlorene Heimat, dies bedeutete zunächst den Verlust von Gütern, von Lebensunterhalt, dies hieß aber auch, auf einer tieferen Ebene, Verlust von Geborgenheit und damit Verlust von Identität. Um so größer ist den Heimatvertriebenen ihre Bereitschaft zur Versöhnung, ihre nahezu einmütige Absage an revanchistische Auffassungen anzurechnen. Der deutschstämmige amerikanische Historiker Fritz Stern hat die dieser Haltung zugrundeliegende Geisteshaltung auf den Punkt gebracht, wenn er schreibt: »Verlust kann auch Gewinn bedeuten, einen neuen Ansporn, Verantwortung wecken, in einem neuen Leben zwar das alte Erbe zu pflegen, aber dem Unrecht einen Nutzen abzutrotzen, kann dazu führen, daß man in der Verpflichtung lebt, jedem neuen Unrecht Widerstand zu leisten.«[6]

Die Heimatvertriebenen erwiesen sich als anpassungsfähig; sie waren mobil, gingen in die schnell wachsenden Ballungszentren und waren bereit, die Ärmel hochzukrempeln. Das Wirtschaftswunder der Nachkriegszeit wäre ohne ihren Beitrag nicht möglich gewesen. Die konsequente Einbindung der Heimatvertriebenen beim Aufbau des politischen Gemeinwesens und damit zum Gelingen von Demokratie und Wohlstand zählt zu Adenauers großen Leistungen. Das Lastenausgleichsgesetz von 1952 brachte einen gewaltigen Entschädigungstransfer auf den Weg und trug zum

Grundkonsens der Republik bei, der immer auch sozialen Ausgleich bedeutete: diejenigen, die wenig eingebüßt hatten, teilten mit denjenigen, die alles verloren hatten. Ohne diese gelebte Solidarität wäre die Bundesrepublik nicht das geworden, was sie heute ist. Friedland ist zum Symbol dieser Solidarität der Aufbaujahre geworden und war, in den Jahren des Kalten Krieges, Verheißung, daß am Ende Freiheitswille die Ketten der Zwangsherrschaft sprengen kann und sich letztlich die demokratische Gesellschaftsordnung gegen Willkür und Gängelei durchsetzt. Die Bundesrepublik hat sich diese Einsicht erst erwerben müssen, um sie dauerhaft zu besitzen. Ihre Denkmäler veranschaulichen diesen Prozeß. Die großen Entscheidungen, Westintegration, Wiederbewaffnung, Festhalten am Bekenntnis zur Einheit der Nation, standen seit den 50er Jahren fest. Sie hatten unmittelbar mit den existentiellen Bedrohungen – Berlinblockade, Koreaschock, gescheiterter Arbeiteraufstand vom 17. Juni 1953 – zu tun und wurden in den Krisen um Berlin in den Jahren 1958–1961 bestätigt. Von dort bis zur Begründung einer eigenen Tradition war es ein weiter Weg.

Dies wird auch beim Blick auf das Verhältnis der Bundeswehr zu ihrer Geschichte im Denkmal deutlich. 1956 waren in der Konsequenz des Nato-Beitritts vom Vorjahr bundesdeutsche Streitkräfte wiederaufgestellt worden. Vorausgegangen war der Entscheidung eine lebhafte Debatte über die Wiederbewaffnung, auch über Für und Wider von allgemeiner Wehrpflicht und Berufsarmee. Zunächst war die Bereitschaft zur Aufstellung von Streitkräften sehr begrenzt gewesen. Die Stimmung des »ohne mich« war weit verbreitet. Diese Haltung entsprach den leidvollen Erfahrungen aus dem Weltkrieg und den Vorstellungen, Deutschland könne im Zeitalter moderner Massenvernichtungswaffen ein weiteres Mal Schlachtfeld werden. Der Gedanke daran, die eigenen Söhne noch einmal in die Kasernen schicken zu müssen, mobilisierte Abwehrkräfte. Allein die weltpolitische Situation, der Korea-Schock und die prekäre Lage an der innerdeutschen Grenze mit beunruhigenden Meldungen über allzeit zum Einmarsch bereiten Einheiten der schon 1950 in der DDR aufgestellten kasernierten Volkspolizei arbeitete den Wiederbewaffnungsbefürwortern in die Hände.

Die Startbedingungen der Bundeswehr waren wenig günstig. Die Schatten der Vergangenheit waren lang. Anfangs überwogen Vorbehalte in der Bevölkerung. Vom Militarismus hatten die Deut-

Das Bedürfnis nach angemessener Würdigung der in den Weltkriegen gefallenen deutschen Soldaten hatte Anfang der 70er Jahre nicht den Zeitgeist auf seiner Seite. Die steinerne Skulptur eines gefallenen jungen Soldaten findet sich in einer Mauernische der Festung Ehrenbreitstein über dem Deutschen Eck bei Koblenz.

schen genug. Die Bundeswehr war keine unabhängige nationale Streitmacht. Sie war eine Bündnisarmee, der Verteidigungsbeitrag der nur sehr eingeschränkt souveränen Bundesrepublik zur Atlantischen Allianz. Aus jener Situation erklärt sich, daß die Bundeswehr bis heute über keinen eigenen Generalstab verfügt. Wenn die rasche Integration der Bundeswehr in Staat und Gesellschaft so erfolgreich gelang, so verdankt sie dies dem eindeutigen Bekenntnis zum freiheitlich-demokratischen Staat der Bundesrepublik und dem maßgeblich von den Generälen Baudissin, de Maizière und Kielmannsegg geprägten Leitbild der inneren Führung, das den Staatsbürger in Uniform als eine unabhängige Soldatenpersönlichkeit und Gegenbild zu Kadavergehorsam und Kasernenhofdrill präsentierte. Für militaristischen Geist war trotz gelegentlichem Aufflackern in der Bundeswehrführung kein Platz. Die Bundeswehr begründete statt dessen ihre eigene, demokratische Tradition. Im Traditionserlaß (1965) wurde Traditionspflege als Teil der soldatischen Erziehung der ersten Wehrpflichtstreitmacht einer deutschen Demokratie als Aufgabe begriffen, »Dankbarkeit und

Ehrfurcht vor den Leistungen und Leiden der Vergangenheit« zu lehren und damit die Brücke in eine bessere, vorhitlerische Vergangenheit zu schlagen.[7]

Es dauerte jedoch noch mehr als ein Jahrzehnt nach Gründung der Bundeswehr, bis auf der Festung Ehrenbreitstein, über dem Deutschen Eck in Koblenz, dem deutschen Heer ein Ehrenmal errichtet werden konnte. Die Grundlagen dazu waren durch die erfolgreiche Sammelaktion des 1969 gegründeten »Kuratorium[s] Ehrenmal des deutschen Heeres« geschaffen worden. Das Denkmal zeigt nach den Entwürfen von Hans Wimmer die steinerne Skulptur eines gefallenen jungen Soldaten, der tief eingebettet in einer in die 18 Meter hohe Festungsmauer am Hauptgraben geschlagenen Nische liegt. Über der Nische ist eine steinerne Tafel eingelassen. Sie zeigt in ihrer Mitte das Eiserne Kreuz und an den Seiten die Jahreszahlen der Weltkriege: 1914 / 1918 / 1939 / 1945. Die Inschrift der Tafel lautet: »Den Toten des deutschen Heeres – ihr Vermächtnis: Frieden.« Eine steinerne Tafel am Eingang zur Gedenkstätte weist auf die nahezu 5 Millionen gefallenen Soldaten des deutschen Heeres in beiden Weltkriegen hin.

Der Tod fürs Vaterland ist das Thema auch dieses soldatischen Ehrenmals. Doch dem in der Skulptur dargestellten Hinschied der auf den Schlachtfeldern einbehaltenen Jugend haftet nichts Martialisch-Triumphierendes an: kein Hauch von Langemarck, als anno 1914 Deutschlands freiwillige Soldatenjugend mit dem Deutschlandlied auf den Lippen in den Tod marschierte. Es ist die Trauer über die toten Soldaten des deutschen Heeres, die hier dargestellt wird, und diese Toten waren die Gefallenen der beiden Weltkriege. Das Bedürfnis nach angemessener Würdigung der in den Weltkriegen gefallenen deutschen Soldaten im Denkmal hatte Anfang der 70er Jahre nicht den Zeitgeist auf seiner Seite. Dieser Gegensatz findet sich im Heeresmahnmal insoweit wieder, als das Mahnmal in Koblenz in den hintersten Winkel, in die engste Felsenschlucht, verbannt worden ist. Jener Gegensatz ist auch angelegt in der Ruhe ausstrahlenden, ausgesprochen schlichten Skulptur und der Mächtigkeit der Felsarchitektur. Dieser gewollte Spannungsbogen charakterisiert den Friedensdienst des Soldaten der Bundeswehr mit der Waffe treffend: die Umstellung auf die reine Defensive, die Absage an die altpreußische Militärtradition des *praevenire*. Die Operationsplanungen waren auf die reine Landesverteidigung begrenzt. Die Soldaten wurden für einen Ernstfall ausgebildet, der gemäß der bis 1957 gültigen Allianzstrategie der *massive retaliation* ganz Deutschland in ein atomares Schlachtfeld verwandelt hätte.

Freiheit, dies lehrt die deutsche Geschichte auf eindringliche Weise, ist kein Geschenk, das vom Himmel fällt. Sie verlangt vielmehr Opfer und will verteidigt werden. Bundesverteidigungsminister Georg Leber ging es um die gesellschaftliche Verankerung der Streitkräfte in der Demokratie, als er bei der Einweihung des Koblenzer Ehrenmals auf die Identität von Bürgertugenden und Soldatentugenden hinwies und aussprach, was die Toten den Lebenden gemahnten: »den Willen, vor allem den Frieden zu wahren; den Willen, alles für die Freiheit zu tun; den Willen, unsere Pflicht zu erfüllen, um diese Güter schützen zu können«.[8] Symbole sind repräsentative Zeichen. Das Eiserne Kreuz, das über dem liegenden Soldaten in den Fels geschlagen ist, erinnert daran, daß es in der Geschichte des deutschen Heeres auch andere Zeiten gegeben hatte, und daran, welcher Toten im Ehrenmal gedacht wird. Der von König Friedrich Wilhelm III. von Preußen 1813 gestiftete Verdienstorden hob als von da an einzige Kriegsauszeichnung alle anderen Orden mit Ausnahme des *Pour le Mérite* auf und wurde zu *dem* Symbol der Befreiungskriege. Seit der Einführung der Bundeskriegsflagge des Norddeutschen Bundes im Jahr 1867 wurde das Eiserne Kreuz Reichsemblem. Es ehrte, belohnte und ermunterte in seiner zivilen Variante »das ausgezeichnete Verdienst um den Staat«, in seiner militärischen Variante »insbesondere das im Kampf gegen den Feind erworbene Verdienst« und war dem Gefreiten ebenso zugänglich wie dem kommandierenden General. Der Bundeswehr war die Verleihung dieses Ehrenzeichens nicht mehr gestattet. Doch die Bundesluftwaffe und die Panzerwagen der Bundeswehr tragen auch heute noch das Eiserne Kreuz als Erkennungszeichen innerhalb der Atlantischen Allianz. Dieser Rückblick auf die Kriegsjahre mußte als Hinweis im Denkmal genügen. Daß im Ehrenmal des Heeres Erster und Zweiter Weltkrieg als eine Einheit begriffen wurden, ist verschiedentlich gerügt worden. Eine echte Auseinandersetzung mit Ursachen und Voraussetzungen der beiden Kriege, auch mit Verfehlungen und Verbrechen einzelner in diesen Einsätzen leistet das Koblenzer Ehrenmal nicht. Der Symbolwert des Ehrenmals des Heeres wird dadurch nicht geschmälert. Er liegt im Bekenntnis des demokratischen Staates zu seinen Streitkräften und ihrer Tradition. Dieses Gedächtnis mahnt an die Verpflichtung, dem Frieden in der Welt zu dienen.

In den vier Jahrzehnten ihres Bestehens hatte sich die Bundesrepublik als stabile Demokratie erwiesen, ein eigenes Staatswesen entwickelt und auch zu einem bestimmten Ritual des Erinnerns und Gedenkens an die nationalsozialistische Zeit gefunden. Das moralische Urteil steht fest, die Leistungen der Geschichtswissenschaft haben zu beachtlichen Ergebnissen geführt, die strafrechtliche Seite der Aufarbeitung der nationalsozialistischen Vergangenheit war in den 8oer Jahren, von wenigen Ausnahmen abgesehen, praktisch abgeschlossen. Mit den verbliebenen überlebenden Verantwortlichen der nationalsozialistischen Führung hatte der Staat der Bundesrepublik seinen Frieden geschlossen. Alter und Tod hatten einen wesentlichen Anteil daran. Wer sich 1933 im Wahlalter befand, stand spätestens seit Ende der 7oer Jahre im Rentenalter, und auch die Zahl der Kriegsteilnehmer beschränkte sich jetzt in der erwerbstätigen Bevölkerung auf die Angehörigen der Flakhelfergeneration und des letzten Aufgebots. Mit der zunehmenden zeitlichen Entfernung hatte das Interesse an Hitler und seinem Reich jedoch nicht ab-, sondern eher noch zugenommen. Das Jahrhundert ging seinem Ende entgegen, und dabei wurde immer deutlicher, daß Hitler seine zentrale Gestalt gewesen ist. Doch nicht nur das Dritte Reich, sondern die deutsche Geschichte überhaupt wurde in den späten 7oer Jahren wiederentdeckt. Historische Ausstellungen – 1977 in Stuttgart über die Staufer, 1980 in München über »Die Wittelsbacher und Bayern« oder 1981 in Berlin über »Preußen – Versuch einer Bilanz« – zogen scharenweise Besucher an. Vor allem Jahrestage wollten gefeiert werden. Der offizielle Kalender der wiederkehrenden Ereignisse gab die Gegenstände des historischen Erinnerns vor. Historische Literatur, lange Zeit als verstaubte Kunst verpönt und in Vergessenheit geraten, erreichte auf einmal hohe Auflagen. Vorbei war die geschichtslose Zeit, als an den Schulen Geschichte durch Gemeinschaftskunde ersetzt und von nicht wenigen Geschichte ganz als überflüssig betrachtet wurde.

Von Hegel stammt der Satz, daß die Weltgeschichte nicht der Boden des Glücks sei, die Perioden des Glücks vielmehr leere Blätter auf ihm. Eine Nation, die sich positiv identifizieren will, darf auf Dauer den Blick nicht nur auf ihre eigene Unheilsgeschichte richten. In der Bundesrepublik begann man in den späten 70er Jahren, die tiefe Wahrheit dieser Erkenntnis zu begreifen. Mit Hitler war die deutsche Nationalgeschichte nicht an ihr Ende gelangt, Hitler war auch nicht das Resultat der deutschen Geschichte, er war allerdings auch kein Betriebsunfall. Über die Nation wurde wieder geredet, geschrieben und gestritten. Bücher mit Titeln wie »Die Last der Nation«, »Die ungeliebte Nation«, »Die Nation, die keine sein will« widerlegten die eingängige These von der Sprachlosigkeit der Intellektuellen. Und doch war es eine paradoxe Situation. Nie war das Lebensgefühl der Menschen in der Bundesrepublik mehr auf postnationale Identität eingestellt als in den Jahren unmittelbar vor dem Fall der Mauer. Doch die Wunde, die die Teilung schlug, wurde nach wie vor empfunden. Geschichte und politische Gegenwart ließen sich nicht nach vordergründigen Nützlichkeitserwägungen voneinander entkoppeln. Diese Erfahrung mußten gerade auch die Machthaber der Deutschen Demokratischen Republik machen, die in den 80er Jahren die preußische Geschichte als Vorgeschichte der DDR entdeckten und an der Preußen- und Geschichts-Renaissance ihren Anteil haben wollten. Sie filetierten einige Abschnitte heraus und schreckten auch vor der Umdeutung größeren Stils nicht zurück. Mit großem Aufwand inszenierten die SED-Machthaber 1983 den 500. Geburtstag Martin Luthers und 1987 die 750-Jahrfeier Berlins. 1983 wurde das Reiterstandbild Friedrichs des Großen Unter den Linden wieder aufgestellt. Auch den Alten Fritz wollten die realsozialistischen Machthaber in Ost-Berlin zu ihrem Vorläufer erheben. Dabei hatten sie über 30 Jahre damit zugebracht, eine eigene, traditionslose Tradition zu begründen, und Zug um Zug alle Bezüge und das Bekenntnis zur deutschen Nation getilgt. Orientierte sich die erste Verfassung der DDR im Wortlaut noch weitgehend an den Formulierungen der Weimarer Reichsverfassung, und war in der veränderten Fassung von 1968 immer noch davon die Rede, die DDR sei ein sozialistischer Staat deutscher Nation, so wurde 1974 auch dieser letzte Hinweis gestrichen. Die DDR wurde nun lediglich als »sozialistischer Staat der Arbeiter und Bauern« apostrophiert, »für immer und unwiderruflich mit der Union der Sozialistischen Sowjetrepubliken verbündet.« Die Freundschaft mit der Sowjetunion sollte die gekappten Bande zur eigenen Geschichte ersetzen. Schon Anfang der 50er Jahre hatte die DDR-Propaganda plakatieren lassen: »Von den Sowjetmenschen lernen heißt siegen lernen. Kriegspakt mit Washington bringt Elend und Tod – Freundschaft mit der Sowjetunion bringt Frieden und Brot.«

Auch in der Architektur wollte die DDR vom großen Vorbild der Sowjetunion lernen. In den Wiederaufbauplanungen der ostdeutschen Städte wurden nach Art des Leninplatzes in Berlin vom Reißbrett aus Platzneugründungen entworfen, auf die ringartige Verkehrsstraßen zuliefen. Architektur war funktional: Zu den häufig von ihr zu erfüllenden Aufgaben gehörte, für Aufmärsche aller Art die Kulisse zu liefern. Die Fiktion der totalen Verfügbarkeit des einzelnen verleitete zu monströsen Bebauungsplänen, die widernatürlich in die organisch gewachsene Stadtstruktur eingriffen. In Chemnitz war durch die Bombenangriffe des Zweiten Weltkriegs beinahe der ganze gründerzeitliche Stadtkern zerstört worden. In der nach der DDR-Gründung in Karl-Marx-Stadt umbenannten Industriestadt sollte nach dem Willen der Stadtväter der sozialistische Wiederaufbau politisch wirksam werden. Der Bebauungsplan für die Freifläche des zentralen Platzes, hervorgegangen aus einem städtebaulichen Ideenwettbewerb, wurde 1961 von keinem geringeren Gremium als dem Ministerrat der DDR bestätigt. Ursprünglich als Demonstrationsplatz vorgesehen, wurde die 390 x 360 Meter große Fläche in einen Grünraum umgewandelt. An die Stelle der Demonstrationstribüne trat ein 1971 eingeweihtes, vom sowjetischen Bildhauer Lew Korbel geschaffenes Denkmal, das unmittelbar vor dem zentralen Gebäude, dem Sitz des Bezirksrates, vor einem Schriftfeld aufgestellt wurde: der circa 30fach vergrößerte Kolossalkopf des Verfassers des Kommunistischen Manifests, Karl Marx, der wie ein Ahnherr der sozialistischen *tabula rasa* als *deus ex machina* die kahle Platzneugründung bewacht und milde auf die werktätigen staatssozialistischen Untertanen herablächelt. Ein auf der Vorderseite des Bezirksratsgebäudes diagonal angebrachter, asymmetrischer Schriftfonds verleiht dem Marx-Kopf, von vorne betrachtet, eine doppelte Fassung. Seine Wort gewordenen Einsichten haben sich ins Bezirksratsgebäude eingefressen. Erst durch die Spiegelung des monumentalen Karl-Marx-Kopfes erhalten die Institutionen des Realsozialismus ihre Rechtfertigung. Selten ist die Theoriegläubigkeit und Geschichtslosigkeit eines Staates in seinem

Denkmal an einem Ort sinnfälliger ausgedrückt worden als im Karl-Marx-Städter monumentalen Karl-Marx-Kopf, der in der 1990 wieder in Chemnitz umbenannten sächsischen Industriestadt zu den wenigen Sehenswürdigkeiten zählt.

Heute erscheint der Marx-Kopf im Stadtbild von Chemnitz wie ein Überbleibsel aus einer untergegangenen Zeit, fern und nah zugleich. Sperrig ragt er in die Gegenwart hinein. Es entbehrt nicht einer aussagekräftigen Symbolik, wenn der Marx-Kopf in den Wendezeiten 1989/90 zum Schutzpatron der Protestbewegung aufstieg. Die Gespenster des Kommunismus, die die DDR gerufen hatte, konnte sie am Ende nicht mehr loswerden. Es war nicht zuletzt der eigene marxistische Anspruch, an dem der Sozialismus nach Art der DDR zerbrach. Das Marx-Monument wurde im Wendejahr 1989/90 den Montagsdemonstranten zum Ausgangs- und Endpunkt ihrer Protestumzüge. Der Vorwurf des Verrats an den sozialistischen Idealen, bewährter Rückgriff des Regimes, um die Gängelei mißliebiger Untertanen zu rechtfertigen, wandte sich gegen die Machthaber selbst. Marxistische Utopie und spätstalinistische Wirklichkeit waren am Ende in der DDR auch mit den Knüppeln des Polizeistaats nicht mehr in Einklang zu bringen. Jetzt zeigte sich, daß dem Staat der DDR ein konstitutives Element von Anfang an gefehlt hatte: Ein eigenes Staatsvolk hatte es nie gegeben, und die Staatsgewalt, die Herrschaft über Land und Leute, konnte nur so lange mit Gewalt aufrechterhalten werden, wie der »große Bruder« in Moskau die Voraussetzungen dafür garantieren konnte. Als in den späten 80er Jahren Perestroika und Glasnost in Gorbatschows Sowjetunion den Aufbruch in eine neue Zeit verhießen, erwies sich, daß die DDR in ihrem Bestand bedroht war. Daraufhin versuchten ihre Machthaber, sich mit allen Mitteln gegen den Wind des Wandels zu schützen, vergeblich. Die DDR war ein Staat, wie ihre Verfassung unfreiwillig bezeugt hat, der untrennbar an die Existenz der UdSSR geknüpft war. Als mit dem Ende des Kalten Krieges die politischen Rahmenbedingungen für die sowjetische Herrschaft über Ostmittel-, Ost- und Südosteuropa entfielen, war auch der erste deutsche Arbeiter- und Bauernstaat an sein Ende gelangt.

Der 30fach vergrößerte Kolossalkopf von Karl Marx bewacht seit 1971 als Ahnherr der sozialistischen tabula rasa die kahle Platzneugründung vor dem einstigen Bezirksratsgebäude in Chemnitz. Einst lächelte er milde auf seine werktätigen Untertanen herab, in den Wendezeiten 1989/90 wurde er zum Schutzpatron der Protestbewegung.

Einheit in Recht und Freiheit:
Deutschland seit 1990

Über 100 Jahre werde die Mauer stehen, hatte Erich Honecker im Brustton der Überzeugung noch im August 1989 verkündet. Zu jener Zeit liefen der DDR bereits ihre Menschen in Scharen davon. Denn seit Mai 1989 war der Eiserne Vorhang löchrig geworden, zunächst allerdings nur an einer Stelle. Ungarn hatte ohne Konsultation seine bis dahin hermetisch abgeriegelte Grenze zu Österreich geöffnet. Über Nacht bekam damit der Urlaubsausflug ins Nachbarland für die Bürger der DDR eine neue Qualität. Es bedurfte jetzt nicht mehr als eines Fußmarsches über die grüne Grenze, um der DDR den Rücken zu kehren. Das Tor zur freien Welt war einen Spalt breit aufgestoßen worden. Zu der Spezies der »Republikflüchtlinge« kam bald eine neue Variante hinzu. Als »Botschaftsflüchtlinge« hatten in Prag und Warschau mehrere Tausende zumeist junge Menschen aus der DDR auf dem Gelände bundesdeutscher Auslandsvertretungen Zuflucht gesucht, um ihre Ausreise aus der DDR zu erzwingen. Auf den Wandel reagierte Honeckers Regime mit Härte gegen die Daheimgebliebenen und Visumszwang für künftige Reisen in die benachbarten »sozialistischen Bruderländer«. Stets hatten die Machthaber in Ost-Berlin ihren Untertanen die These von den zwei Nationen eingehämmert: die der kapitalistischen Nation im Westen und die der überlegenen sozialistischen im Osten. Eine Wiedervereinigung war, wenn überhaupt, dann nur in der von Honecker 1981 auf der Bezirksdelegiertenkonferenz der SED in Berlin als Mahnung an die Adresse der Bundesrepublik formulierten Vision denkbar, daß der Sozialismus »eines Tages auch an Eure Tür klopfen wird«.[1]

Und in der Tat schien die Zeit für die These von der Zweistaatlichkeit zu arbeiten. Erich Honecker konnte sich im September 1987 einen Lebenstraum erfüllen, als er in Bonn mit staatsmännischen Ehren – rotem Teppich, feierlichem Salut und »weißen Mäusen« – empfangen wurde. Namhafte Sozialdemokraten sprachen sich für die Schließung der Zentralstelle für die Erfassung der

DDR-Unrechtstaten in Salzgitter aus und verhandelten erfolgreich mit SED-Kadern über gemeinsame Strategiepapiere. Die Springer-Presse hatte aufgehört, die DDR in ihren Druckwerken in Anführungszeichen zu setzen. Im westlichen Teil Deutschlands hatte man sich daran gewöhnt, mit der Teilung zu leben. Der Publizist Peter Bender gab stellvertretend für viele die veränderte Einschätzung wieder, als er 1989 schrieb: »Die Deutschen beiderseits der Elbe sprachen noch von der Einheit, und die Großmächte widmeten dem Thema zuweilen einige gute Worte, aber die Zweistaatenregelung, die sie für Deutschland getroffen hatten, entzog sich nunmehr jedem Zweifel.«[2] Diese Ambivalenz kennzeichnete das Verhältnis der Deutschen zur deutschen Frage in jenem Sommer 1989, als das Thema der künftigen Gestalt Deutschlands auf die politische Tagesordnung zurückgekehrt war. Honecker und Co. fanden bei ihr Argumente, um in ihrer lebensabgekehrten Wagenburgmentalität die Zeichen der Zeit zu leugnen.

Auf Verständnis jedenfalls durften diejenigen, die ihrer realsozialistischen Heimat den Rücken kehren wollten, bei den Machthabern von Ost-Berlin nicht hoffen. Eigenhändig fügte Honecker einem Leitartikel des SED-Zentralorgans »Neues Deutschland« den Satz über ausreisewillige Landsleute hinzu: »Man sollte ihnen deshalb keine Träne nachweinen.«[3] Statt dessen wurden platte Verzweiflungsparolen wie »Den Sozialismus in seinem Lauf halten weder Ochs noch Esel auf«[4] ausgegeben und vor gespenstischer Kulisse nach Art der nationalsozialistischen Großkundgebungen, mit Fackelumzügen und Waffenparaden, das 40. Gründungsjubiläum der DDR am 7. Oktober 1989 gefeiert. Kein Jahr später war die DDR als Staat verschwunden. Kluge Beobachter erinnerten an Jacob Burckhardts Ausführungen über die historische Krise und den beschleunigten Wandel in den Weltgeschichtlichen Betrachtungen. Binnen Jahresfrist hatte die Menschen mehr Geschichte ereilt als in vier Jahrzehnten zuvor. Wie im Zeitraffer folgten die Implosion der DDR, der ihre Menschen davonliefen, die ersten freien Wahlen zur Volkskammer der DDR, die Verhandlungen mit den Vier Mächten über die äußeren Aspekte der Vereinigung, die Währungsunion, der Einigungsvertrag und, daran anschließend, der Beitritt der DDR zum Geltungsbereich des Grundgesetzes.

Der eigentliche Einschnitt ereignete sich in der Nacht vom 8. zum 9. November 1989. Am Abend des 8. hatte der SED-Bezirksvorsitzende von Ost-Berlin, Günter Schabowski, bei einer Presse-konferenz scheinbar beiläufig entscheidende Sätze ausgesprochen: »Mir ist eben mitgeteilt worden: Der DDR Ministerrat hat be-schlossen, Privatreisen nach dem Ausland können ohne Vorliegen von Voraussetzungen beantragt werden.«[5] Noch in der Nacht zeigte sich die Tragweite dieser Sätze. Nicht enden wollende Menschen-schlangen pilgerten zum Brandenburger Tor, um hindurchzu-schreiten und den so lange verwehrten Gang vom Ostteil Berlins in den Westteil anzutreten. Die Geschichte war in Bewegung geraten. Wildfremde Menschen fielen sich in die Arme. Unbeschreibliche Szenen spielten sich am Brandenburger Tor ab. Es zeigte sich, daß das Empfinden der Zugehörigkeit zu ein- und derselben Nation stärker war als die Versuche des SED-Regimes, die Zweistaatlich-keit zu verordnen. Richard von Weizsäckers prophetischer Satz, daß die deutsche Frage so lange offen sei wie das Brandenburger Tor geschlossen, wurde am 9. November 1989 von der Wirklichkeit bestätigt. Das Verlangen der Menschen nach Freiheit hatte den Ausschlag gegeben. Der Forderung: »Macht das Tor auf«, 28 Jahre politischer Refrain westlicher Berlinpolitik und zuletzt einprägsam von US-Präsident Ronald Reagan bei seinem Deutschland-Besuch im Juni 1987 als Appell vor Ort an Generalsekretär Michail Gor-batschow gerichtet, war nun erfüllt worden. Aus denkmalpflegeri-schen Gründen – der berechtigten Angst der Beschädigung – wurde in unmittelbarer Nähe des Tores in der Clara-Zetkin-Straße, der heutigen Dorotheenstraße, ein Grenzübergang eingerichtet. Am 22. Dezember erfolgte schließlich die Öffnung des Brandenburger Tores, die DDR-Ministerpräsident Hans Modrow wenige Tage zuvor verfügt hatte. Vor den laufenden Kameras der aus der ganzen Welt angereisten Fernsehteams und im Blitzlichtgewitter der Photographen bewegten sich die Repräsentanten zweier gänz-lich unterschiedlicher Staaten aufeinander zu: Helmut Kohl, der Bundeskanzler, und Walter Momper, damals Regierender Bürger-meister, einerseits, sowie DDR-Ministerpräsident Hans Modrow und Erhard Krack, seinerzeit Oberbürgermeister des Ostteils, an-dererseits.

Auch Schnürlesregen konnte die herbeigeströmte Menge nicht daran hindern, das Ereignis tagelang als Volksfest ausgelassen zu feiern. In der Silvesternacht 1989 erklommen wagemutige Fei-ernde das Tor und beschädigten dabei die Quadriga so schwer, daß sie abgenommen und für einige Zeit zur Restaurierung ins Museum für Verkehr und Technik verbracht werden mußte. Die Wiedervereinigung, so lange unablässig deklamiertes und doch für unerreichbar gehaltenes Ziel deutscher Politik, war zwar noch nicht da, aber plötzlich schien sie in Reichweite gerückt. Die deutsche Frage stand wieder auf der Tagesordnung der Weltpolitik. Bei nüchterner Betrachtung sprach die Logik dafür, daß mit der Öffnung der Mauer der DDR ihre Lebensgrundlage entzogen worden war, denn die Existenz des ersten Arbeiter- und Bauernstaates auf deutschem Boden war untrennbar mit Mauer und Stacheldraht verbunden. Zu nüchternen Betrachtungsweisen verleiteten die bewegten Herbsttage des Jahres 1989 indes nur sehr eingeschränkt; zu groß war die Freude über die unerhörte Begebenheit. Was blieb, war das Bewußtsein, Zeuge einer ganz außergewöhnlichen Wendung der Geschichte zu sein. Mit Fug und Recht traf Goethes Diktum bei der Kanonade von Valmy auf jene Zeitzeugen zu, die beim Fall der Mauer und der Öffnung des Brandenburger Tores zugegen waren: »Von hier und heute geht eine neue Epoche der Weltgeschichte aus, und Ihr könnt sagen, Ihr seid dabei gewesen.«

Manchmal sucht sich die Geschichte Symbole, um wie im Brennglas das Nacheinander zum Zugleich werden zu lassen. Dies entspricht vor allem dem Verlangen der Menschen nach Anschaulichkeit: Bilder prägen sich ein. Im Fernsehzeitalter erzielen sie Reichweiten, die nie für möglich gehalten wurden. Darüber hinaus sind Bilder beliebig reproduzierbar. Das Brandenburger Tor findet sich auf Briefmarken, Gedächtnismünzen und anderen Devotionalien, ja sogar in die Couture hat es als Aufdruck Eingang gefunden. Die Assoziation des Tores mit der Wiedervereinigung ist unstreitig und dauerhaft, doch die symbolhafte Verbindung mit der deutschen Geschichte, mit ihrem Auf und Ab, hat tiefere Wurzeln. Dabei waren die Anfänge alles andere als pathetisch. 1791 war der Neubau des Brandenburger Stadttores, eines von 28 im übrigen, vollendet. Nicht einmal einen Siegeszug wollte der auftraggebende Monarch, Friedrich Wilhelm II., aus Anlaß der Fertigstellung stattfinden lassen. Zwei Jahre später folgte die von Johann Gottfried Schadow entworfene Quadriga. Sie beherrschte das Monument: die geflügelte Friedensgöttin Eirene in ihrem von vier Rössern gezogenen Streitwagen, vom Berliner Volksmund später despektierlich »Frau ohne Verhältnis« genannt. Als Eirenes Herrschaftsinsignien kamen zu Küraß und Helm auf der Stange 1795 Lorbeerkranz und römischer Adler hinzu.

Die bewegte Geschichte der Quadriga ist untrennbar mit derjenigen des Brandenburger Tores verbunden. Dabei ist sie mindestens so sehr wie das Stadttor selbst zum Symbol der Wechselfälle geworden. Napoleon durchschritt 1806 das Brandenburger Tor und ließ, ungeachtet des heftigen Protests der Berliner, in seiner Habgier die Quadriga abnehmen und nach Paris verbringen. Blücher holte sie nach der gewonnenen Leipziger Völkerschlacht 1813 zurück, sehr zum Jubel der Berliner. Das geschlagene Heer, November 1918, und die triumphierenden Nationalsozialisten, nach Hitlers Machtergreifung im Januar 1933, zogen mit großem Aufwand durchs Brandenburger Tor. Der Triumphzug wiederholte sich in den darauffolgenden Jahren; der größte fand nach der Heimkehr der Wehrmacht aus dem siegreich beendeten Frankreichfeldzug im Juni 1940 statt. Wenige Jahre später, im Mai 1945, zeigte sich das Tor in ausgewechselter Umgebung. Im Endkampf um Berlin diente es als Panzersperre im innersten Verteidigungsring um die Reichskanzlei. Die Torhäuser wurden dabei zerstört, das Relief beschädigt und die Eirene ging verloren. Das Brandenburger Tor war zur Ruine in ausgebombter Trümmerlandschaft geworden. Von ihm wehte jetzt die rote Fahne. Das Tor lag nun im Ostteil der Stadt. Am Pariser Platz davor hatte keiner der einstigen Bauten überlebt.

Die grundlegende Entscheidung des Ost-Berliner Magistrats zum Wiederaufbau des kriegszerstörten Tores bildete den Auftakt zu einer ebenso mühevollen wie windungsreichen Geschichte. Denn die vereinbarte Kooperation zwischen Deutschen in Ost und West geriet, der politischen Großwetterlage gemäß, zur Groteske nicht endender deutsch-deutscher Querelen. Vor allem die Restauration der 1950 abgenommenen Quadriga gestaltete sich als schwieriges Unterfangen. Als 1958 eine im Westteil verfertigte Kopie von ostdeutschen Arbeitern auf das Tor gehievt wurde, waren zuvor Preußenadler und Eisernes Kreuz auf Geheiß des SED-Regimes entfernt worden. 1953 hatten auch am Brandenburger Tor sowjetische Panzer den Arbeiteraufstand des 17. Juni blutig niedergeschlagen, und seit dem Mauerbau vom 13. August 1961 wurde das Monument zum eingemauerten Stadttor, streng bewachtes Objekt der Grenztruppen der Nationalen Volksarmee, und selbstre-

*Richard von Weizsäckers prophetischer Satz, daß die deutsche Frage so
lange offen sei, wie das Brandenburger Tor geschlossen, wurde am
9. November 1989 von der Wirklichkeit bestätigt. Die Assoziation des
Tores mit der Wiedervereinigung ist seitdem dauerhaft, auch wenn die
symbolhafte Verbindung mit der deutschen Geschichte tiefere Wurzeln hat.*

dendes Symbol eines Staates, der, wenn er fortbestehen wollte,
keine andere Wahl hatte, als seine Tore zu verbarrikadieren. Noch
einmal mußte die Quadriga in Folge der Beschädigungen durch die
Silvesterfeierlichkeiten 1989 abgenommen werden. Pünktlich zur
Wiedervereinigung am 3. Oktober 1990 war sie jedoch an ihrem angestammten Platz zurück, jetzt auch erstmals seit 1950 wieder mit
ihren vollständigen Insignien.

Fragen des Denkmals, dies darf darüber nicht aus dem Blick geraten, standen gleichwohl nicht im Zentrum des Wiedervereinigungsprozesses. In den Jahren 1989–1991, zwischen Mauerfall und der Erlangung der vollen Souveränität mit dem Inkrafttreten des Zwei-plus-Vier-Vertrages, ging es vor allem um die Angleichung der Lebensverhältnisse in Ost und West und um die Einbettung der deutschen Einigung ins Gefüge der Staatengemeinschaft. Dies war keine leichte Aufgabe, denn die Begeisterung selbst befreundeter ausländischer Staatchefs hielt sich in Grenzen. Die Verschiebung der Verhältnisse in Deutschland wurde zuallererst als Störung des europäischen Gleichgewichts empfunden. Die britische Premierministerin Margaret Thatcher etwa begrüßte zwar am 10. November den Mauerfall als »großen Tag für die Freiheit«,[6] der Begriff der Wiedervereinigung war ihr dabei allerdings nicht über die Lippen gekommen. Lieber sprach sie vom Ziel, die DDR zu einer wirklichen Demokratie zu entwickeln. Im Sommer 1990 lud sie fünf führende anglo-amerikanische Historiker auf ihren Landsitz Chequers ein, um einen ganzen Tag über die Frage zu diskutieren, ob sich die Deutschen verändert hätten. Die skeptischen Fragen der Nachbarn sollten den Prozeß der Wiedervereinigung begleiten.

Mutmaßungen, das wiedervereinigte Deutschland könne einem neuen Größenwahn anheimfallen und seine Westbindungen lockern, waren auch von wohlgesonnenen Partnern zu vernehmen. Die neue Lage, in der sich Deutschland über Nacht wiederfand, erinnerte daran, daß das nationale Erbe einen unmittelbaren Bezug zum Handeln in der Gegenwart hat. Der Dornröschenschlaf, der der alten Bundesrepublik vier Jahrzehnte wirtschaftliches Wachstum und soziales Wohlbefinden beschert hatte, war zu Ende. Die Geschichte war wiedergekehrt. Die Deutschen mußten sie nehmen, wie sie ist. Und dies hieß in der Praxis, daß eine Vielzahl von Fragen nach dem nationalen Erbe auf die politische Tagesordnung zurückgekehrt war und nach Beantwortung verlangte. Der Beschluß des Deutschen Bundestags vom Juni 1991, Sitz von Regierung und Parlament in die alte und neue Hauptstadt Berlin zu verlegen, war, historisch und politisch betrachtet, logische Konsequenz der Wiedervereinigung, er war indes alles andere als unumstritten. Berlin konfrontierte mit dem historischen Erbe und ersparte dabei auch nicht die weniger erfreulichen Seiten der deutschen Geschichte. Im Stadtbild Berlins dominieren die Denkmäler des preußisch-deutschen Nationalstaats. Hohenzollern, Nationalsozialisten und Staatssozialisten haben unverkennbar ihre Spuren hinterlassen. In dichtgedrängter Nachbarschaft finden sich hier Wallots Reichstagsgebäude, Brandenburger Tor, Neue Wache, Zeughaus, Kronprinzenpalais, das Reiterstandbild Friedrichs des Großen Unter den Linden, Berliner Dom und Palast der Republik. Die Mitte Berlins ist nicht nur geschichtsgeprägter, sie ist auch blutgetränkter Boden. Hier befinden sich die Bunkerreste, die von Hitlers Reichskanzlei übriggeblieben sind. Sie grenzen unmittelbar an das heute dem Stadtteil Kreuzberg zugehörige Prinz-Albrecht-Gelände, von wo einst die Gestapo aus ihrem Hauptquartier mit Folterstätte heraus ihr Schreckensregiment entfaltete. Wo im Kalten Krieg Brachland die unmittelbare Schnittstelle zwischen Ost und West markierte, dominierten bald nach der Wende Baukräne das Bild; sie verwandelten den Potsdamer Platz in eine Riesenbaustelle. In der Zwischenzeit bestaunen Tag für Tag Touristenströme zu allen Tages- und Nachtzeiten das Ergebnis der Transformation in postmoderne Stadtarchitektur mit avantgardistischen Glashäusern als Bürogebäuden und ultimativen Konsumtempeln. Die einstmals unüberwindlichen Markierungen der Sektorengrenze sind nicht mehr auszumachen.

Auch das Reichstagsgebäude und, in dessen unmittelbarer Nachbarschaft, der Neubau des Bundeskanzleramtes sind so in ihr neues Umfeld eingefügt, daß sich für den Berlin-Touristen auf den ersten Blick nicht erschließen läßt, wo einst die Grenze verlief. Die Botschaft der Architektur ist klar: Es geht in Berlins Mitte nicht um die Rekonstruktion der alten Bebauung, sondern um den Neuanfang einer gefestigten Demokratie, für die Westbindung und Bekenntnis zu Freiheit und Menschenrechten nicht zur Debatte stehen. Östlichen Lockungen, gar Wege zurück nach Rapallo, sollten niemandem mehr in den Sinn kommen. Der Ort für den Neubau des Bundeskanzleramts im Spreebogen, wie es der Architekt Axel Schultes in seinem Entwurf vorgesehen hatte, war durch die Nähe zum Reichstagsgebäude vorgegeben. Dieser Zusammenhang entspricht dem Verständnis der im Grundgesetz festgeschriebenen staatlichen Ordnung. Die Staatsgewalt geht vom deutschen Volk aus. Dies findet sich auch im zeitlichen Ablauf wieder. Zuerst konstituiert sich der aus freien, gleichen und geheimen Wahlen hervorgegangene Bundestag, um aus seiner Mitte den Bundeskanzler zu wählen. Auch die Regieführung beim Berlinumzug befand sich im Einklang mit der Verfassung. Denn noch vor der Bundesregierung nahm am 19. April 1999 im restaurierten Reichstagsgebäude der Deutsche Bundestag seinen Sitz, und Bundestagspräsident Wolfgang Thierse konnte feierlich erklären: »Berlin ist von nun an die politische Metropole Deutschlands; das umgebaute Reichstagsgebäude ab heute Sitz des Deutschen Bundestages.«[7]

Um die Beziehung des Parlamentssitzes hatte es zwar bis kurz vor dem Umzug kleinliches Gezänk um kontroverse, auch abwegige Benennungsvorschläge gegeben – die korrekte Bezeichnung »Plenarbereich Reichstagsgebäude« läßt in ihrer Verkrampftheit etwas von der schwierigen Kompromißsuche erkennen. Doch die seitdem nicht abreißenden Besucherströme belegen, daß der Reichstag im Nu einen vorderen Platz unter den Berliner Sehenswürdigkeiten erobert hat. Schon in den langen Jahren des Kalten Krieges hatte das Gebäude einen hohen Symbolwert, weil sich nahezu alle Großbauten des offiziellen Deutschlands nach Kriegsende im Ostteil der Stadt befanden. 1945 bot sich ein gespenstischer Anblick: Deutschland lag in Schutt und Asche, das Reich war verspielt, das Parlament eine ausgebrannte Ruine. Was dem Stifter des Reichstagsbrands von 1933 nicht vollständig gelungen war, hatten die alliierten Bombenangriffe besorgt. Es ist mehr als ein selbstredendes Symbol, daß der Ort der letzten in demokratischen Zeiten gewählten Volksvertretung im Dritten Reich vom Anfang bis zum Ende in den Ruin getrieben wurde. Was blieb, war einzig die Erinnerung.

Schon der Name »Reichstag« ließ jene Reichsmystik aufflackern: die Erinnerung an das Alte Reich mit seinem Immerwährenden Reichstag, einem seit 1663 fortwährend tagenden Gesandtenkongreß, bei dem die Vertreter nach ihren Ständen und der Konfessionszugehörigkeit auf festen Bänken Platz nehmen mußten. Dabei war der 1894 fertiggestellte Wallot-Bau eine Schöpfung des wilhelminischen Zeitalters. Wilhelm II., der jugendlich-schneidige Monarch, hatte zu ihm kein besonders inniges Verhältnis. Aus seiner Geringschätzung des parlamentarischen Systems hatte er nie einen Hehl gemacht. Im vertrauten Kreis sprach er abfällig, wenn auf den Reichstag die Rede kam, vom »Reichsaffenhaus«. Daß derselbe Wilhelm II. 1917 in seiner Osterbotschaft die Einführung des parlamentarischen Systems in Aussicht stellte und im Oktober 1918 die konstitutionelle Monarchie in eine parlamentarische umwandelte, erfolgte allein aus dem verzweifelten Versuch heraus, mit diesem Zugeständnis den Fortbestand der Monarchie in die Zeit nach dem Friedensschluß hinüberretten zu wollen. Hitler kam am 28. Februar 1933 der Reichstagsbrand für Parlamentsauflösung und Notverordnung zupaß. Außer dem Plenarsaal in der Mitte des Gebäudes wurde dabei die gläserne Kuppelbedachung beschädigt. Davon abgesehen blieb das Gebäude funktionsfähig; Sitzungen wurden jedoch im Reichstag nicht mehr abgehalten. Die danach als Ausweichquartier genutzte Krolloper war ohnehin der passendere Ort für ein Parlament, das seiner Rechte entledigt und zum reinen Akklamationsorgan herabgesunken war. In Speers Neugestaltungsplänen für die nach siegreichem Krieg zu errichtende »Reichshauptstadt Germania« war für den Reichstag kein Platz vorgesehen. Doch Hitler widersetzte sich einem Abriß, ihm gefiel das Gebäude. Er wollte den Wallotbau zu repräsentativen Zwecken nutzen und den Plenarsaal in eine Bibliothek umwandeln. Am Ende des Krieges war die Flak auf der Aussichtsplattform des Reichstags positioniert; heftiger sowjetischer Artilleriebeschuß war die Antwort des Gegners. Bis zum Häuserkampf der letzten Tage des Dritten Reiches blieb der Reichstag strategisch wichtiges Objekt, dessen Eroberung durch die Rote Armee Sinnbild des ruhmlosen Endes des preußisch-deutschen Nationalstaats von 1871 geworden ist.

Es entsprach der auf künstliche Weise eingefrorenen weltpolitischen Situation der unmittelbaren Nachkriegszeit, die mit dem Ausbruch des Ost-West-Konfliktes eingetreten war, daß die grundsätzliche Frage des Erhalts des Reichstagsgebäudes für einige Zeit offen blieb und sich zunächst wenig bewegte. Das Schicksal des Reichstags, dies brachte seine Lage mit sich, war von der politischen Großwetterlage abhängig. Auch standen unmittelbar nach Kriegsende zunächst ganz praktische Fragen wie die Schuttbeseitigung im Vordergrund. 1954 wurde das einsturzgefährdete Stahlgerippe, das von der Kuppel übriggeblieben war, gesprengt. Erst 1960 war nach den Vorstellungen des Architekten Paul Baumgarten eine Lösung gefunden, die einem dauerhaften Provisorium gemäß war. Der Plenarsaal wurde wiedererrichtet, zahlreiche Reliefs und Flügelornamente fielen dem Rückbau zum Opfer, auch auf die Kuppel wurde verzichtet. Noch bis 1965 wurde das Gebäude gelegentlich für Plenar- und Ausschußsitzungen genutzt.

Der sowjetische Protest dagegen beschränkte sich nicht auf Verbalnoten, lärmende Tiefflieger sollten die im Reichstag tagenden Parlamentarier einschüchtern. Pläne, die Wahl des Bundespräsidenten durch die Bundesversammlung 1969 im wiederhergestellten Reichstag vorzunehmen, scheiterten am heftigen sowjetischen Einspruch. Das Viermächteabkommen von 1971 schließlich verbot, Sitzungen von Bundestag und Bundesrat im Berliner Reichstagsgebäude abzuhalten. Was im Wallotbau als dauerhafte Einrichtung verblieb, war von da an lediglich eine zahlreich besuchte Ausstellung mit dem vielsagenden Titel »Fragen an die deutsche Geschichte«. Mit der Wiedervereinigung anno 1990 war zwar die Deutsche Frage – die Frage danach, wohin die Deutschen gehören und wem Deutschland gehört – gelöst, Fragen an die Deutschen waren geblieben.

Wiederkehrende Fragen an die Deutschen, die auch nach der Vollendung der staatlichen Einheit nicht verstummt waren, bezogen sich auf das Verhältnis zur Geschichte, vormals zuvörderst als Last begriffen. Sie bezogen sich auch auf die Balance zwischen Tradition und Neubeginn, kurz auf Stil und politische Kultur des Landes, das trotz heftigen Bemühens nur schwer mit sich ins reine kam. Der Zukunft des Reichstages kam in diesem Zusammenhang von Anfang an eine Bedeutung zu, die ihn zu *dem* Symbol des wiedervereinigten Deutschlands werden ließ. Ein Projekt, dessen Anfänge weit in die Jahre der Teilung zurückreichen, hat bei der Verwandlung des Reichstags im Bewußtsein der Deutschen dabei einen auch von seinen Befürwortern nicht für möglich gehaltenen Schub ausgelöst: »wrapped Reichstag« – die zehntägige Verhüllung des Gebäudes durch das bulgarische Künstlerehepaar Christo und Jeanne-Claude im Frühsommer 1995, die fünf Millionen Besucher anzog und nicht wenige davon in ihren Bann schlug. Die befürchtete Entweihung des geschichtsträchtigen Ortes vermochten am Ende die wenigsten der anfangs zahlreichen Gegner zu erkennen. Das vielleicht wichtigste Ergebnis der Verhüllung war, daß über den Reichstag, seinen Ort in der Geschichte, seinen Symbolwert und das Verhältnis von Demokratie und Staatsbaukunst diskutiert wurde. Nach langen Jahren des Stillstands war die Geschichte in Bewegung geraten, und nirgendwo waren diese Kräfte der Bewegung sichtbarer als im zusammenwachsenden Berlin der 90er Jahre mit seinen Baukränen und Baustellen.

Der von Sir Norman Foster umgebaute Reichstag darf mittlerweile in keinem touristischen Berlinprogramm fehlen. Er ist zum Symbol des wiedervereinigten Deutschlands geworden, seine gläserne, von innen begehbare Kuppel steht für die Transparenz der deutschen Politik, aber auch für die Zerbrechlichkeit des Glücks unter Glas.

Noch ehe es zur Verhüllung kam, hatte der Reichstag seine nächste Kontroverse. Diesmal ging es um die Frage »Kuppel oder Nicht-Kuppel«. Sir Norman Foster, britischer Wettbewerbssieger und Spezialist für Stahl-Glas-Moderne, wollte den Wallotbau stärker entfremden, als dem souveränen Bauherrn lieb war. Kuppelbefürworter und Gegner lieferten sich kontroverse Argumentschlachten. Fraglos hatte die kuppelartige Bedachung in der Konzeption Wallots eine tragende Funktion. War die Behaubung, so wurde gefragt, noch zeitgemäß? Sollte der Reichstag gar deshalb ganz auf eine Kuppel verzichten, um die Wunden seiner Verletzung zu zeigen? Foster widersetzte sich leidenschaftlich einer Rekonstruktion der früheren Kuppel, »weil sie in völligem Widerspruch zur demokratischen Realität in einem wiedervereinigten Deutschland gestanden hätte.«[8] Foster wollte das Gedächtnis des

Gebäudes zeigen, er beließ die Graffiti der sowjetischen Soldaten, die 1945 das Gebäude gestürmt hatten, und schuf auf hartnäckiges Drängen engagierter Parlamentarier hin schließlich als Kompromiß eine moderne gläserne, von innen über Rampen begehbare Kuppel. Sie erhebt sich auf der Aussichtsplattform und spendet über einen verspiegelten Trichter Licht für den Parlamentsbetrieb im Gebäudeinneren. Binnen kurzem entwickelte sich die Kuppel zu *der* Touristenattraktion. Fosters Architektur hatte eine demokratische Funktion übernommen. Nicht nachlassende Besucherströme bewegen sich in der von ihm geschaffenen Kuppel »wie eine luftige Geisterschar hoch über den Abgeordneten im gläsernen Äther«.[9] Die Symbolhaftigkeit dieser Bewegung erinnert die Volksvertreter an ihr Mandat, den Ursprung ihrer Autorität, und die Begrenzung des gläsernen Glücks ihres Wirkens durch gegenläufige Wählerbewegungen beim nächsten Wahltag. Ganz scheint es so, als ob Fosters Anspruch, »die Kuppel nicht nur als starkes Symbol in der Skyline Berlins, sondern gleichzeitig (als) integrale(n) Bestandteil des Gebäudes«[10] in ihrer Gegenwart zu behaupten, durch die kurze Geschichte seit der Wiedervereinigung erfüllt worden ist.

Ist es ein neues Deutschland, das seit 1990 von Berlin aus zusammenwächst? Die Lage des einst geteilten Landes hat sich jedenfalls dramatisch verbessert. Die Deutsche Frage ist verschwunden. Jetzt geht es allein darum, welchen Beitrag Deutschland zu einem zusammenwachsenden Europa und zum Frieden in der Welt leisten kann und will. Das enge Korsett, in das die alte Bundesrepublik durch die Zwänge der deutschen Frage geschnürt war, ist geöffnet. Das Deutschland von heute ist ein anderes Land als das Deutschland von 1980; etwas völlig Neues ist gleichwohl nicht entstanden. Die Fragen der Nachbarn, die Last der Geschichte, auch die Lebenserfahrungen der Bürger sind geblieben. Als nationale Aufgabe bleibt deshalb das Leben mit der deutschen Geschichte, mit ihren Ungereimtheiten, auch mit ihren unauflösbaren Widersprüchen.

Die beiden großen Denkmalsdebatten im Deutschland der 90er Jahre über die Ausgestaltung der Neuen Wache zur zentralen Gedenkstätte des wiedervereinigten Deutschlands und über die Errichtung eines Denkmals für die von den Nationalsozialisten ermordeten europäischen Juden fassen wie im Brennglas zusammen, worin diese Widersprüche bestehen; sie greifen zudem auf, was an Themen die Denkmaldiskussion in Deutschland seit 1945 bestimmt hatte. Bezeichnend ist vor allem, daß die Debatten über die Denkmäler der Nation als strittige, bisweilen auch hitzige Kontroversen geführt wurden. Das nationale Erbe entzweit in Deutschland mehr als anderswo, weil die Verständigung darauf, was als nationales Erbe zu gelten habe, hier schwerer fällt. Dies hängt zunächst mit der Art und dem Umfang des nationalen Erbes zusammen. Als Hauptbelastung und Herausforderung zugleich bleibt auch für das wiedervereinigte Deutschland der Umgang mit dem schwierigen Erbe der nationalsozialistischen Zeit fortbestehen. Daran hat die zeitliche Entfernung zum Jahr 1945 nichts geändert. Mit dem allmählichen Abtritt derjenigen, die über persönliche Erinnerungen an die nationalsozialistische Zeit verfügen, befindet sich Deutschland in einer Übergangssituation: im Übergang von erlebter Vergangenheit zu erinnerter Vergangenheit. Die Denkmäler an die Hitlerzeit können helfen, diesen Übergang zu bewältigen. Ihre Bedeutung hat zugenommen. Gleichzeitig beziehen sie sich auf eine Vergangenheit, die immer noch nicht abgeschlossen ist und in die Gegenwart hineinragt. Daraus erwächst eine Spannung, die erklärt, warum über Denkmäler im wiedervereinigten Deutschland heute, 55 Jahre nach dem Untergang des Dritten Reiches, kontrovers diskutiert wird.

Hinzu kommt, daß auch das wiedervereinigte Deutschland noch nicht mit der Sicherheit über seine nationale Geschichte verfügen kann, die anderen europäischen Nationen gegeben ist, die wie Frankreich oder Großbritannien über eine lange nationalstaatliche Tradition verfügen. »Oh Deutschland, wie bist du zerrissen / Und nicht mit dir allein! / In Kält' und Finsternissen / Läßt eins das andere sein. / Und hätt'st so schöne Auen / Und reger Städte viel; / Tät'st du dir selbst vertrauen / Wär' alles Kinderspiel«, dichtete Bert Brecht 1952 über Deutschland. Das Problem ist geblieben. Zum Erbe des Nationalsozialismus hat sich die Hinterlassenschaft der untergegangenen DDR gesellt. Als Staat ist die DDR 1990 sang- und klanglos von der Bildfläche verschwunden. Die Prägungen aus vier Jahrzehnten kommunistischer Diktatur sind geblieben. Die Nation ist wiedervereinigt, wirklich eins ist sie damit noch nicht. Nicht nur über die nationalsozialistische Zeit existiert in Deutschland zweierlei Geschichtsbewußtsein.

An der Kontroverse über die Gestaltung der Neuen Wache werden

In der 1937 geschaffenen Plastik »Mutter mit totem Sohn« versuchte Käthe Kollwitz den Kriegstod ihres einzigen Sohnes zu verarbeiten. Die Neue Wache ist heute zentrale Gedenkstätte der Bundesrepublik Deutschland.

die unterschiedlichen Prägungen des historischen Verständnisses, die Verunsicherung über den eigenen Weg in der Geschichte, auch die Schwierigkeit der einvernehmlichen Verständigung auf das, was als nationales Erbe zu gelten habe, deutlich. Anfang 1993 hatte die Bundesregierung entschieden, die Neue Wache zur zentralen Gedenkstätte der Bundesrepublik Deutschland zu wählen. Bundeskanzler Helmut Kohl, der die Frage der nationalen Erinnerungsstätte zu seiner eigenen gemacht hatte, nutzte in dieser übergeordneten nationalen Frage seine Möglichkeit, die Richtlinien der Politik zu bestimmen. Im Deutschen Bundestag rechtfertigte Kohl die Notwendigkeit einer solchen Gedenkstätte mit dem Hinweis auf das als unwürdig empfundene Protokoll des Bonner Nordfriedhofs und schlug den Bogen zu seiner ersten Regierungserklärung 1982, in der er bereits die Schaffung eines Bundesehrenmals angeregt hatte: »Es sind politische, und es sind moralische Erwägungen, die es notwendig machen, daß wir die Erinnerung und das

Gedenken an die Opfer von Krieg und Gewaltherrschaft gerade auch im wiedervereinigten Deutschland wachhalten.«[11] Ausdrücklich erwähnte Kohl in seiner Rede die persönlichen Erfahrungen seiner Generation, deren Jugend in die Kriegsjahre fiel, und sprach davon, gelernt zu haben, daß das Schicksal seiner eigenen Familie, der Verlust des Bruders an der Front, »ein ganz normales Schicksal einer deutschen Familie« gewesen sei. Auch die Entscheidung, die Neue Wache mit der Vergrößerung der Plastik einer trauernden Mutter von Käthe Kollwitz auszustatten, war ganz wesentlich die Entscheidung des Bundeskanzlers Kohl. Die Pietà der Kollwitz sollte den schwarzen Granitquader mit silbernem Eichenkranz ersetzen. Sonst sollte der Tessenowsche Gedächtnisraum von 1931 erneuert werden.

Dieser Entscheidung vorausgegangen waren informelle Gespräche auf der parteiübergreifenden Ebene der Bundestagsfraktionen, die Einvernehmen andeuteten. Einen öffentlichen Diskurs hatte es nicht gegeben. Als die Entscheidung der Bundesregierung getroffen war, setzte die Diskussion ein. Zunächst war der Dreiklang »Schinkel, Tessenow, Kollwitz« weithin beifällig aufgenommen worden. Vor allem bei der politischen Linken war die Entscheidung für die Kollwitz-Plastik als Abkehr vom herkömmlichen Totengedenken begrüßt worden. In der 1937 geschaffenen Plastik »Mutter mit totem Sohn« ging es Käthe Kollwitz darum, den nie verwundenen Tod ihres einzigen Sohnes Peter zu verarbeiten, der im Ersten Weltkrieg gefallen war. Die persönliche Trauer über den Tod des Sohnes versuchte die Kollwitz in eine allgemeingültige Aussage der Totenklage zu gießen, die mit Fassungslosigkeit ein verzweifeltes Warum der Realität des Krieges entgegenhält. Als Pietà stand die Skulptur in der christlichen Tradition, der Versinnbildlichung von Maria mit dem toten Christus, Trost und Erlösung verheißend.

Die Einwände der Kritiker zielten vor allem auf das Vorhaben, die 38 cm hohe Plastik auf das Vierfache zu vergrößern und damit eine Monumentalität zu erzeugen, die der auf Nähe und Kontemplation angelegten Intimplastik nicht gemäß sei. Dem wurde von den Befürwortern der Vergrößerung der Pietà entgegengehalten, daß die Vergrößerung von der Künstlerin selbst so gewollt gewesen sei.[12] Als außerordentlich schwierig erwies sich auch die Gestaltung der Inschrift. Gegen die traditionelle Widmung »Den Opfern

von Krieg und Gewaltherrschaft« stand der Vorschlag, den Nekro-
log aus der Rede von Bundespräsident Richard von Weizsäcker
zum 8. Mai 1985 einzugravieren, ein Vorschlag, der in der Bundesregierung keine Mehrheit fand. Im Kern ging es beim Streit um die
Inschrift um die Frage, die immer wieder – am heftigsten wohl im
Zusammenhang mit der deutsch-amerikanischen Totenehrung auf
dem Friedhof in Bitburg – für Konflikt gesorgt hatte: Können Tote
nach Opfern und Tätern unterschieden werden? Sind nicht alle
Opfer des Krieges auch Opfer der Gewaltherrschaft Hitlers? Die
letztlich bei der Neuen Wache gefundene Lösung trägt die Züge
eines Kompromisses, der die Täter-Opfer-Problematik lediglich
vertagt. Neben der Widmung der Pietà »den Opfern von Tod und
Gewaltherrschaft« sind am Eingangsportal der Neuen Wache zwei
Granittafeln angebracht: eine, die kurz über die Geschichte der
Neuen Wache informiert, und eine zweite, die in Anlehnung an die
Weizsäcker-Rede einen ausführlicheren Opfernekrolog formuliert.

Die größten Vorbehalte richteten sich gegen das als undemokra-
tisch kritisierte Entscheidungsverfahren und gegen die Grund-
konzeption einer nationalen Gedenkstätte überhaupt. Einmal
mehr zeigte sich, daß die deutsche Geschichte kein einfaches Erbe
bildet und sich nicht nach Gutdünken auf genehme Teile zusam-
menstreichen läßt. Auf die wechselvolle Geschichte der Neuen Wache vor 1945 ist an dieser Stelle bereits hingewiesen worden. In den
Arrestzellen der Neuen Wache saßen die Revolutionäre von 1848
ein; vor ihr hatten einst die Soldaten der Hohenzollern patrouil-
liert. Dies war wohl gemeint, wenn sich die Kritik auf die Vergangenheit der Neuen Wache einschoß. Und auch mit der Geschichte
der untergegangenen DDR verbindet die Neue Wache zwiespältige Erinnerungen. Zunächst war dort 1951 der Abriß erwogen
worden. Wenige Jahre später, 1956, erfolgte – in der Propaganda-
sprache selbstredend so bezeichnet – die Umwandlung des Bauwerks in ein »Denkmal der Opfer imperialistischer Kriege« und
die Ausgestaltung zur »Gedächtnisstätte der Opfer des Faschismus und der beiden Weltkriege«. Das Kreuz wurde entfernt. An
der Wand stand nun die Inschrift »Den Opfern des Faschismus
und des Militarismus«. Am 20. Jahrestag der Gründung der DDR,
1969, folgte das Staatswappen auf der Rückwand nach, die Widmung mußte auf eine Seitenwand weichen. Die sterblichen Überreste eines unbekannten Widerstandskämpfers und diejenigen eines

unbekannten deutschen Soldaten sollten darüber hinaus sozialistische Weihe herstellen. Im Stechschritt patrouillierten Soldaten der Nationalen Volksarmee in Paradeuniform vor dem Gebäude. Anzufechten vermochte dies die kommunistischen Machthaber freilich keineswegs. Denn von einer militaristischen Tradition konnte schon deshalb keine Rede sein, so Laurenz Demps in einer regierungsoffiziellen DDR-Broschüre aus dem Jahr 1989, weil »es in einem Arbeiter- und Bauern-Staat wie der DDR jeder Möglichkeit [entbehrt], daß dieses Zeremoniell zur Verherrlichung militaristischen Ungeistes dient, der in diesem Staat mit der Wurzel ausgerottet wurde«.[13]

Auch die Debatte über das Holocaust-Mahnmal hat durch die Wiedervereinigung, ungewollt, ganze neue Dimensionen bekommen. Ursprünglich begann sie, 1988, als eine von der Publizistin Lea Rosh ins Leben gerufene Bürgerinitiative mit der Forderung, im damals noch geteilten Berlin den von den Nationalsozialisten ermordeten Juden Europas ein Denkmal zu errichten. Die Umstände des Rücktritts von Bundestagspräsident Philipp Jenninger in der Folge seiner mißglückten Rede zum 50. Jahrestag des Judenpogroms vom 9. November 1938 riefen das Trauma des Umgangs mit Unbewältigtem ebenso ins Gedächtnis wie das sich in den späten 80er Jahren nochmals verschärfende Bewußtsein für die rahmensprengende Dimension des Judenmords, das diejenigen, die die Abwesenheit eines Holocaustdenkmals im Land der Täter als Skandal empfanden, in ihrem Einsatz bestärkte. Bezeichnenderweise war es auch in jener Zeit, als die alterhergebrachte, vom Berliner Volksmund, und nicht etwa von Goebbels' Propagandamaschinerie geprägte Bezeichnung der Greueltat als »Reichskristallnacht« unter Euphemismusverdacht geriet und durch den politisch korrekteren Begriff »Reichspogromnacht« ersetzt wurde. Unmittelbar vor dem Mauerfall wurde schließlich mit prominenter Beteiligung von Willy Brandt, Günter Grass und anderen ein »Förderkreis zur Errichtung eines Denkmals für die ermordeten Juden« gegründet: der Auftakt zu einer nunmehr über zehnjährigen Denkmalsdebatte, in der alle möglichen Argumente des Für und Wider eines Holocaustmahnmals hin- und hergewendet wurden. Die Diskussion begleitete im Grunde die ganze Wiedervereinigungszeit, war insoweit ein intellektueller Spiegel der Befindlichkeiten und des Geschichtsverständnisses der frisch vermählten

Deutschen und erlangte dadurch Denkmalswert an sich. Strecken-
weise bewegte sich die Debatte auf erfreulich hohem Niveau und
war damit ihrem Gegenstand durchaus angemessen.

Der Gegenstand, das war der Holocaust, der in den 8oer und
9oer Jahren in einer bis dahin nicht gekannten Intensität die Gegenwart im Film und in den literarischen Zeugnissen beherrschte
und geradezu danach verlangte, auch in der darstellenden Kunst
einen sichtbaren Ausdruck zu finden. Dies war schon mit Blick
auf das Unfaßbare, auf die Einzigartigkeit des Holocaust an sich
eine Unmöglichkeit. Im Gegensatz zu anderen legitimierenden,
identitätsstiftenden Denkmälern fällt das Holocaust-Denkmal aus
der Tradition der heroischen Glorifizierung als »eine Art Anti-
Denkmal«[14] heraus. Die in diesem Zusammenhang geäußerten,
wiederkehrenden Grundfragen hatten bereits die Gestaltung der
ersten Holocaust-Denkmäler in Deutschland, der Vernichtungs-
stätten selbst, erschwert: »Wie kann man grauenvoll realer Ereignisse im abstrakten Vokabular geometrischer Formen gedenken,
wie läßt sich ein Brennpunkt der Erinnerung inmitten von Ruinen
schaffen, ohne daß der Ort als solcher entweiht wird, und wie
kann man der Erinnerung eine konkrete Form verleihen, ohne den
Anschein zu erwecken, sie zu verdrängen?«[15]

Schon die Wahl des Ortes gab in Deutschland Anlaß zu heftigen
Auseinandersetzungen. Das Prinz-Albrecht-Gelände in Kreuzberg, einst Sitz des Reichssicherheitshauptamts, an dessen Schreib-
tischen die »Endlösung« erdacht wurde, war im Gespräch. Mit der
Fügung des Mauerfalls bot sich die Möglichkeit, den Standort für
das Mahnmal noch näher an das einstige Zentrum Berlins, an
Reichskanzlei und Führerbunker, heranzubringen. Auf Wunsch
des Fördervereins stellte die Bundesregierung 1993 als Standort
ein zwei Hektar großes Areal in den ehemaligen Ministergärten,
zwischen Voß- und Ebertstraße, Brachland in unmittelbarer Nähe
des Brandenburger Tores, zur Verfügung. Zwar herrschte grundsätzliche Einigkeit darüber, daß das Monument an einem zentralen
Ort mit Bezug zur Tat errichtet werden sollte, trotz einer Vielzahl
von Argumenten blieben jedoch Zweifel an dem nun in Aussicht
gestellten Platz. Anstoß rief vor allem die Absicht hervor, das
Denkmal allein den ermordeten Juden zu widmen. Dies, so hieß
es, würde zu einer Hierarchisierung der Opfer führen und den
Anspruch anderer Opfergruppen des nationalsozialistischen Ter-

rors nach der Würdigung in einem eigenen Denkmal nach sich ziehen, was dann im Fall der Sinti und Roma durch die vehement vorgetragene Forderung nach einem eigenen Denkmal auch tatsächlich eingetreten ist.

Das nach wie vor größte Problem indes blieb die Frage, welche künstlerische Antwort dem Unfaßbaren des Holocaust angemessen sein konnte. Bund, Berlin und Förderverein lobten Wettbewerbe aus, setzten Jurys ein und vergaben, weil Einigung schwer fiel, zwei erste Preise. Bundeskanzler Helmut Kohl verhinderte mit seinem Veto, daß das dabei gekrönte Projekt, eine Grabplatte mit gigantischen Ausmaßen, auf der als *work in progress* nach und nach die Namen aller ermordeten Juden eingraviert werden sollte, realisiert werden konnte. Die Debatte wurde fortgesetzt, kontroverse Expertenkolloquien abgehalten; es folgte die Einsetzung einer erneuten Findungskommission, und im Januar 1998, das Mahnmal war längst Politikum, konnten die in die Endauswahl vorgedrungenen Künstler in Berlin der Öffentlichkeit ihre Entwürfe vorstellen. Der Wahlkampf für die Bundestagswahlen im September 1998 brachte einen erneuten Aufschub der Entscheidung. Wiederholt befand sich das Projekt, über das der »Spiegel« im Sommer 1998 süffisant »Vom Mahnmal zum Wahnmal«[16] titelte, an der Abbruchkante, wurde gar totgesagt. Die Reihen der Befürworter waren parteipolitisch ebenso uneinheitlich, wie die Argumente der Gegner von ästhetischen bis sicherheitstechnischen reichten.

Nach einer ernsten Debatte und schwierigen Abstimmungen über drei verschiedene Konzeptionen sprach sich am 25. Juni 1999 schließlich eine Mehrheit des Deutschen Bundestags für den Bau eines »Denkmals für die ermordeten Juden Europas« nach dem überarbeiteten Entwurf des New Yorker Architekten Peter Eisenmann (Eisenmann II) aus. 2700 Betonstelen, 90 Zentimeter tief und 2,30 Meter breit, sind rasterartig angeordnet, die zwei bis drei Meter tief im märkischen Sandboden versenkt werden. In ihrer unbarmherzigen Monumentalität lassen sie Härte und Grausamkeit des Judenmords nachempfinden. Der Besucher, der sich in den dichten Pfeilerwald begibt, zwischen Bodenwellen und Senken an manchen Stellen unter Straßenniveau versinkt, läuft Gefahr, die Orientierung zu verlieren, sich in der düstren Welt der symbolhaften Stelen nicht mehr zurechtzufinden. Für die Griechen bedeuteten Stelen einst die Verbindung zwischen Himmel und Erde, und so ist die beabsichtigte Beklemmung des geplanten Areals verschiedentlich mit einem antiken Trümmerfeld verglichen worden, in das man vom Schutt der Jahrhunderte hinabsteigt.

Im Sommer 2000 beschloß das Kuratorium der Denkmalsstiftung, das Holocaust-Mahnmal um einen unterirdischen »Ort der Information« zu ergänzen. Die Entscheidung für eine kryptaartige Unterkellerung des Stelenfelds hat dabei symbolhaften Charakter. Dante und vor ihm die Schriftsteller der Antike haben dem Abstieg in die Unterwelt bildlichen Ausdruck verliehen, die Höllenfahrt als Schicksal des in seine Sünde verstrickten, verstockten Menschen als Menetekel heraufbeschworen. Auf 1500 Quadratmetern werden die Besucher mit aussagekräftigen Fakten, Zahlen und Bildern zum Holocaust konfrontiert, vier Räume – ein Raum der Namen, ein Raum der Schicksale, ein Raum der Orte und ein Raum der Stille – sowie ein multifunktional verwendbares Foyer sollen unterstreichen, daß neben der Information Trauer und Besinnung nicht zu kurz kommen.

Diese letzte konzeptionelle Änderung ist erfreulich einmütig begrüßt worden. Die Mehrheit der Deutschen scheint heute das Holocaust-Denkmal angenommen zu haben, die Windungen der Debatte am Ende zu einer guten Wendung geführt zu haben. Es ist darüber spekuliert worden, daß das Denkmal für die ermordeten Juden vielleicht gerade deswegen durchgesetzt werden konnte, »weil es versprach, neben einem Ausdruck des altbundesrepublikanischen ›Nie wieder‹ auch das Leumundszeugnis für diejenigen zu werden, die durchaus etwas wiederhaben wollten: die deutsche Geschichte, soweit sie über die Jahre zwischen 1933 und 1945 hinausgeht.«[17] Wenn es je in der Bundesrepublik eine über Jahre sich hinziehende öffentliche Debatte über das Gedächtnis der Nation gab, die mehr als nur die Feuilletons der Tages- und Wochenpresse beschäftigte, so ist dies die Debatte über das Holocaust-Denkmal gewesen. Vielleicht liegt in dieser Feststellung die eigentliche Bedeutung des Denkmals für die ermordeten Juden.

Darüber hinaus bestätigt die Debatte um das Holocaust-Mahnmal nur, was im Grunde alle Vergangenheitsdebatten seit 1945 charakterisiert: Die Erfahrungen der nationalsozialistischen Zeit bringen es mit sich, daß wir Deutschen es schwerer mit unserer eigenen Geschichte haben als andere. Dies entbindet uns freilich nicht von

Über zehn Jahre wurde in Deutschland über den Bau eines »Denkmals für die ermordeten Juden Europas« gestritten, bevor sich der deutsche Bundestag im Juni 1999 für den überarbeiteten Eisenmann-Entwurf entschied. Das Stelenfeld sprengt jede Dimension und soll den Besuchern im dichten Pfeilerwald in seiner Monumentalität die Grausamkeit des Judenmords vermitteln.

der Verpflichtung, uns ihr zu stellen, uns immer wieder aufs neue mit ihr auseinanderzusetzen und uns davon nicht den Blick verstellen zu lassen. Die Erinnerung an den Nationalsozialismus muß auch in den kommenden Jahren und Jahrzehnten den ihr gebührenden Platz behalten: den Lebenden als Mahnung daran, wozu Menschen fähig sind, kommenden Generationen als Verpflichtung, sich in deutscher Politik zu Verantwortung und Frieden, zu Solidarität und zu den Rechten von Demokratie, Freiheit und Menschenrechten zu bekennen und künftiges politisches Handeln davon leiten zu lassen. Wer über die Kraft verfügt, in den Abgrund zu blicken, kann auch zu der Fähigkeit gelangen, die abgründigen Teile seiner Geschichte anzunehmen, ohne dabei sein Gleichgewicht zu gefährden. Geschichtsklärung ist eine demokratische Chance. Auf Lebenslügen läßt sich keine dauerhafte Existenz gründen. Nur das Hinsehen macht die Seele frei. Und die in Yad Vashem eingemeißelte jüdische Weisheit lautet: »Das Geheimnis der Erlösung heißt Erinnerung.«

Geschichte kann seinen Beitrag zur Vergewisserung unserer Identität leisten. Politisches Handeln, will es erfolgreich sein, ist auf die Vergewisserung dieser Identität angewiesen. Dies gilt gerade für eine Zeit, in der die geschichtlichen Elemente des Alltags weithin verloren gegangen sind. Identität kann sich nicht nur auf die Ablehnung von Vergangenem gründen. Denn Identität hat etwas mit Selbstfindung zu tun. Selbstfindung, nationale Identität aber ist unabdingbare Voraussetzung für europäisches Gegenwartsbewußtsein. Die Denkmäler können dazu ihren Beitrag leisten. Ihr Mißbrauch für politische Ideologien, ihre politische Instrumentalisierung – und in der deutschen Geschichte, auch in der Geschichte der Denkmäler lassen sich dafür wahrlich Beispiele finden – mahnen zur Vorsicht. Ein Mißtrauen gegenüber einer allzu engen Liaison zwischen Macht und Geschichte ist nicht die schlechteste Lehre, die die Deutschen aus ihrer Geschichte ziehen können. Eine weitere besteht darin, den Mensch in seiner Gegenwart in den Mittelpunkt zu stellen: den leidenden, duldenden, handelnden Mensch mit seiner Freiheit, sich für oder gegen eine Sache zu entscheiden. Auch dies ist eine Lehre der Geschichte, die Denkmäler befördern können. Die deutsche Geschichte enthält eine Reihe von Beispielen einzelner, die selbst in den dunkelsten Jahren der Diktatur und der Erniedrigung die Kraft besaßen, zu widerstehen, die durch den Mut und ihr Bekenntnis ein Zeichen gesetzt haben wider die Tyrannei und die damit eine Brücke in eine bessere Zukunft geschlagen haben.

Die befreiende Tat Claus Graf Stauffenbergs, das Attentat auf Hitler und der Staatsstreichversuch vom 20. Juli 1944, war ein solches Zeichen, ein aufflackerndes Licht der Humanität, das der Bundesrepublik entscheidend zur moralischen Legitimation und als positiver Anknüpfungspunkt gedient hat. Der 20. Juli 1944 hat bereits sehr früh in der alten Bundesrepublik seine Spuren im Denkmal hinterlassen. Das Bekenntnis zum 20. Juli wurde bald schon, anfangs allerdings gegen die Beharrungskräfte Ewiggestriger, ins politische Repertoire der Bundesrepublik aufgenommen. Und auch das wiedervereinigte Deutschland bleibt fest in der Tradition der Frauen und Männer des 20. Juli 1944. Es ist deshalb von tiefer politischer Symbolik, wenn die Bibliothek des neuen Auswärtigen Amtes, am Werderschen Markt in Berlin, seit kurzem eine Bronzebüste Ulrich von Hassells beheimatet. Ulrich von Hassell war führender außenpolitischer Kopf des deutschen Widerstands gegen Hitler. Er bezahlte seinen Einsatz für ein »anderes Deutschland« mit dem Leben. Wegen seiner Beteiligung am Attentat auf Hitler und dem Staatsstreichversuch des 20. Juli wurde er vom Volkgerichtshof zum Tode verurteilt und am 8. September 1944 in Berlin-Plötzensee hingerichtet. Daran erinnert die sparsame Inschrift »Ulrich von Hassell, Botschafter, als Gegner des Nationalsozialismus hingerichtet 1944«, die die maßstabsgetreue Büste auf einem Marmorsockel trägt.

Die Büste wurde 1937 vom römischen Bildhauer Ernesto de Fiori im Auftrag der Familie des damaligen deutschen Botschafters in Rom, Ulrich von Hassell, geschaffen. Sie war ursprünglich in Gips gehalten und befand sich bis Mitte der 90er Jahre im Familienbesitz. Bevor Johann Dietrich von Hassell, der Sohn des Hingerichteten, die Büste dem Auswärtigen Amt vermachte, ließ er sie vom Berliner Bildhauer Heinz Noack ganz in Bronze umgießen. Das Kunstwerk trifft besonders gut die von Aufrichtigkeit, Entschlossenheit und Überlegenheit geprägten Züge des Karrierediplomaten alter Schule, der als Verwundung aus seinem Kriegseinsatz im Ersten Weltkrieg eine Gewehrkugel im Herzen trug und im September 1944 und erhobenen Hauptes seinen letzten Gang antrat.

Hassells Biographie ist beispielhaft, nicht nur in ihrer inneren Konsequenz und durch den Mut der Überzeugung. Sie steht auch für einen sehr deutschen Weg in den Widerstand gegen Hitler. Der deutschen Opposition fehlte ein nennenswerter Rückhalt im Volk. Seit Ausbruch des Zweiten Weltkriegs war sie mit der zusätzlichen Bürde belastet, daß jeder Kontakt zum Kriegsgegner vom Regime als Landesverrat betrachtet werden konnte. Ursprünglich hatte der stramm deutschnationale Hassell, einst überzeugter Monarchist und 1917 Mitbegründer der Deutschen Vaterlandspartei, Hoffnungen auf die nationalsozialistische Außenpolitik gesetzt, Deutschland aus dem eisernen Griff des »Diktats von Versailles« zu befreien. Diese wichen bald skeptischeren Betrachtungen. Als deutscher Botschafter beim italienischen Staat (seit 1932) arbeitete Hassell nach Kräften gegen Ribbentrops Kontinentalblockkonzeption, der er das Projekt eines Viererpakts zwischen Deutschland, England, Frankreich und Italien gegenüberstellte. Nach der Versetzung des unbequemen Mahners in den Wartestand (1938),

Der Mut, der Tyrannis zu widerstehen, war in den Zeiten der Diktatur nur wenigen gegeben. Im neuen Auswärtigen Amt am Werderschen Markt in Berlin erinnert die Bronzebüste Ulrich von Hassells, der 1944 sein Leben im Widerstand gegen Hitler ließ, daran, daß Freiheit, Demokratie und Menschenrechte, wenn es darauf ankommt, auch verteidigt werden wollen.

seit 1943 in den einstweiligen Ruhestand, wurde Hassell zu einer der am meisten zum Umsturz treibenden politischen Kräfte im Widerstand. In seinen posthum veröffentlichten Tagebüchern hat er sich keine Zurückhaltung in der Abscheu gegen die nationalsozialistischen Machthaber auferlegt. Die Motive seines Widerstands waren moralischer und zutiefst patriotischer Natur. Die Verurteilung des Judenmords war ein wichtiger Beweggrund, weshalb sich Ulrich von Hassell und seine gleichgesinnten Freunde zum Widerstand entschlossen.

In seiner Prägung und seiner politischen Gedankenwelt war Ulrich von Hassell weit vom heutigen Deutschland entfernt, und doch vermag sein Beispiel Orientierung zu geben. Die Männer des 20. Juli und ihre Frauen, die Stauffenbergs, Moltkes, Trotts, Haeftens und Hassells wollten immer beides, Handeln und Zeugnis ablegen. In ihrem Handeln sind sie auf der ganzen Linie gescheitert. Das Zeugnis indes diente der Wiederherstellung der legitimen Macht. Es ermöglichte, daß die Bundesrepublik nach dem verlorenen Krieg relativ rasch in den Kreis der Demokratien der westlichen Welt zurückkehren konnte.

Wenn jetzt im neuen Auswärtigen Amt, in Berlins Mitte, an das Vermächtnis des 20. Juli im Denkmal Ulrich von Hassells erinnert wird, so liegt darin Beruhigung und Verpflichtung zugleich. Beruhigung, weil damit alle verzerrenden Blicke auf die Tat der Männer um Stauffenberg überwunden zu sein scheinen: Reaktionäre aus den frühen Jahren der alten Bundesrepublik, die in der Gruppe um den Attentäter statt Patrioten Verräter sahen, ebenso wie die der Kommunisten der DDR, die die Männer des 20. Juli als Junker und Monopolkapitalisten verunglimpften und nur den kommunistischen Widerstand gelten ließen. Beruhigung schließlich auch, weil die Westbindung des wiedervereinigten Deutschland über jeden Zweifel erhaben ist.

Nach den Wechselbädern der Vergangenheit braucht das wiedervereinigte Deutschland Verläßlichkeit und Selbstvertrauen. Das Wissen um die eigene Geschichte kann dabei helfen. Geschichtsvergessenheit kann den Rückfall zur Großmannssucht beschleunigen. Es ist deshalb ermutigend, wenn in Berlin, im Guten wie im Schlechten Ort der deutschen Geschichte, an ein Erbe erinnert wird, das Verpflichtung bedeutet: daß das wiedervereinigte Deutschland außenpolitisch Kurs hält, sich geschichtsbewußt der Zukunft zuwendet, deutsche Diplomaten und andere Diener des Staates an die Lektion erinnert werden, daß Freiheit, Demokratie und Menschenrechte nicht nur staatlichen Schutz brauchen, daß sie auch, wenn es darauf ankommt, verteidigt werden wollen. Der Mut, der Tyrannis zu widerstehen, war in den Zeiten der Diktatur nur wenigen gegeben. Die Tugend der Zivilcourage indes bleibt heutigen und künftigen Bürgern unserer Demokratie als Auftrag aufgegeben. Um mit Friedrich Schiller zu sprechen: »Und setzet ihr nicht das Leben ein, nie wird Euch das Leben gewonnen sein!«

Anmerkungen

Einleitung. Denkmäler: Die Nation erinnert sich

1 Zit. bei Theodor Schieder, Nationale Vielfalt und europäische Gemeinschaft, in: ders., Nationalismus und Nationalstaat. Studien zum nationalen Problem im modernen Europa, Göttingen 1992, S. 277.

2 Hermann Heimpel, Der Mensch in seiner Gegenwart, Göttingen 1954, S. 11.

3 Theodor Schieder, Geschichtsinteresse und Geschichtsbewußtsein heute, in: Carl Burckhardt (Hg.) Geschichte zwischen gestern und morgen, München 1974, S. 74.

4 J. H. Plumb, Die Zukunft der Geschichte, München 1971, S. 44.

5 L. B. Namier, Avenues of history, 1952, S. 8, zit. nach Gerhard Ritter, Zur Problematik gegenwärtiger Geschichtsschreibung, in: ders., Lebendige Vergangenheit, München 1958, S. 255.

6 Vgl. Theodor Schieder, Probleme einer europäischen Geschichte, Opladen 1973, S. 10.

7 Jacob Burckhardt, Die Kultur der Renaissance in Italien, Berlin 1936, S. 188.

8 Vgl. dazu Hans Sedlmayer, Verlust der Mitte. Die bildende Kunst des 19. und 20. Jahrhunderts als Symptom und Symbol der Zeit, Berlin 1956.

9 Johann Martin Chladenius, Allgemeine Geschichtswissenschaft, Leipzig 1752, zit. nach Reinhard Alings, Monument und Nation. Das Bild vom Nationalstaat im Medium Denkmal – Zum Verhältnis von Nation und Staat im Deutschen Kaiserreich 1871–1918, Berlin-New York 1996, S. 4.

10 J. G. Droysen, Historik, München 1977, zit. nach Alings, Monument und Nation, S. 8.

11 Alois Riegl, Der moderne Denkmalkultus, sein Wesen und seine Entstehung, in: ders., Gesammelte Aufsätze, Augsburg 1929, S. 145 ff.

12 Thomas von Aquin, Summae theologiae II-II qu. 49, art. 1: »utrum memoria sit pars prudentiae«, zit. nach »Die deutsche Thomas-Ausgabe«, Bd. 17B, kommentiert von Josef Endres, Heidelberg-Graz 1966, S. 246.

13 Vgl. dazu und zum folgenden Thomas Nipperdey, Nationalidee und Nationaldenkmal in Deutschland im 19. Jahrhundert, in: Historische Zeitschrift 206, 1968, S. 529 ff.

14 Alings, Monument und Nation, S. 40.

15 Reinhart Koselleck, Kriegerdenkmale als Identitätsstiftungen der Überlebenden, in: Odo Marquard und Karlheinz Stierle (Hgg.), Identität, München 1996, S. 256.

16 Reinhart Koselleck, Einleitung, in: ders. und Michael Jeismann (Hgg.),

Der politische Totenkult. Kriegerdenkmäler in der Moderne, München 1994, S. 10.

17 Richard von Weizsäcker im Deutschen Bundestag am 24. Februar 1972, Stenographische Protokolle des Deutschen Bundestags, 6. Wahlperiode, 172. Sitzung, S. 9838.

18 Vgl. Hartmut Boockmann, Denkmäler. Eine Utopie des 19. Jahrhunderts, in: Geschichte in Wissenschaft und Unterricht 28, 1977, S. 16.

19 Hermann Heimpel, Entwurf einer deutschen Geschichte. Eine Rektoratsrede, in: ders., Der Mensch in seiner Gegenwart, Göttingen 1954, S. 186.

20 Thomas Nipperdey, 1933 und die Kontinuität der deutschen Geschichte, in: ders., Nachdenken über die deutsche Geschichte, München 1991, S. 248.

21 Die Forschungen von Maurice Halbwachs (Das Gedächtnis und seine sozialen Bedingungen, Berlin und Neuwied 1966), Pierre Nora und das dreibändige Großprojekt von Etienne François und Hagen Schulze über »Deutsche Erinnerungsorte« (München 2001) sind in diesem Zusammenhang außerordentlich fruchtbar.

22 Burckhardt, Die Entdeckung des Unerwarteten, S. 20.

Zwischen Wunsch und Wirklichkeit: Der lange Weg zum deutschen Nationalstaat

1 Werner Conze, Nation und Gesellschaft. Zwei Grundbegriffe der revolutionären Epoche, in: Historische Zeitschrift 198, 1964, S. 2.

2 Theodor Schieder, Die Probleme des Geschichtsdenkens bei den europäischen Völkern, in: ders., Nationalismus und Nationalstaat. Studien zum nationalen Problem im modernen Europa, hg. von Otto Dann und Hans-Ulrich Wehler, Göttingen 1992, S. 295.

3 Franz Schnabel, Das Werden des Reiches, in: ders., Abhandlungen und Vorträge 1914–1965, hg. von Heinrich Lutz, Freiburg-Basel-Wien 1970, S. 118 (zuerst veröffentlicht in: Deutsches Volk. Katholische Monatsschrift für sozialen Aufbau und nationale Erziehung 1, 1933/34).

4 So Hagen Schulze, Der Weg zum Nationalstaat. Die deutsche Nationalbewegung vom 18. Jahrhundert bis zur Reichsgründung, München 1985, S. 121.

5 Thomas Nipperdey, Deutsche Geschichte 1800–1866. Bürgerwelt und starker Staat, München 1986, S. 286.

6 Walhalla's Genossen, Geschildert durch König Ludwig den Ersten von Bayern, den Gründer Walhallas, München 1842, S. V.

7 Wilhelm von Giesebrecht, Geschichte der deutschen Kaiserzeit, Bd. 1, Leipzig 1855, S. VII f.

8 Zitiert nach Thomas Nipperdey, Der Kölner Dom als Nationaldenkmal, in: ders., Nachdenken über die deutsche Geschichte, München 1991, S. 156.

9 Ludwig Kerssen, Das Interesse am Mittelalter im deutschen Nationaldenkmal, Berlin-New York 1975, S. 22.

10 Zit. nach ebd., S. 59.

11 Vgl. Schnabel, Werden des Reiches, S. 121.

»Heil Dir im Siegerkranz«: Kaiserreich 1871–1918

1 Zit. nach Heinrich Lutz, Zwischen Habsburg und Preußen. Deutschland 1815–1866, Berlin 1985, S. 485.

2 Otto von Bismarck, Erinnerungen und Gedanken, Gesammelte Werke, Bd. 15, Friedrichsruher Ausgabe, hg. von Gerhard Ritter und Rudolf Stadelmann, Berlin 1932, S. 324.

3 Heinrich von Sybel an Hermann Baumgarten, 27.1.1871, in: Deutscher Liberalismus im Zeitalter Bismarcks. Eine politische Briefsammlung, hg. von J. Heyderhoff und P. Wentzcke, Bd. I, ND Osnabrück 1967, Nr. 391.

4 Heinrich von Sybel, Die Begründung des Deutschen Reiches durch Wilhelm I., 7 Bde., München 1890–1894.

5 Zit. nach Alings, Monument und Nation, S. 159.

6 Vgl. dazu und zum folgenden Charlotte Tacke, Denkmal im sozialen Raum. Nationale Symbole in Deutschland und Frankreich im 19. Jahrhundert, Göttingen 1995.

7 Franz Schnabel, Die Denkmalskunst, in: ders., Abhandlungen und Vorträge 1914–1965, Freiburg-Basel-Wien 1970, S. 146.

8 G. Schmidt, Vom Teutoburger Walde, Kriegs- und Friedensbetrachtungen, hg. zur Feier der Einweihung des Hermannsdenkmals, Lemgo 1875, S. 13, zit. nach Kerssen, Interesse, S. 84.

9 Vgl. Tacke, Denkmal im sozialen Raum, S. 218.

10 Eugen Wolf, Vom Fürsten Bismarck und seinem Haus. Tagebuchblätter, Berlin 1904, S. 16.

11 Max Weber, Der Nationalstaat und die Volkswirtschaftspolitik, in: ders., Gesammelte politische Schriften, München 1921, S. 23.

12 Dieses Alternativszenario hatte der Militärschriftsteller Friedrich von Bernhardi 1912 seinen Landsleuten in seinem Bestseller »Deutschland und der nächste Krieg« in Aussicht gestellt.

13 Hans Plehn, Deutsche Weltpolitik und kein Krieg, Berlin 1913.

14 Michael Stürmer, Das ruhelose Reich. Deutschland 1866–1918, Berlin 1983, S. 241.

15 Zit. nach Monika Arndt, Das Kyffhäuser-Denkmal – ein Beitrag zur politischen Ikonographie des Zweiten Kaiserreiches, in: Wallraff-Richartz Jahrbuch 40, 1978, S. 78.

16 Zit. nach Arndt, Kyffhäuser-Denkmal, S. 81.

17 Zit. nach Max Klemm, Was sagt Bismarck dazu? Ein Wegweiser durch Bismarcks Geistes- und Gedankenwelt, Bd. 2, Berlin 1924, S. 419.

18 Stürmer, Ruheloses Reich, S. 248.

19 Vgl. Nipperdey, Nationaldenkmal, S. 577.

20 Die Bismarck-Ehrung durch die Deutsche Studentenschaft, hg. im Auftrag des Ausschusses von Walther Hoffmann, Heidelberg 1899, S. 23.

21 Schreiben Bismarcks an seine Frau, Petersburg 2.7.1859, zit. nach Klemm, Was sagt Bismarck dazu, Bd. 2, S. 313.

22 Zit. nach Alings, Monument und Nation, S. 252.

23 Zit. nach Tobias von Elsner, Kaisertage. Die Hamburger und das Wilhelminische Deutschland im Spiegel öffentlicher Festkultur, Frankfurt/Main u. a. 1991, S. 204.

24 Zit. nach Alings, Monument und Nation, S. 254.

25 Nipperdey, Nationaldenkmal, S. 573.

»Republik ohne Republikaner«: Weimar 1918–1933

1 Karl Dietrich Bracher, Die Auflösung der Weimarer Republik, Bonn 1955.

2 Friedrich Ebert, Schriften, Aufzeichnungen, Reden. Mit unveröffentlichten Reden aus dem Nachlaß, Bd. 2, Dresden 1926, S. 127.

3 Geschichte der Kommunistischen Partei Deutschlands. Eine Auswahl von Materialien und Dokumenten aus den Jahren 1914–1946, hg. vom Marx-Engels-Lenin-Stalin-Institut beim Zentralkomitee der SED, Berlin (Ost) ²1955, S. 76–77.

4 Vgl. Arthur Rosenberg, Die Entstehung der Deutschen Republik, Berlin 1928; ders., Die Geschichte der Deutschen Republik, Karlsbad 1935.

5 Alfred Rosenberg, Der Mythus des 20. Jahrhunderts, München 1930.

6 Zit. nach Peter Jessen, Kriegsgräber im Felde und daheim, München 1917, S. 51.

7 Michael Jeismann und Rolf Westheider, Wofür stirbt der Bürger? Nationaler Totenkult und Staatsbürgertum in Deutschland und Frankreich seit der Französischen Revolution, in: Der politische Totenkult. Kriegerdenkmäler in der Moderne, hg. von Reinhart Koselleck und Michael Jeismann, München 1994, S. 36 f.

8 Gründungsaufruf des Volksbunds Deutscher Kriegsgräberfürsorge, Faksimile abgedruckt in: Dienst am Menschen, Dienst am Frieden. 75 Jahre Volksbund Deutscher Kriegsgräberfürsorge, Gütersloh 1994, S. 19.

9 George F. Kennan, Bismarcks europäisches System in der Auflösung: Die französisch-russische Annäherung 1875 bis 1890, Frankfurt-Berlin-Wien 1981, S. 12. Jessen: Kriegsgräber im Felde und daheim, München 1917, S. 51

10 Friedrich Freksa, Der Wanderer ins Nichts, München 1920.

11 Heinrich Tessenow, Wohnhausbau, 1909; vgl. zu Heinrich Tessenow vor allem Gerda Wangerin und Gerhard Weiss (Hgg.), Heinrich Tessenow. Ein Baumeister 1876–1950. Leben – Lehre – Werk, Essen 1976.

12 Christoph Stölzl (Hg.), Die Neue Wache Unter Den Linden. Ein deutsches Denkmal im Wandel der Geschichte, Berlin 1993, S. 69.

13 Theobald von Schäfer, Tannenberg (= Schlachten des Weltkriegs, Bd. 19), Oldenburg-Berlin 1927, S. 248.

14 Ebd., S. 254.

15 Heinrich Brüning, Memoiren 1918–1934, Stuttgart 1970, S. 512 f.

16 Kurt Hesse, die Miliz, Hamburg 1933.

17 Zit. nach Andreas Hillgruber, Militarismus am Ende der Weimarer Republik und im »Dritten Reich«, in: ders., Großmachtpolitik und Militarismus im 20. Jahrhundert. Drei Beiträge zum Kontinuitätsproblem, Düsseldorf 1974, S. 43.

18 »Feierliche Weihe des Marinedenkmals in Kiel im Beisein des Führers«, in: M.O.D. Zeitschrift des Marine-Offizier-Verbands im Nationalsozialistischen Deutschen Marinebund, Nr. 12, 16. Juni 1936.

19 Ebd.

Hybris und Nemesis: In nationalsozialistischer Zeit 1933–1945

1 Vgl. dazu und zum folgenden Thomas Nipperdey, 1933 und die Kontinuität der deutschen Geschichte, in: ders., Nachdenken über die deutsche Geschichte, München ²1991, S. 225 ff. (besonders: S. 244 f.).

2 Eintragung vom 7. August 1932, in: Die Tagebücher von Joseph Goebbels. Sämtliche Fragmente, hg. von Elke Fröhlich, Teil I, Aufzeichnungen 1924–1941, Bd. 2, München ¹1987, S. 217.

3 So Albert Speer gegenüber dem amerikanischen Geheimdienstoffizier Captain Hoeffding im Sommer 1945, zit. nach Albert Speer, »Alles, was ich weiß«. Aus unbekannten Geheimdienstprotokollen vom Sommer 1945, hg. von Ulrich Schlie, München 1999, S. 55.

4 Konrad Heiden, Adolf Hitler. Das Zeitalter der Verantwortungslosigkeit. Eine Biographie, Zürich 1936, S. 343; vgl. dazu auch David Clay Large, Hitlers München, München 1998, das dem Erfolgsmuster von Brigitte Hamanns »Hitlers Wien« (München 1996) folgt.

5 Rede Adolf Hitlers am 8. November 1939 in München vor der alten Garde, zit. nach Philipp Bouhler, Der großdeutsche Freiheitskampf. Reden Adolf Hitlers vom 1. September 1939 – 10. März 1940, München 1940, S. 128.

6 Albert Speer im Gespräch mit Adelbert Reif, in: Speer, Technik und Macht, Esslingen 1979, S. 61.

7 Max Domarus, Hitler. Reden und Proklamationen 1932–1945, Bd. I, München 1965, S. 718.

8 Albert Speer im Gespräch mit Adelbert Reif, in: Speer, Technik und Macht, S. 49 f.

9 Albert Speer, Spandauer Tagebücher, Frankfurt/Main-Berlin 1975, S. 31, Eintragung 1. November 1946.

10 Vgl. Wilhelm Höttl, Einsatz für das Reich, Koblenz 1997, S. 117.

11 Vgl. dazu Ulrich Schlie, Albert Speer und das Dritte Reich, in: Albert Speer, »Alles, was ich weiß«, S. 243–284.

12 Joseph Goebbels, Vom Kaiserhof zur Reichskanzlei. Eine historische Darstellung in Tagebuchblättern vom 1. Januar 1932 bis 1. Mai 1933, München 1934, S. 287.

13 Karl Arndt, Architektur und Politik, in: Albert Speer, Architektur. Arbeiten 1933–1942, Frankfurt/Main-Berlin-Wien 1978, S. 119.

14 Rudolf Wolters, Albert Speer, Oldenburg 1943, S. 15.

15 Nevile Henderson, Fehlschlag einer Mission. Berlin 1937 bis 1939, Zürich 1949, S. 80.

16 Zit. nach Speer, Erinnerungen, S. 84.

17 Protokoll einer Besprechung mit Vertretern der Stadt Berlin am 19. September 1933 bei Hitler (Archiv-Dokument Bundesarchiv Koblenz), zit.

nach Matthias Schmidt, Albert Speer – das Ende eines Mythos. Speers wahre Rolle im Dritten Reich, Bern-München 1982, S. 47.

18 Speer, Erinnerungen, S. 87.

19 Ebd., S. 88.

20 Speer, Technik und Macht, S. 30.

21 Domarus, Hitler, S. 764.

22 Peter Reichel, Der schöne Schein des Dritten Reiches. Faszination und Gewalt des Faschismus, München-Wien 1991, S. 302 f.

23 Hermann Giesler, Ein anderer Hitler. Bericht seines Architekten, Leoni 1977, S. 139.

Nach der Katastrophe: Das geteilte Deutschland 1945–1990

1 Malcolm Muggeridge, The Infernal Grove, London 1973.

2 Margret Boveri, Tage des Überlebens. Berlin 1945, Neuausgabe München 1985.

3 Wilfried Neubauer, Kriegstod/Kriegsgräberfürsorge und Jugend, in: Kriegsgräberfürsorge. Mitteilungen und Berichte vom Volksbund Deutscher Kriegsgräberfürsorge e. V., 6/1957, S. 12.

4 Elisabeth Noelle-Neumann, Die Verklärung. Adenauer und die öffentliche Meinung 1948–1976, in: Konrad Adenauer und seine Zeit. Politik und Persönlichkeit des ersten Bundeskanzlers, Bd. 2: Beiträge der Wissenschaft, hg. von Dieter Blumenwitz u. a., Stuttgart 1976, S. 552.

5 Fred Luchsinger, Glück und Elend in Friedland, (geschrieben am 21. Oktober 1955), in: ders., Bericht über Bonn, Deutsche Politik 1955–1965, Zürich-Stuttgart 1966, S. 68 f.

6 Fritz Stern, Verspielte Größe. Essays zur deutschen Geschichte des 20. Jahrhunderts, München 1996, S. 286.

7 Bundeswehr und Tradition. Erlaß des Bundesministers der Verteidigung vom 1. Juli 1965, Signatur Fü B I 4 – Az 35-08-07.

8 Ansprache des Bundesministers der Verteidigung, Georg Leber, bei der Einweihung des Ehrenmals des Heeres am 29. Oktober 1972 in Koblenz auf der Festung Ehrenbreitstein, in: Bulletin des Presse- und Informationsamtes der Bundesregierung Nr. 154 vom 7. November 1972, S. 1835 f.

Einheit in Recht und Freiheit: Deutschland seit 1990

1 Alles zum Wohl des Volkes – dafür leben, dafür arbeiten und dafür kämpfen wir. Aus dem Schlußwort Erich Honeckers auf der Bezirksdelegiertenkonferenz der SED in Berlin, 15. Februar 1981, in: Erich Honecker, Reden und Aufsätze, Bd. 7, Berlin 1982, S. 557.

2 Peter Bender, Deutsche Parallelen. Anmerkungen zu einer gemeinsamen Geschichte zweier getrennter Staaten, Berlin 1989, S. 88.

3 »Sich selbst aus unserer Gesellschaft ausgegrenzt«, in: Neues Deutschland vom 2. Oktober 1989.

4 »Wer den Sozialismus stärkt, handelt zum Wohl des Volkes«, Erich Honecker, zit. nach: Neues Deutschland vom 15. August 1989.

5 Zit. nach: Neues Deutschland vom 10. November 1989.

6 Margaret Thatcher, 10. November 1989, zit. nach: Die Welt vom 11. November 1989.

7 Wolfgang Thierse, 19. April 1999, stenographischer Bericht, 33. Sitzung des Deutschen Bundestags, Plenarprotokoll 14/33, S. 2663 ff.

8 Norman Foster, Symbol für das wiedervereinigte Deutschland, in: Frankfurter Allgemeine Zeitung vom 19. April 1999.

9 Bernd Roeck, Der Reichstag, in: Deutsche Erinnerungsorte, hg. von Etienne François und Hagen Schulze, Bd. 1, München 2001, S. 155.

10 Norman Foster, Symbol für das wiedervereinigte Deutschland, in: Frankfurter Allgemeine Zeitung vom 19. April 1999.

11 Debatte des Deutschen Bundestags am 14. Mai 1993 zur zentralen Gedenkstätte Neue Wache, zit. nach: Christoph Stölzl, Die Neue Wache Unter den Linden, Berlin 1993, S. 214.

12 Christoph Stölzl, Die Trauer der Mutter, in: Frankfurter Allgemeine Zeitung vom 13. März 1993.

13 Laurenz Demps, Die Neue Wache. Entstehung und Geschichte eines Bauwerkes, Ost-Berlin 1989, S. 178.

14 Andreas Huysen, Denkmal und Erinnerung im Zeitalter der Postmoderne, in: James E. Young (Hg.), Mahnmale des Holocaust. Motive, Rituale und Stätten des Gedenkens, München 1993, S. 15.

15 James E. Young, Die Zeitgeschichte der Gedenkstätten und Denkmäler des Holocausts, in: Young, Mahnmale des Holocaust, S. 25.

16 Vom Mahnmal zum Wahnmal, in: Der Spiegel vom 24. August 1998.

17 Konrad Schuller, Reise zum Mittelpunkt der Diskurse, in: Frankfurter Allgemeine Zeitung vom 22. Januar 2000.

Ausgewählte Literatur

Alings, Reinhard, Monument und Nation. Das Bild vom Nationalstaat im Medium Denkmal. Zum Verständnis von Nation und Staat im deutschen Kaiserreich 1871–1918, Berlin 1996.

Aretin, Karl Otmar von, Das Alte Reich 1648–1806, 3 Bde., Stuttgart 1993 ff.

Assmann, Aleida, Arbeit am nationalen Gedächtnis. Eine kurze Geschichte der deutschen Bildungsidee, Frankfurt/Main 1993.

Baal-Teshuva, Jacob (Hg.), Christo und Jeanne-Claude. Der Reichstag und urbane Projekte, München 1995.

Baier, Lothar, Erinnerung an die Vergeßlichkeit, in: Neue Rundschau 104, 1993, S. 56 ff.

Bender, Peter, Episode oder Epoche? Zur Geschichte des geteilten Deutschland, München 1996.

Bolaffi, Angelo, Die schrecklichen Deutschen. Eine merkwürdige Liebeserklärung, Berlin 1995.

Boockmann, Hartmut, Denkmäler. Eine Utopie des 19. Jahrhunderts, in: Geschichte in Wissenschaft und Unterricht 28, 1977, S. 231–245.

–, Die Marienburg im 19. Jahrhundert, Frankfurt/Main 1982.

–, u. a., Mitten in Europa. Deutsche Geschichte, Berlin 41990.

Bruyn, Günter de, Deutsche Zustände. Über Erinnerungen und Tatsachen, Heimat und Literatur, Frankfurt 1999.

Bürgerinitiative Perspektive Berlin e. V. (Hg.), Ein Denkmal für die ermordeten Juden Europas. Dokumentation 1988–1995, Berlin 1995.

Burckhardt, Carl J., Geschichte zwischen Gestern und Morgen, München 1974.

Burckhardt, Jacob, Weltgeschichtliche Betrachtungen, Stuttgart 1978.

Carcenac-Lecomte, Constanze u. a. (Hgg.), Steinbruch. Deutsche Erinnerungsorte. Annäherung an eine deutsche Gedächtnisgeschichte, Frankfurt/Main 2000.

Conze, Werner, Die deutsche Nation. Ergebnis der Geschichte, Göttingen 1963.

–, Nation und Gesellschaft. Zwei Grundbegriffe der revolutionären Epoche, in: Historische Zeitschrift 198, 1964, S. 1–43.

–, Lepsius, M. Rainer, Sozialgeschichte der Bundesrepublik Deutschland, Beiträge zum Kontinuitätsproblem, Stuttgart 1983.

Cullen, Michael / S. Kieling, Uwe, Das Brandenburger Tor. Geschichte eines deutschen Symbols, Berlin 1990.

–, Der Reichstag. Parlament, Denkmal, Symbol, Berlin 1999.

Delbrück, Hans, Das Wilhelmsdenkmal, in: Preußische Jahrbücher, Mai 1897, S. 177 ff.

Demps, Laurenz, Die Neue Wache. Entstehung und Geschichte eines Bauwerks, Berlin (Ost) 1989.

–, Das Brandenburger Tor, Berlin 1991.

Deutsches Nationalkomitee für Denkmalschutz (Hg.), Verfallen und vergessen oder aufgehoben und geschützt? Architektur und Städtebau in der DDR – Geschichte, Bedeutung, Umgang, Erhaltung, Bonn 1995.

Dienst am Menschen. Dienst am Frieden. 75 Jahre Volksbund Deutsche Kriegsgräberfürsorge, Gütersloh 1994.

Dolff-Bonekämper, Gabi/Kier, Hiltrud (Hgg.), Städtebau und Staatsbau im 20. Jahrhundert, München-Berlin 1996.

Elias, Norbert, Studien über die Deutschen. Machtkämpfe und Habitusentwicklung im 19. und 20. Jahrhundert, Frankfurt/Main 1989.

Elsner, Tobias von, Kaisertage. Die Hamburger und das Wilhelminische Deutschland im Spiegel öffentlicher Festkultur, Frankfurt/Main u. a. 1992

Erdmann, Karl Dietrich/Schulze, Hagen (Hgg.), Weimar. Selbstpreisgabe einer Demokratie. Eine Bilanz heute, Düsseldorf 1980.

Faden, Eberhard, Zur politischen Geschichte der Berliner Denkmäler, in: Zeitschrift des Vereins für die Geschichte Berlins 54, 1937, S. 91–96.

Fehrenbach, Elisabeth, Wandlungen des deutschen Kaisergedankens 1871–1918, München-Wien 1969.

–, Über die Bedeutung der politischen Symbole im Nationalstaat, in: Historische Zeitschrift 213, 1971, S. 296–357.

Flierl, Bruno, Gebaute DDR. Über Stadtplaner, Architekten und die Macht, Berlin, 1998.

François, Etienne/Siegrist, H./Vogel, J. (Hgg.), Nation und Emotion, Göttingen 1995.

Giesler, Hermann, Ein anderer Hitler. Bericht seines Architekten Hermann Giesler. Erlebnisse, Gespräche, Reflexionen, Leoni ²1977.

Glazer, Ruth, Das Wilhelminische Berlin. Panorama einer Metropole 1890–1918, Berlin 1997.

Guth, Peter, Wände der Verheißung. Zur Geschichte der architekturbezogenen Kunst in der DDR, Leipzig 1995.

Haase, Norbert/Pampel, Bert (Hgg.), Doppelte Last – Doppelte Herausforderung. Gedenkstättenarbeit und Diktaturenvergleich an Orten mit doppelter Vergangenheit, Frankfurt/Main 1998.

Halbwachs, Maurice, Das Gedächtnis und seine sozialen Bedingungen, Berlin 1966.

Hardtwig, Wolfgang, Geschichtskultur und Wissenschaft, München 1990.

Hattenhauer, Hans, Deutsche Nationalsymbole. Geschichte und Bedeutung, Köln 1998.

Haverkamp, Anselm/Lachmann, Renate (Hgg.), Memoria – Vergessen und Erinnern, München 1993.

Heimpel, Hermann, Der Mensch in seiner Gegenwart, Göttingen 1954.

–, Kapitulation vor der Geschichte?, Göttingen 1956.

Heimrod, Ute/Schlusche, Günter/Seferenz, Horst (Hgg.), Der Denkmalstreit – das Denkmal? Die Debatte um das »Denkmal für die ermordeten Juden Europas«. Eine Dokumentation, Berlin 1999.

Heinrich, Christoph, Strategien des Erinnerns. Der veränderte Denkmalsbegriff in der Kunst der 80er Jahre, München 1992.

Heuß, Alfred, Verlust der Geschichte, Göttingen 1959.

Hildebrand, Klaus, Das vergangene Reich. Deutsche Außenpolitik von Bismarck bis Hitler, Stuttgart 1995.

Hillgruber, Andreas, Großmachtpolitik und Militarismus im 20. Jahrhundert, Düsseldorf 1974.

–, Die gescheiterte Großmacht. Eine Skizze des Deutschen Reiches 1871–1945, Düsseldorf 41984.

–, Die Zerstörung Europas, Frankfurt/Main 1988.

Hipp, Hermann/Seidl, Ernst (Hgg.), Architektur als politische Kultur, Berlin 1996.

Hoscislawski, Thomas, Bauen zwischen Macht und Ohnmacht. Architektur und Städtebau in der DDR, Berlin 1993.

Hütt, Michael u. a. (Hgg.), Unglücklich das Land, das Helden nötig hat. Leiden und Sterben in den Kriegerdenkmälern des Ersten und Zweiten Weltkriegs, Marburg 1990.

International council on monuments and sites (Hg.), Stalinistische Architektur unter Denkmalschutz? Eine Tagung des deutschen Nationalkomitees von ICOMOS und der Senatsverwaltung für Stadtentwicklung und Umweltschutz in der Architektenkammer Berlin, 6.–9.9.1995, 1996.

Jarausch, Konrad/Sabrow, Martin (Hgg.), Weg in den Untergang. Der innere Zerfall der DDR, Göttingen 1999.

Kerssen, Ludger, Das Interesse am Mittelalter im deutschen Nationaldenkmal, Berlin–New York 1975.

Kielmannsegg, Peter Graf, Nach der Katastrophe. Eine Geschichte des geteilten Deutschland, Berlin 2000.

Kocka, Jürgen/Sabrow, Martin (Hgg.), Die DDR als Geschichte. Fragen – Hypothesen – Perspektiven, Berlin 1994.

Koselleck, Reinhart/Jeismann, Michael (Hgg.), Der politische Totenkult. Kriegerdenkmäler in der Moderne, München 1994.

Krenzlin, Ulrike (Hg.), Die Quadriga auf dem Brandenburger Tor. Zwischen Raub, Revolution und Frieden, Berlin 1991.

Krüger, Peter, Auf der Suche nach Deutschland – Ein historischer Streifzug ins Ungewisse, in: Krüger, Peter (Hg.), Deutschland, deutscher Staat, deutsche Nation, Marburg 1993, S. 41 ff.

Kuratorium für das Reichsdenkmal Tannenberg (Hg.), Tannenberg. Deutsches Schicksal – Deutsche Aufgabe, Oldenburg o. J. [1939/40].

Laab, Rainer, Das Brandenburger Tor. Brennpunkte deutscher Geschichte, Berlin 1990.

Le Goff, Jacques, Geschichte und Gedächtnis, Frankfurt-New York 1992.

Lepsius, M. Rainer, Demokratie in Deutschland. Soziologisch-historische Konstellationsanalysen; ausgewählte Aufsätze, Göttingen 1993.

Lipp, Wilfried, Natur, Geschichte, Denkmal. Zur Entstehung des Denkmalbewußtseins der bürgerlichen Gesellschaft, Frankfurt/Main-New York 1987.

– (Hg.), Denkmal – Werte – Gesellschaft. Zur Pluralität des Denkmalbegriffs, Frankfurt/Main 1993.

Luchsinger, Fred, Bericht über Bonn. Deutsche Politik 1955–1965, Zürich-Stuttgart 1966.

Lübbe, Hermann, Der Nationalsozialismus im deutschen Nachkriegsbewußtsein, in: Historische Zeitschrift 236, 1983, S. 579 ff.

Lurz, Meinhold, Das Hessendenkmal. Vorgeschichte – Entstehung – Wirkung, in: Archiv für Frankfurts Geschichte und Kunst 62, 1983, S. 119–235.

–, Kriegerdenkmäler in Deutschland, Bd. 4: Weimarer Republik, Heidelberg 1985.

–, Kriegerdenkmäler in Deutschland, Bd. 5: Drittes Reich, Heidelberg 1986.

Mai, Ekkehard, Vom Bismarckturm zum Ehrenmal, in: ders./Schmirber, Gisela (Hgg.), Denkmal – Zeichen – Monument, München 1989, S. 50–57.

Marquard, Odo/Stierle, Karlheinz (Hg.), Identität, München 1996.

Meier, Christian, Die Nation, die keine sein will, München 1991.

Nationaler Totenkult. Die Neue Wache. Eine Streitschrift zur zentralen deutschen Gedenkstätte, Berlin 1995.

Nipperdey, Thomas, Nationalidee und Nationaldenkmal in Deutschland im 19. Jahrhundert, in: Historische Zeitschrift 206, 1968, S. 529–585.

–, Deutsche Geschichte 1800–1866. Bürgerwelt und starker Staat, München 1984.

–, Nachdenken über die deutsche Geschichte, München 1986.

–, Der Mythos im Zeitalter der Revolution, in: Geschichte in Wissenschaft und Unterricht 37, 1987, S. 325 ff.

Noelle-Neumann, Elisabeth, Demoskopische Geschichtsstunde. Vom Wartesaal der Geschichte zur deutschen Einheit, Zürich–Osnabrück 1991.

Nolte, Ernst, Deutschland und der Kalte Krieg, Stuttgart ²1985.

–, Die Deutschen und ihre Vergangenheiten. Erinnerung und Vergessen von der Reichsgründung Bismarcks bis heute, Berlin 1995.

Nora, Pierre, Zwischen Geschichte und Gedächtnis, Berlin 1990.

Orlow, Dietrich, Die Adolf-Hitler-Schulen, in: Vierteljahrshefte für Zeitgeschichte 4/3, 1957, S. 272 ff.

Plessner, Helmut, Die verspätete Nation, Stuttgart 1959.

Przychowski, Hans von, Luftbrücken nach Berlin. Der alliierte Flugverkehr 1945–1990, Berlin 1996.

Reichel, Peter, Der schöne Schein des Dritten Reiches. Faszination und Gewalt des Faschismus, München–Wien 1991.

–, Berlin nach 1945. Eine Erinnerungslandschaft zwischen Gedächtnis-Verlust und Gedächtnis-Inszenierung, in: Hipp, Hermann/Seidl, Ernst (Hgg.), Architektur als politische Kultur, Berlin 1996, S. 273–296.

– (Hg.), Das Gedächtnis der Stadt. Hamburg im Umgang mit seiner nationalsozialistischen Vergangenheit, Hamburg 1997.

–, Politik mit der Erinnerung. Gedächtnisorte im Streit um die nationalsozialistische Vergangenheit, überarbeitete Neuauflage Frankfurt/Main 1999.

Reichhardt, Hans-J./Schäche, Wolfgang, Von Berlin nach Germania. Über die Zerstörung der »Reichshauptstadt« durch Albert Speers Neugestaltungsplanungen, Berlin 1998.

Reif, Adelbert (Hg.), Albert Speer. Kontroversen um ein deutsches Phänomen, München 1978.

– (Hg.), Albert Speer. Technik und Macht, Esslingen 1979.

Ricœur, Paul, Gedächtnis – Vergessen – Geschichte, in: Michalski, Krzysztof (Hg.), Identität im Wandel. Castelgandolfo-Gespräche 1995, Stuttgart 1995, S. 24–46.

Riegl, Alois, Gesammelte Aufsätze, Augsburg 1928.

Ritter, Gerhard A., Über Deutschland. Die Bundesrepublik in der deutschen Geschichte, München 1998.

Rothfels, Hans, Deutsche Opposition gegen Hitler, Frankfurt/Main 1986.

Schäfer, Theodor von, Tannenberg, Oldenburg–Berlin 1927.

Scharf, Helmut, Kleine Kunstgeschichte des deutschen Nationaldenkmals, Darmstadt 1984.

Schieder, Theodor, Nation und Nationalstaat in der deutschen Geschichte. Zum Gedenken der Reichsgründung, in: Aus Politik und Zeitgeschichte 21, 1971/ 312, S. 3–5.

– (Hg.), Sozialstruktur und Organisation europäischer Nationalbewegungen, München-Wien 1971.

–, Nationalismus und Nationalstaat, Göttingen 1992.

Schildt, Axel/Sywottek, Arnold (Hgg.), Modernisierung im Wiederaufbau. Die westdeutsche Gesellschaft der 50er Jahre, Bonn 1993.

Schildt, Axel, Ankunft in Westen. Ein Essay zur Erfolgsgeschichte der Bundesrepublik, Frankfurt/Main 1999.

Schlie, Ulrich (Hg.), Albert Speer: »Alles was ich weiß«, München 1999.

Schmädeke, Jürgen, Der deutsche Reichstag. Das Gebäude in Geschichte und Gegenwart, Berlin 1981.

Schmidt, Matthias, Albert Speer: Das Ende eines Mythos. Die Aufdeckung seiner Geschichtsverfälschung. Speers wahre Rolle im Dritten Reich, Bern-München 1982.

Schmidt, Thomas E. u. a. (Hgg.), Nationaler Totenkult. Die Neue Wache. Eine Streitschrift zur zentralen deutschen Gedenkstätte, Berlin 1995.

Schnabel, Franz, Die Denkmalkunst und der Geist des 19. Jahrhunderts, in: Die neue Rundschau 50, 1939, S. 415 ff.

Scholtz, Dietrich, Die »NS-Ordensburgen«, in: Vierteljahrshefte für Zeitgeschichte 4/3, 1957, S. 269 ff.

Schulze, Hagen, Staat und Nation in der europäischen Geschichte, München 1994.

– , François, Etienne (Hgg.), Deutsche Erinnerungsorte, 3 Bde., München 2001.

Sedlmayr, Hans, Verlust der Mitte. Die bildende Kunst des 19. und 20. Jahrhunderts als Symptom und Symbol der Zeit, Frankfurt/Main-Berlin 1956.

Sekretariat für Kulturelle Zusammenarbeit Nichttheatertragender Städte und Gemeinden in Nordrhein-Westfalen (Hg), Deutsche Nationaldenkmale 1790–1990, Bielefeld 1993.

Siedler, Wolf Jobst, Abschied von Preußen, Berlin 1998.

Sontheimer, Kurt, So war Deutschland nie. Anmerkungen zur politischen Kultur der Bundesrepublik, München 1999.

Speer, Albert, Erinnerungen, Frankfurt/Main u. a. 1969.

–, Spandauer Tagebücher, Frankfurt/Main u. a. 1975.

–, Architektur. Arbeiten 1933–1943, Frankfurt-Berlin-Wien 1978.

Staritz, Dietrich, Geschichte der DDR, Frankfurt 1996.

Stern, Fritz, Verspielte Größe. Essays zur deutschen Geschichte, München 1996.

Stölzl, Christoph (Hg.), Die Neue Wache Unter den Linden. Ein deutsches Denkmal im Wandel der Geschichte, Berlin 1993.

Stürmer, Michael, Das ruhelose Reich: Deutschland 1866–1918, Berlin 1983.

– (Hg.), Die Weimarer Republik. Belagerte Civitas, Königstein/Ts. ²1985.

–, Dissonanzen des Fortschritts, München-Zürich 1986.

–, Die Grenzen der Macht. Begegnung der Deutschen mit der Geschichte, Berlin 1992.

Tacke, Charlotte, Denkmal im sozialen Raum. Nationale Symbole in Deutschland und Frankreich im 19. Jahrhundert, Göttingen 1995.

Thamer, Hans-Ulrich, Verführung und Gewalt. Deutschland 1933–1945, Berlin 1986.

Theele, J., Denkmäler und Brunnen, in: Wieger, H. (Hg.), Handbuch von Köln, Köln 1925, S. 225–251.

Timmermann, Heiner (Hg.), Die DDR – Erinnerung an einen untergegangenen Staat, Berlin 1999.

Traeger, Jörg, Die Walhalla. Idee, Architektur, Landschaft, Regensburg 1979.

Vogt, Arnold, Den Lebenden zur Mahnung. Denkmäler und Gedenkstätten. Zur Traditionspflege und historischen Identität vom 19. Jahrhundert bis zur Gegenwart, Hannover 1993.

Volksbund Deutscher Kriegsgräberfürsorge e. V., 40 Jahre Volksbund Deutscher Kriegsgräberfürsorge, o. O. 1959.

Wangerin, Gerda / Weiss, Gerhard, Heinrich Tessenow. Ein Baumeister, 1876–1950. Leben, Lehre Werk, Essen 1976.

Weidenfeld, Werner/Korte, Karl-Rudolf (Hgg.), Die Deutschen. Profil einer Nation, Stuttgart 1991.

Weizsäcker, Richard von, Die deutsche Geschichte geht weiter, Berlin 1983.

Willms, Johannes (Hg.), Der 9. November. Fünf Essays zur deutschen Geschichte, München 1994.

Winkler, Heinrich August, Der lange Weg nach Westen, Bd. 1: Deutsche Geschichte vom Ende des Alten Reiches bis zum Untergang der Weimarer Republik, München 2000.

–, Der lange Weg nach Westen, Bd. 2: Deutsche Geschichte vom »Dritten Reich« bis zur Wiedervereinigung, München 2001.

Wördehoff, Bernhard, Flaggenwechsel. Ein Land und viele Fahnen, Berlin 1990.

Wolfrum, Edgar, Geschichtspolitik in der Bundesrepublik Deutschland. Der Weg zur bundesrepublikanischen Erinnerung 1948–1990, Darmstadt 1999.

Wolters, Rudolf, Albert Speer, Oldenburg 1943.

Young, James (Hg.), Mahnmale des Holocaust. Motive, Rituale und Stätten des Gedenkens, München 1994.

–, Formen des Erinnerns. Gedenkstätten des Holocaust, Wien 1997.

Danksagung

Für die kritische Lektüre des Manuskripts, ganz oder in Teilen, und wertvolle Anregungen danke ich Herrn PD Dr. Eckart Conze (Tübingen), Herrn Professor Dr. Andreas Sohn (Paris), Herrn Dr. Brendan Simms (Peterhouse, Cambridge, England), Frau Dr. Zara Steiner (New Hall, Cambridge, England) und Herrn Johann Dietrich von Hassell (Ebenhausen) herzlich. Ganz besonders danke ich meiner Frau, Stephanie Salzmann, die das Werden auch dieses Buches von den ersten, absichtsvollen Anfängen an mit Rat und Tat begleitet hat.

Berlin und Paris, Oktober 2001   Ulrich Schlie

Bildquellennachweis

Autor und Verlag danken folgenden Institutionen für die freundlich erteilte Abdruckerlaubnis der im Buch verwendeten Illustrationen.

Archiv für Kunst und Geschichte, Berlin: S. 106 (Heinrich Hoffmann), 130 (Dieter E. Hoppe), 173 (Dieter E. Hoppe), 176 (Dieter E. Hoppe)
Bildarchiv Preußischer Kulturbesitz, Berlin: S. 26, 33 (Stahlstich von A. Krausse), 35, 46, 49, 56 (Franz Kräft), 63, 67, 74, 82 (Julius Söhn), 88, 89, 96 (Ferd. Urbahns), 133 (Hilmar Pabel), 161 (Gerhard Kiesling), 167 (E. Kolodziej),
Dokumentationszentrum Reichsparteitagsgelände, Nürnberg: S. 143
Landesarchiv, Berlin: S. 183
Ulrich Schlie, Privatfoto: S. 186

Die verbliebenen Abbildungen wurden folgenden Büchern entnommen:
Arndt, Karl/Koch, Georg Friedrich/Larsson, Lars Olof: Albert Speer. Architektur. Arbeiten 1933–1942 (Verlag Ullstein, 1995 – Reprint der Originalausgabe von 1978, Propyläen): S. 107, 119, 122
Ulrich Schlie: German Memorials. In Search of a Difficult Past. Nation and National Monuments in 19th and 20th Century German History (Goethe-Institute Inter Nationes, 2000): S. 60, 81, 115, 125, 136, 141, 146, 148, 151, 154

Verzeichnis der Denkmäler

Kursiv gesetzte Seitenzahlen verweisen auf Abbildungen

Gedächtniskultur bei C. H. Beck

John C. G. Röhl
Wilhelm II.
Band I. Die Jugend des Kaisers 1859–1888
2. Aufl. 2001. 980 Seiten mit 32 Abbildungen. Leinen
Band II. Der Aufbau der persönlichen Monarchie. 1888–1900
2001. 1437 Seiten mit 55 Abbildungen. Leinen

Horst Fuhrmann
Menschen und Meriten
Eine persönliche Portraitgalerie
Zusammengestellt und eingerichtet unter Mithilfe von Markus Wesche
2001. 358 Seiten mit 52 Abbildungen. Leinen

Volkhard Knigge / Norbert Frei (Hgg.)
Verbrechen erinnern
Die Auseinandersetzung mit Holocaust und Völkermord
2001. Etwa 510 Seiten. Broschiert

Ruth Gay
Das Undenkbare tun
Juden in Deutschland nach 1945
Aus dem Englischen von Georgia Hanenberg
2001. 310 Seiten mit 28 Abbildungen. Gebunden

David Clay Large
Hitlers München
Aufstieg und Fall der Hauptstadt der Bewegung
Aus dem Englischen von Karl Heinz Siber
1998. 515 Seiten mit 66 Abbildungen und 2 Karten. Leinen

Schlachten der Weltgeschichte
Von Salamis bis Sinai
Herausgegeben von Stig Förster, Markus Pöhlmann und Dierk Walter
2., durchgesehene Auflage. 2002. 416 Seiten mit 25 Karten. Leinen

Verlag C. H. Beck München

Gedächtniskultur bei C. H. Beck

Etienne François / Hagen Schulze (Hgg.)
Deutsche Erinnerungsorte
Band I
3. Aufl. 2002. 725 Seiten mit 77 Abbildungen. Leinen
Band II
2001. 739 Seiten mit 77 Abbildungen. Leinen
Band III
2001. 784 Seiten mit 86 Abbildungen. Leinen

Aleida Assmann
Erinnerungsräume
Formen und Wandlungen des kulturellen Gedächtnisses
1999. 424 Seiten mit 15 Abbildungen. Leinen
C. H. Beck Kulturwissenschaft

Jan Assmann
Religion und kulturelles Gedächtnis
Zehn Studien
2000. 256 Seiten. Paperback
Beck'sche Reihe Band 1375

Francis Haskell
Die Geschichte und ihre Bilder
Die Kunst und die Deutung der Vergangenheit
1998. 588 Seiten mit 262 Abbildungen. Broschiert

Horst Wenzel
Hören und Sehen, Schrift und Bild
Kultur und Gedächtnis im Mittelalter
1995. 626 Seiten mit 59 Abbildungen und 14 Farbabbildungen
auf Tafeln. Leinen
C. H. Beck Kulturwissenschaft

Verlag C. H. Beck München